楽しく学ぶ
ファッションドローイング
テクニック

INTRODUCTION

イントロダクション

感じたことをそのまま描きたい！感じたことが消えないうちに描きたい！初めての人にも、現役の方にも役に立つ本を作りたい！そういう思いでこの本を製作しました。ファッションをドローイングするということは、自分の考えや伝えたいことがわかるように表わすことです。『見たままを描く／見えたように描く／見えるように描く／思ったように描く』をキーワードに自分の考えやひらめきを、気持ちのままに描けるように導きます。

本書では 1 インスピレーションを引き出す自由な表現法 2 基本的な人体の法則 3 着色法 4 デジタル技術を駆使した表現までの4部構成にまとめています。

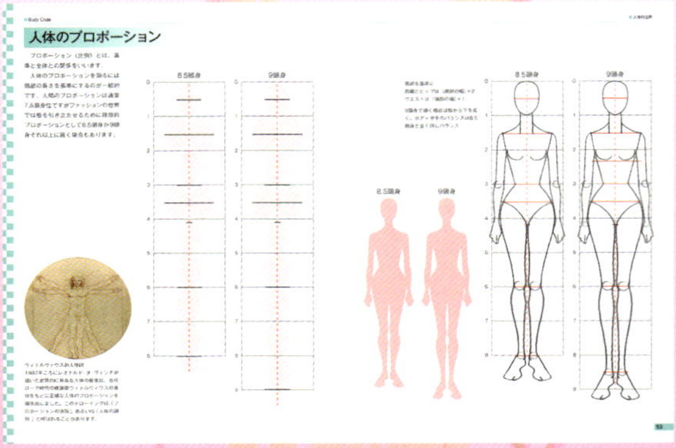

1 Free Style（自由な表現法）

うまく描かなくては?!のとらわれから外れて大胆にアウトラインを追いかけたり、自由な発想で描くことで、始めて描く人も描き慣れている人も新たな発見やアイデアを得て個性的な表現になります。

2 Body Code（人体の法則）

発想を支える基礎を固め、基本のルールである人体の法則を理解します。ここでは○△□の単純なフォルムで誰もが簡単にバランスが取れる方法を学び楽しく身につけます。

3 Give Coloring（着色しよう）

デザインのイメージを決定づける大きな要素である素材や配色を、画材による具体的表現として身につける方法を学びます。彩色することでドローイングの世界が生き生きと広がります。

4 Do Photoshop（フォトショップで描く）

プロ向けの画像編集ソフトの定番として幅広く利用されているPhotoshopを画材の一つとして捉えます。素材の表現やデザイン画、企画マップを作成する過程でPhotoshopの基本をマスターします。

Contents

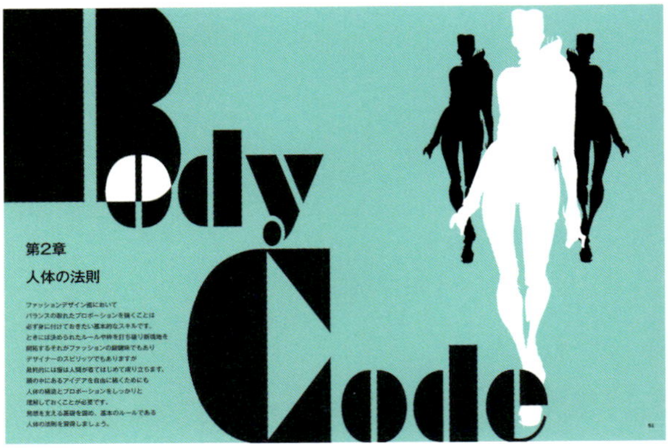

第1章
フリースタイル（自由な表現法）……6

アウトラインを追いかける……8
アウトラインで描く……10
画材で変わる線……14
持ち手で変わる線……16
ショーケース……18
発想で描く……26
心のままに描く……28
ぼかし&にじみを使って……30
ぼかし&にじみで描く……32
ショーケース……34
デカルコマニーで描く……40
ショーケース……41
バティックで描く……44
ショーケース……45
水彩技法のいろいろ……48

第2章
ボディコード（人体の法則）……50

人体のプロポーション……52
プロポーション（女性）……54
プロポーション（男性）……56
正面片足重心ポーズ（女性）……58
正面片足重心ポーズ（男性）……60
斜め片足重心ポーズ（女性）……62
斜め片足重心ポーズ（男性）……64
後ろ・横ポーズ（女性／男性）……66
顔を描く……68
いろいろな角度の顔……70
手を描く……72
いろいろな角度の手……74
手と手袋……76
足を描く……78
靴を描く／側面（ローヒール）……80
靴を描く／側面（ハイヒール）……82
靴を描く／斜め（ローヒール・ハイヒール）…84
靴を描く／いろいろな角度（ハイヒール）……86
ドレープを描く……88
ドレープと柄の動き……90
ポーズバリエーション……92

第3章

ギブカラーリング(着色しよう)……98

水彩で描く……100
ショートヘアを描く/目を描く……102
ミディアムヘアを描く/口を描く……103
ロングヘアを描く……104
単色で立体感を出す……106
透ける素材を描く……108
モアレ模様を描く……110
エナメルを描く……112
ヘリンボーンを描く……114
ラメ素材を描く……116
千鳥格子を描く……118
ファーを描く……120
マーカーで描く……122
濃・中・淡で立体感を出す……124
色を重ねてニットを描く……126
いろいろな画材で描く……128
ウオーム素材を描く……130
レザーを描く……132
シャイニング素材を描く……134
さまざまな画材の組み合わせ……136
ギャラリー……138

第4章

ドゥフォトショップ(フォトショップで描く)…142

色について……144
Photoshopのツールボックス……146
Photoshopのパネル……147
Photoshopの画面と名称……148
フィルターで素材づくり……149
フィルターで作る凹凸素材とウオッシュデニム…150
フィルターで作るボーダー、ストライプ、チェック…152
フィルターと「グラデーション」で作る型押しパイソン…154
フィルターと「カスタムシェイプ」で作るラバープリント…156
フィルターと「グラデーションマップ」で作るレオパード…158
素材をデザイン画にマッピング……161
「拡大・縮小」と「コピースタンプ」で素材をマッピング…162
「自動選択ツール」で選択「色相・彩度」で色を変える…164
「パターンの定義」と「変形」でマッピング…166
スキャン画像を「レベル補正」で調整……168
「ブラシプリセット」でプリント柄……170
「レイヤーマスク」でマスキングする……172
「パターンを定義」で連続柄……174
「レイヤースタイル」で特殊効果を加える…176
企画マップを作る……179
「企画モデル」をレイヤーでカラーバリエーション…180
「企画マップ」作成の手順……182
「文字ツール」でタイトルを作成する……186
「企画マップ」を仕上げる……188

第1章

自由な表現法

真っ白な紙を前にして、いざ描くとなると
ドキドキ戸惑うのではないでしょうか？
うまく描かなければ!?
という思いにとらわれず
大胆にアウトラインを追いかけます。
自由な発想で描くことで
思わぬイメージや面白いフォルムに出会い
初めて描く人も、描き慣れている人も
新たな発見やアイデアを得て
とても個性的で楽しい仕上がりになります。

tyle

I will draw

OutLine

アウトラインを追いかける

絵を描くのが下手!! 苦手!! おっくう!
と思っていませんか!?
そんな苦手意識が
アウトラインを追いかけるだけで
あっという間に
楽しく描けるようになります
うまくはないけれど味が出て良い感じ!
外側のラインを探して
いろいろな画材を使い
新たな自分を発見しましょう

アウトラインで描く

アウトライン（輪郭線・シルエット）とは、空間と立体とを仕分けているラインです。目の前の対象を見て、どこから描いてよいのか戸惑うことはないでしょうか？眼に飛び込んでくる情報の中からアウトラインのみに集中して描くことで、面白い線に出会ったり案外その本質をとらえて、絵を描くことの怖さがなくなります。洋服の分量感やシルエットを素早くとらえることにもつながります。

いったん描き始めたら
手を離さずに最後まで
輪郭を追いかけます

Photographer 加藤智恵子・Stylist 高田いづみ・
Hair＆Make-up 江黒美香・Model 松下未奈

右手で描きます
左手で描きます
左右画材を変えて
両手で描きます

いつもの使い慣れた右手（利き手）だけでなく、左手で描いてみるとうまく描きたいという意識がなくなり思いがけなく面白いタッチが得られます。鉛筆だけでなく、滑らかなボールペンや強弱の出る筆、太いマ

左右画材を替えて
両手で描きます
筆で描きます
2本持って描きます

ーカーやクレヨンなど。他にも割り箸や使い古しのスポンジなど身近にあるすべてが画材になります。道具や用紙を替えて思いつく限りのアプローチで試しましょう。

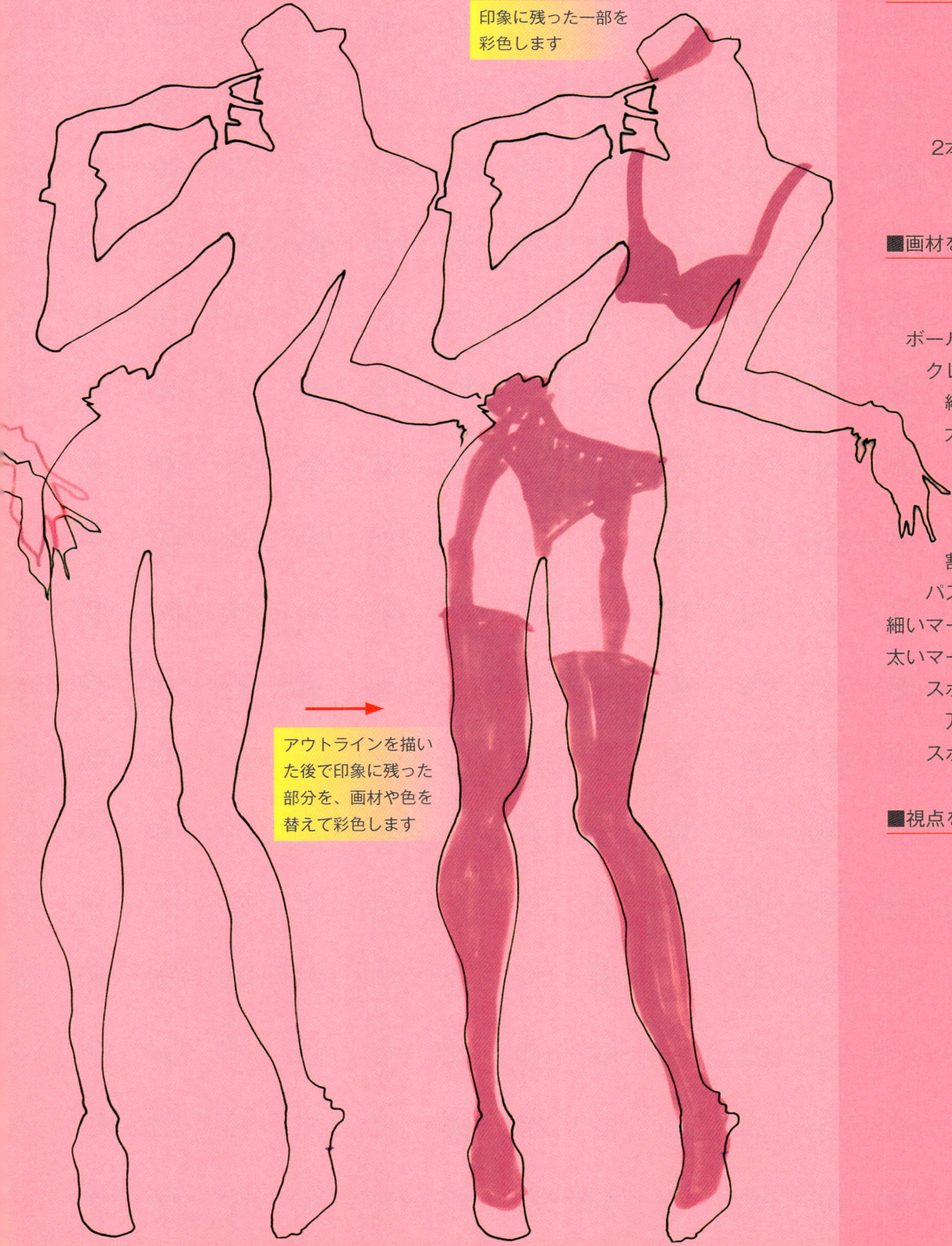
印象に残った一部を彩色します
アウトラインを描いた後で印象に残った部分を、画材や色を替えて彩色します

■手を変える

右手で
左手で
両手で
2本もって

■画材を替える

鉛筆で
ボールペンで
クレヨンで
細い筆で
太い筆で
平筆で
刷毛で
ペンで
割り箸で
パステルで
細いマーカーで
太いマーカーで
スポイトで
万年筆で
スポンジで

■視点を変える

立って
座って
下から

画材で変わる線

線は画材によってさまざまな表情を見せてくれます。筆や色鉛筆など柔らかい道具で描くとやさしく柔らかい線に、ペンや割り箸など硬い道具で描くと強く硬い線になります。

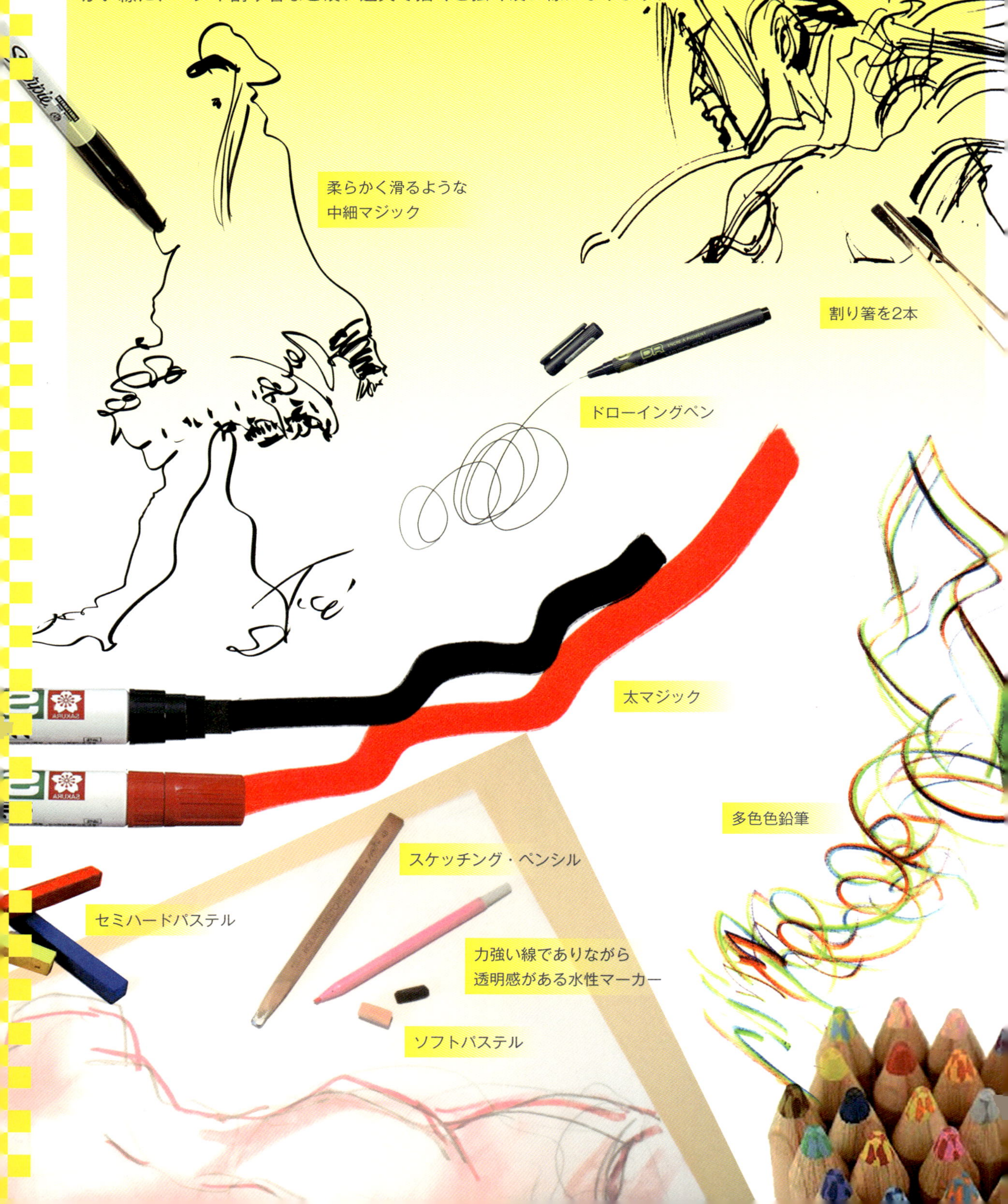
柔らかく滑るような
中細マジック
割り箸を2本
ドローイングペン
太マジック
多色色鉛筆
スケッチング・ペンシル
セミハードパステル
力強い線でありながら
透明感がある水性マーカー
ソフトパステル

刷毛
割り箸

墨汁
開明墨汁
太い線と鋭利な線が面白いコーラペン
色鉛筆
丸ペン
穂先をカットした筆
柔らかい筆

持ち方で変わる線

線は持つ位置や角度、力の入れ方、握り方によって軽く柔らかいタッチから力強いタッチまでさまざまな質感が生まれます。画材の特徴を生かしながらいろいろ試してみましょう。

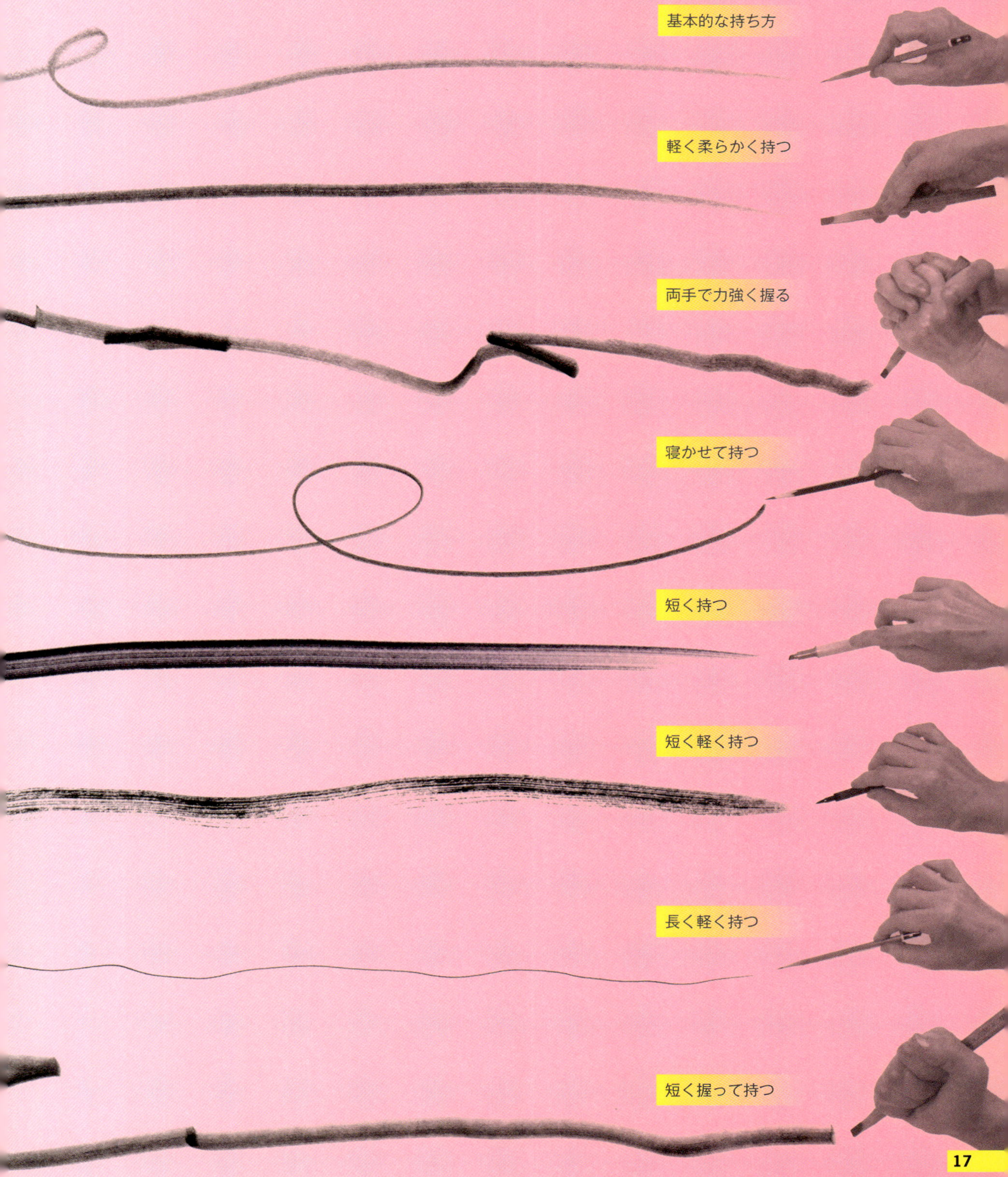
基本的な持ち方
軽く柔らかく持つ
両手で力強く握る
寝かせて持つ
短く持つ
短く軽く持つ
長く軽く持つ
短く握って持つ

ショーケース・1

太い線、細い線、硬い線、柔らかい線

太いマジックで力強い線

梅田昌季

中字マジック

玉井志保子

しっかり握って力強く

中太マジック

重藤愼子

渡邊るか

寝かせて持って
柔らかい線

金岩宏

マジック＋色鉛筆

仲松あかね

ドローイングペン＋
油性マーカー

中村有希

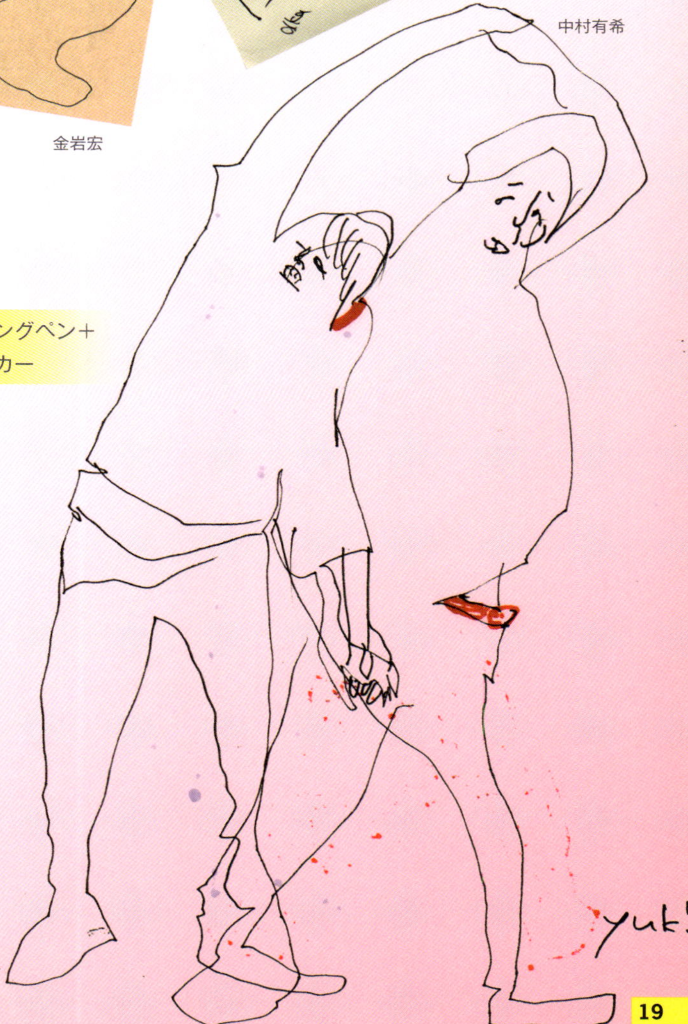

中村有希

ショーケース・2

パステルやクレヨンの伸びやかな柔らかい線

金塚さやか

藤井美紀

多色色鉛筆

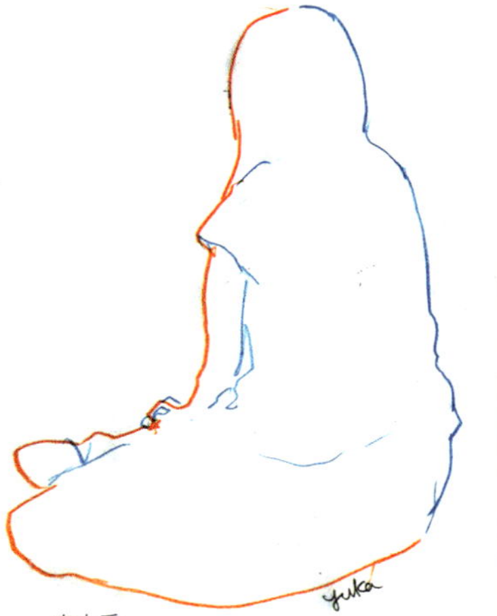

南由香

色鉛筆を左右持って

パーツで色を替えて

杉山満

クレヨンで柔らかい温かみのある線

荒井沙栄子

阿部貢洋

クレヨンやパステルで大胆に

木内麻衣

アウトラインの後に
別色で重ねて

嶋之木文

ショーケース・3

一部を彩色する、2本持って描く

鈴木結

兼田多鶴子

ドローイングペンの先端を持ってゆらゆらとしたアウトライン

阿部貢洋

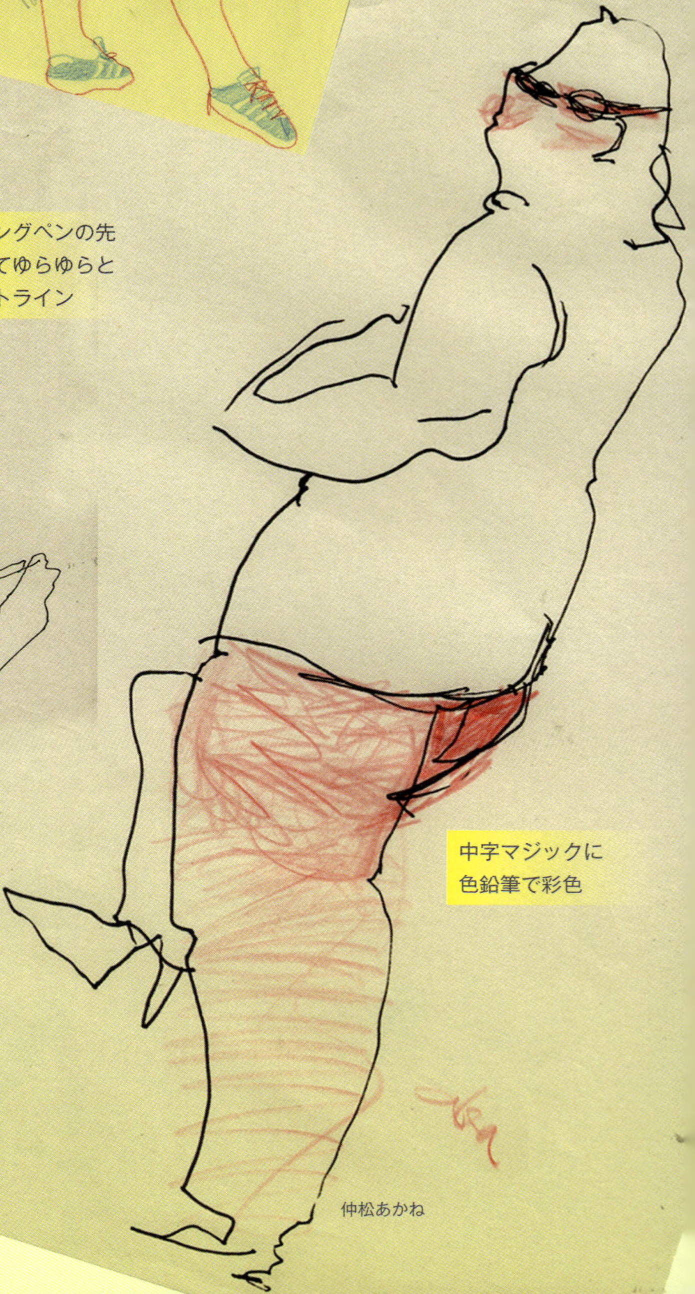

中字マジックに色鉛筆で彩色

仲松あかね

富永明日香

紅陽

ボールペンを2本の同時使い！うんと離して持つと面白い形状に

辻なつか

2色の色鉛筆の同時使いで思いがけない立体感

重藤慎子

仲松あかね

マーカーで柔らかく大胆に

衣笠理子

ショーケース・4

色紙に描く、一部彩色する、画材を替えて描く

森本麻友

藤井美紀

南真帆

井上綾夏

平野麻理恵

南真帆

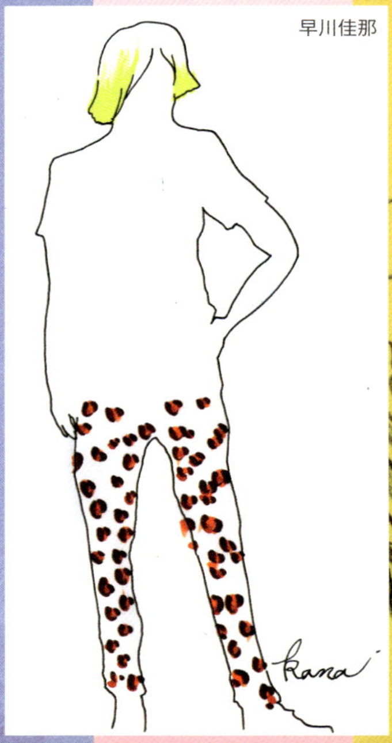

早川佳那

パステルで一部彩色

安田菜

松井祐也

藤井琴美

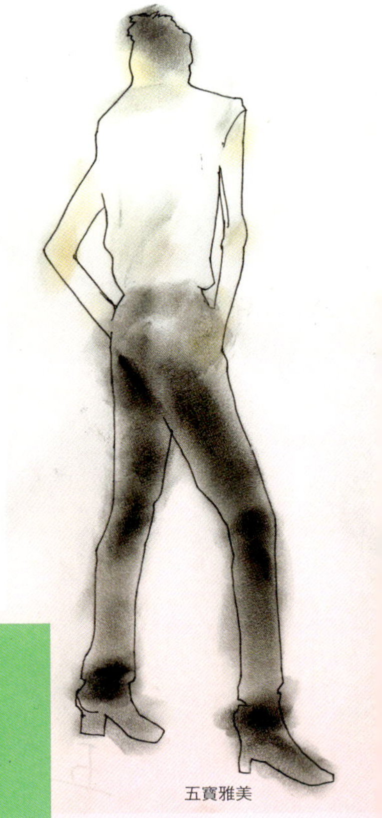
五賓雅美

平野麻理恵

南真帆

原澤優衣

木内麻衣

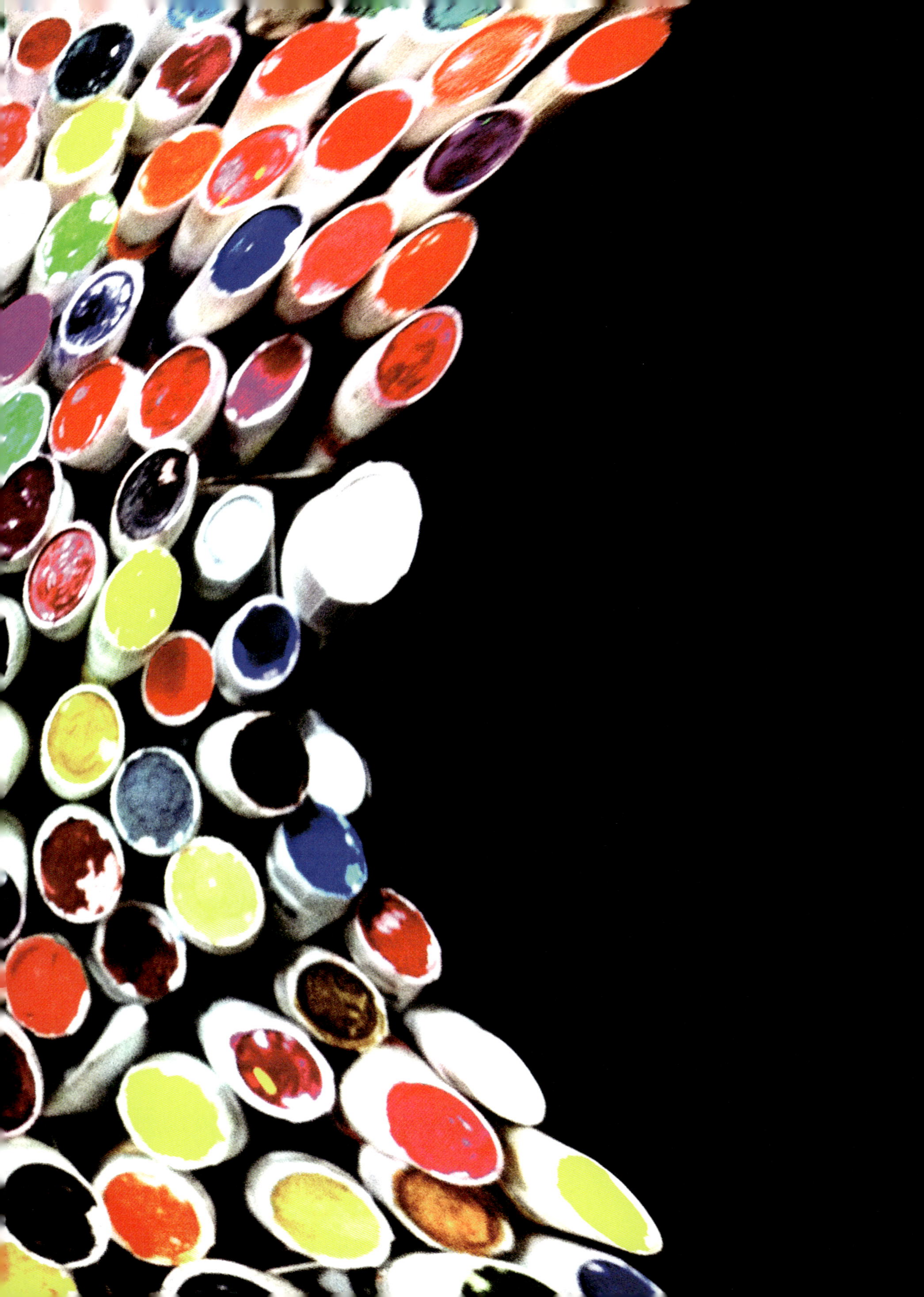

It draws in the way of **thinking**

発想で描く

何かを意図して描こうとするのではなく
自分の心のままに色をおき
筆を走らせ
最後に形にしていく方法です！
偶然の結果や
無意識に描くことで
思いがけない発見があり
新しいデザインの
発想につながります

心のままに描く

個人の考えよりも、無意識や集団の意識、偶然を利用して造形化するという技法や手法があります。その日の気持ちや心の動きのままにカタチを定めず、色をぼかしたり、飛ばしたり、にじませたり自由に描いていくと思いがけない形が現われます。斜めにしたり、逆さにしたり、引いてみたり、拡大してみたり…いろいろな形が見えてきませんか。

みんなでコラボ……

別々に描いて合わせてみます

紙を破って上から置いて……

紙を立てて絵の具をたらして

別紙に大きな目を描いて
置いてみる

色をぽたぽた落として
にじませる

筆をはじいて絵の具を飛ばして

上から絵の具を
ぽたぽたと

転写して描き加えて

ぼかし&にじみを使って

いつもの描きなれた手順ではなく、その日の気持ちや心の動きのままに色をぼかしたり、飛ばしたり、にじませたりと自由に描きます。充分乾かして斜めにしたり、逆さにしたり、引いてみたり、拡大してみましょう。いろいろな形が見えてきます。次に別の紙に大きな顔や小さな顔を描き、元の絵と合わせてみてください。縦に置いたり横にして置くだけでさまざまなデザインが見えてきます。

色を自由に置いて、たらしたり、ぼかしたり偶然との出会いを楽しみましょう。

充分に乾いたあとで、角度を変えてみるといろいろなフォルムが見えてきます

横にして……

原画

斜めにして……

縦にして……

逆さにして……

大きな顔を合わせてシャポーに……

横にしたり斜めにしたり……

小さな顔を合わせるとドレスに見えたり……

別紙に顔や手を描いて
合わせてみます

ぼかし&にじみで描く

紙に水を引いて、その上に色を重ねて塗ると自然ににじんで色が広がります。単色でも、また別色を重ねても自然なぼかしやにじみで思いがけない結果を得ることができます。水をたっぷり引いて絵の具を多めにたらし、筆はやや寝かせ気味にして描くのがコツです。

自由に描いた形を乾かします。別紙に大きな顔や小さな顔を描き縦にしたり横にするだけでさまざまな形が見えてきます

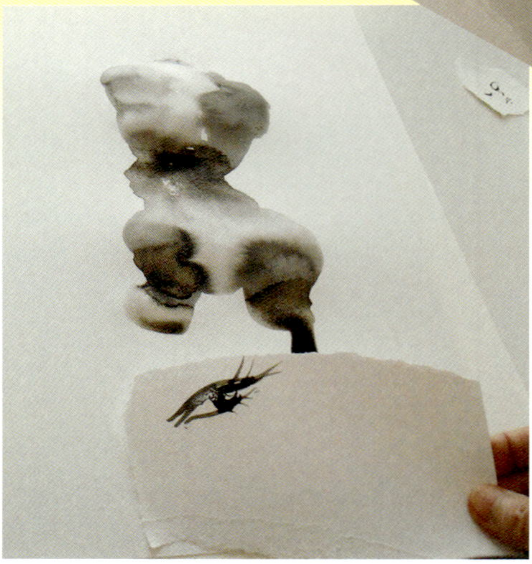

顔を小さく描くとベストに見えたり

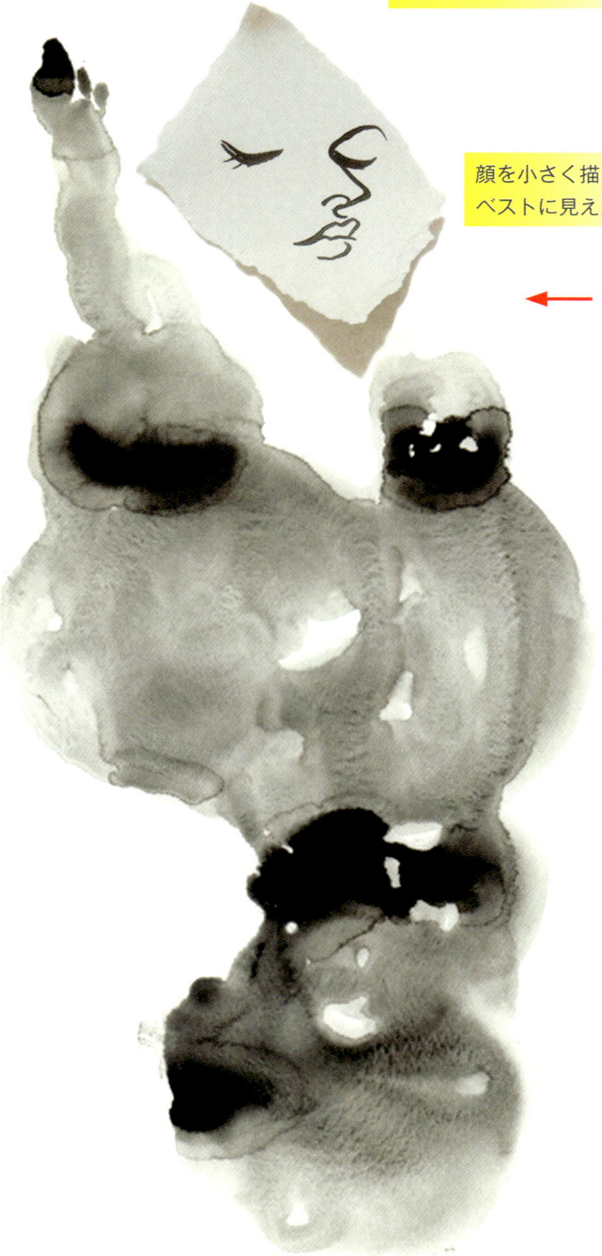

上下を逆にするとドレスに見えたり……

横にすると帽子に見えたり……

うまく描かなくては！との思いにとらわれず偶然との出会いに身を任せることで、思い切ったタッチで描くことができます

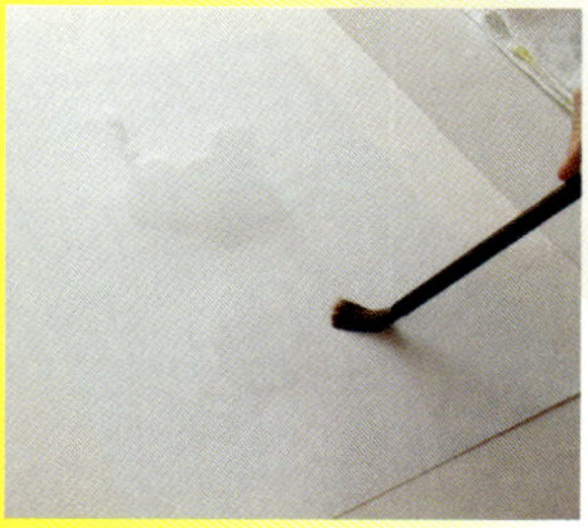

水を多めにたっぷり引きます

絵の具を濃いめに落とします

自然ににじみます

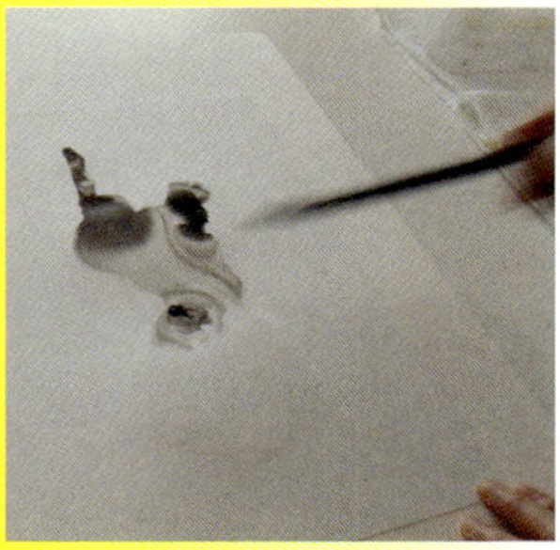

絵の具を足していきます

ショーケース・1

水彩の水量を生かして描く

水彩をたらし込んだ後に、息を吹きかけて絵の具を吹き散らして描いたジャイアントシャポー

梅田昌季

大きな筆で大胆ににじませた。フォルムをそのまま生かした楽しくワイルドなシルエット！

吉峯晶子

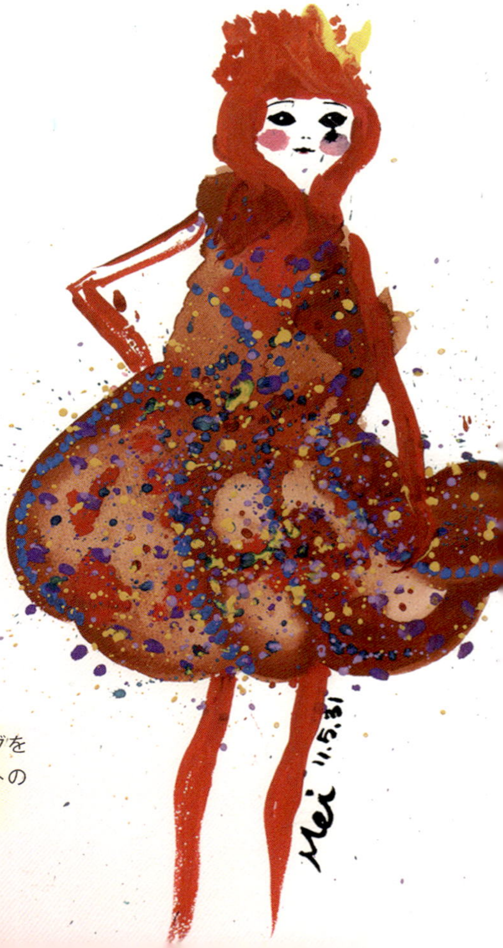

にじみとドリッピングを重ねた厚みがフェルトのような素材感に！

黄孟夢

スタッパリングのテクスチャーと色鉛筆を生かしてデリケートなテキスタイルのドレスを表現

大久保省吾

絵の具のチューブをそのまま紙面に塗りつけ、上から水をおいて、紙を動かしながらたらし込ませた大胆で面白い発想

小瀬堅太

にじみやぼかしと繊細なラインでコントラスをつけてグローブに表現した２人のコラボレーション

中島あずさ＆松永薫

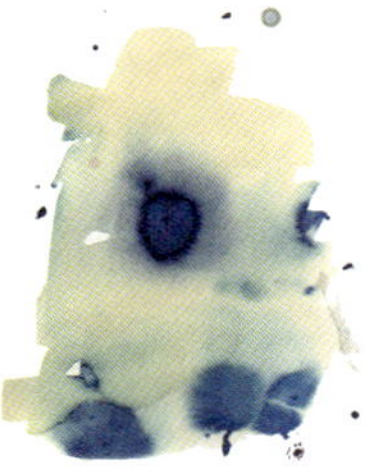

ショーケース・2

太い筆のタッチを生かして大胆に描く

水を切ってドライにした状態の刷毛で描いた。タッチをそのまま生かし、リズミカルにラインを重ねてシャポーに展開

後藤亜希子

丸筆で色を重ねた。混色の塊がドレスの袖にも見えたり、方向を変えるとクラッチバックのようにも、光沢のあるビーズの塊のようにも見えます

尾林大樹

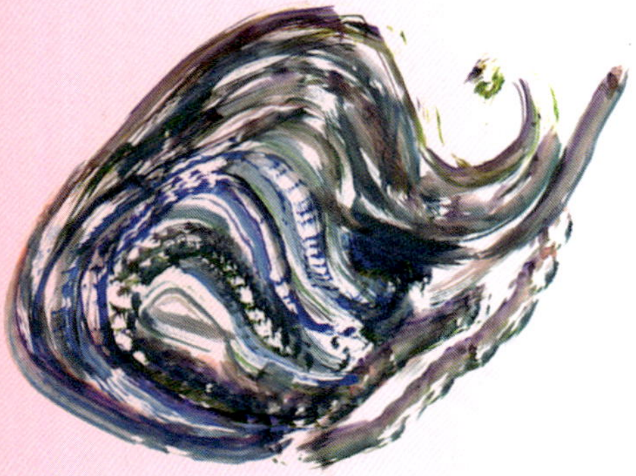

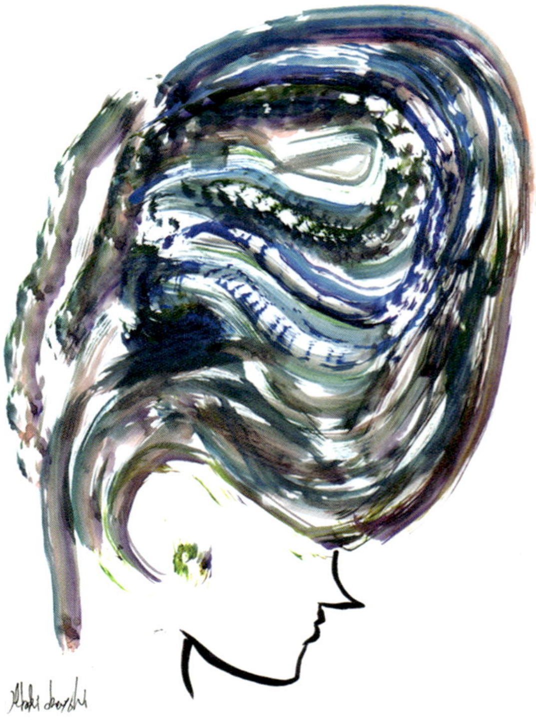

刷毛で落書きのように自由に描いた量感たっぷりの大胆なシルエットのコートドレス

立石明

絵の具をたっぷり含ませた極太の筆で勢いよく描いた。立体的で存在感のあるタッチがそのままアバンギャルドなフォルムのドレスに!!

金成河

大きな筆に絵の具をたっぷり含ませ、にじみ、ぼかし、かすれを生かして描いた。最後に繊細な面相筆でストラップを加え、バレーシューズに！始めから意図しては描けないタッチ

細谷修

作:細谷修

ショーケース・3

いろいろな筆の特徴を生かして描く

書道用の極太筆で春夏秋冬の文字を描き、ドレスに表現した作品

福沢明日香

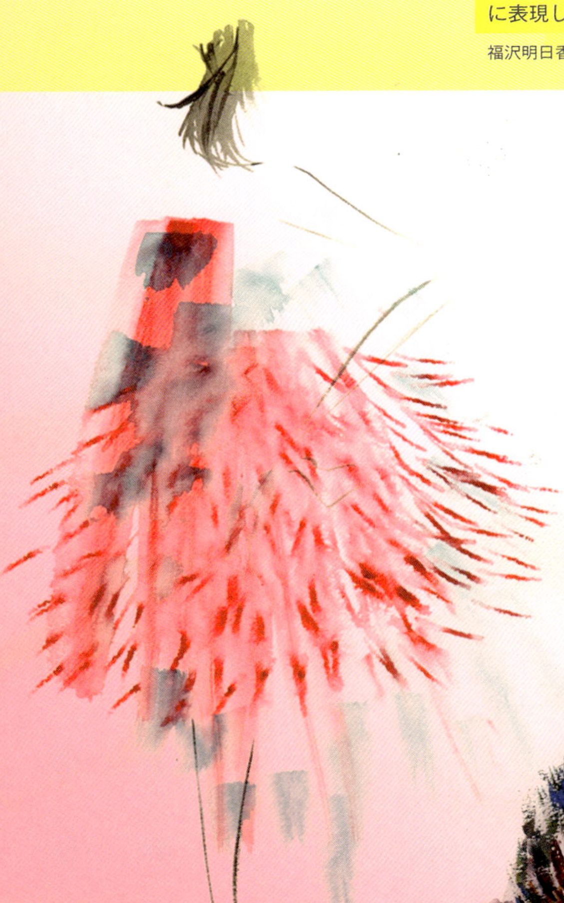

何色もの絵の具をドライなタッチで点描風に直接重ねて描いた。ボリューム感のあるボトムスとぼかしで軽い質感に仕上げたトップスとの対比が美しいドレス！

畑山夏美

広い面を塗る平筆、線や細かい模様を描く時に使う丸筆や面相筆。それぞれの筆の特徴がタッチに生かされた軽やかなドレス

内田智美

たっぷりの水を含ませた太い丸筆で描いた。リズミカルに叩きつけるようなタッチを生かして大胆なフォルムの作品に！

安田美智子

水滴をたらすようにラインを描いた。その上から太い筆で回すように円を描き加え、透明感のあるドレスに表現

吉沢智美

刷毛を使ってドライブラシで揺らぐように一気に描き上げた。波打たせたタッチが存在感のあるシューズに仕上がっています

山崎翔平

デカルコマニーで描く

デカルコマニーとは、フランス語で「転写法・転写方式・転写画」を意味する用語です。2つ折りした紙と紙の間に絵の具を挟み、上から手などでこすった後ゆっくり開くと、左右対称（シンメトリー）の形態が現われます。元々は紙に描いた絵を陶器やガラスに転写し絵付けするための技法ですが、画家のオスカー・ドミンゲスがこの技法を作品に取り入れ、シュールリアリストの画家達に一つの手法として広まりました。描き手のコントロールや意識に関係なく偶然に表れたイメージをデザインに落とし込んでいきます。

1 片面に自由に絵の具をのせます

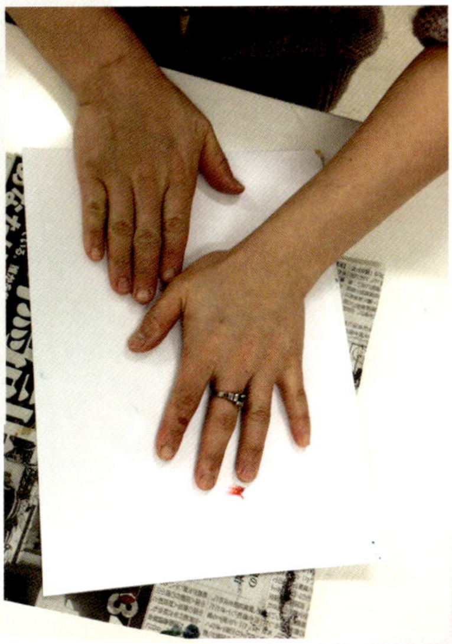

2 もう片面に移し込むように抑えます

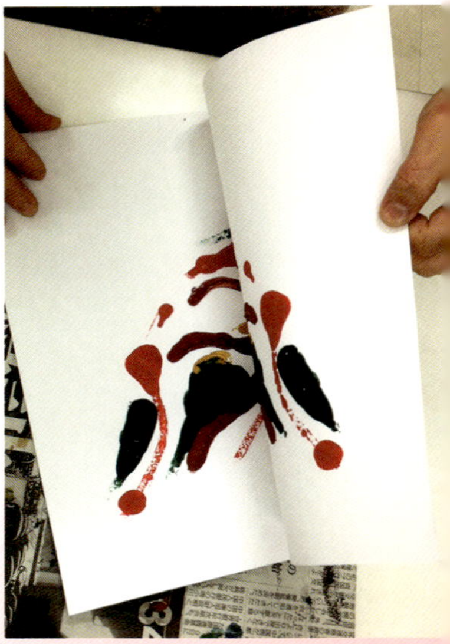

3 開くとシンメトリーに絵が移し込まれて思いがけない絵柄が表れます

伊折淑子

20世紀のシュルレアリズムのドイツ人画家
「マックス・エルンスト」の作品。
2枚の紙を使って絵の具が伸びた跡など、偶然の形の上に
人間や建物、空が描き加えられています

ショーケース・1

絵の具のチューブをたっぷり塗りつけて転写

眼を描き加えて可愛い仮面（マスケラ）ハーフマスクにデザイン

岡田侑真

縦、横と何ヵ所ものデカルコマニーで表現した作品。偶然にポンパドールの髪型に見えた部分を生かし2人の女性の舞台衣装のように仕上げています

荒居 歩

ショーケース・2

絵の具を濃くといて濃淡を生かした転写

左右対称に転写されたデカルコマニーのカラフルな模様がキュートなドレスや帽子に！

荻原しのぶ

結城穂奈美

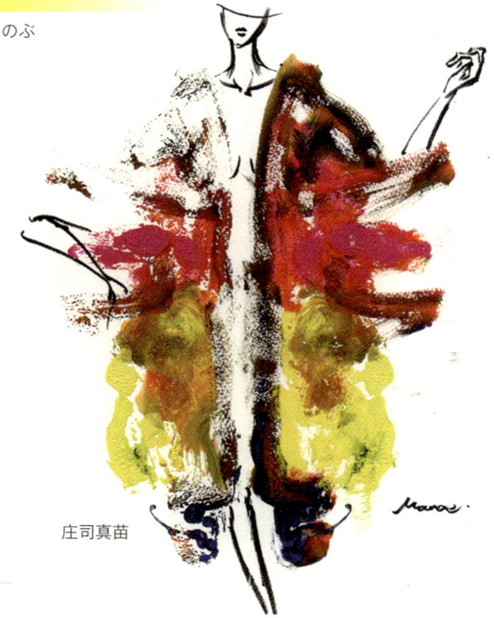

庄司真苗

絵の具のマチエールを生かしてボリュームのあるコートやグローブに表現

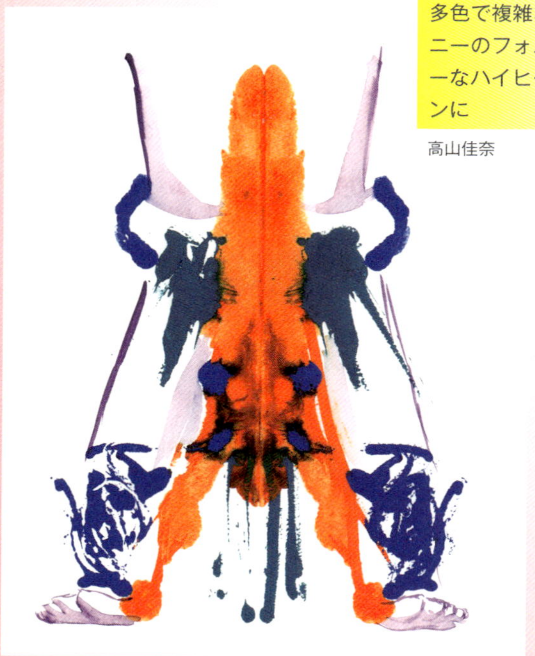

多色で複雑なデカルコマニーのフォルムをセクシーなハイヒールのデザインに

高山佳奈

和田佳穂

コラボレーション

共同作業で新発想のデザインを

シンメトリーな手や足、眼をデカルコマニー（転写）で表現

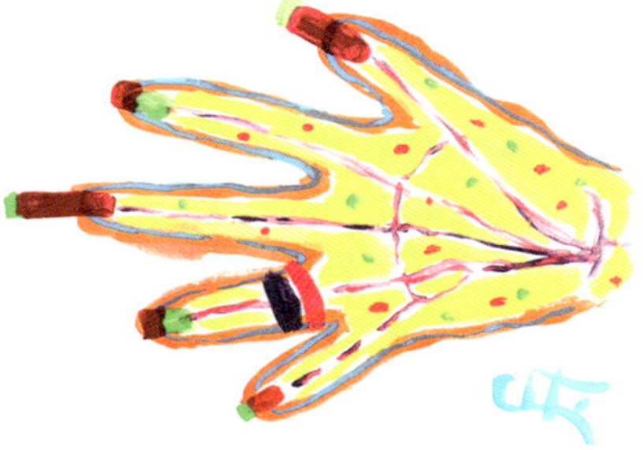

デカルコマニーの後に
各々が左右の絵を担当し
デザインを仕上げたコラ
ボ作品

森大起&藤岡亜希子

バティックで描く

クレヨンなど油性の画材で描き、その上から絵の具を塗ってはじかせて描く方法です。油性で描かれた部分は水をはじき濃い地のベースに明るい模様や素材感を簡単に表現することができます。「バティック」とは、ロウが染料をはじく効果を利用した技法で染められた布のことを指しています。20世紀の初め頃インドネシアのジャワ語がそのまま英語に取り込まれ現在のbatikという言葉として残りました。

濃地のベースにも明るい模様が
簡単に表現できます

クレヨンで自由に描き、その上から水溶性絵の具で描くとクレヨンで描いた部分がはじけます

注：アクリル系の油性絵の具は弾かないので
必ず水溶性の絵の具を使用します。

ショーケース・1

絵の具をたっぷり塗ると、はじく効果がハッキリ出ます。

幾何学柄や葉脈をクレヨンで描き刷毛で絵の具を塗ってシンプルでモダンなテキスタイルに！

古川里絵

クレヨンの持つ開放的な持ち味とはみ出した絵の具がデザインに生かされた楽しい作品

モンテローラ　マリアミカエラ

濃淡や強弱のない素朴なクレヨンの特徴を生かした自由で！陽気で！インパクトのあるメンズTシャツ。濃い地のガッシュ（不透明水彩）でフラットなぬり絵感覚が効果的

桜井洋平

ショーケース・2

濃淡をつけて塗ることで立体的な表現になります。

曲線を細かくエンドレスにつなげると、いつのまにかふあふあのカーリーニットのソックスに

直井香菜実

紙いっぱいに描かれた花モチーフが大胆なコンポジションの帽子になった！クレヨンの開放感あるタッチが生きています

菅原智香

手をなぞったリアルな表現もクレヨンで描くとあたたかみが……

金春霊

すべるように描けるクレヨンの楽しさを生かして描いた帽子。黄色のクレヨンと水彩とのカラーオンカラーで異素材効果！

小林愛

半円形を重ね波のように反復させた伝統文様「青海波」をクレヨンで描いてキュートなデザインに

千葉真美

バティック本来の染料をはじく効果を最大限に生かした。緻密な更紗調のスカートもクレヨンで自由に表現

星野佳世

ふあふあとしたヘアリーな軽いニットドレス！メイクやヘアーを強いタッチで描くことで柔らかい素材感が強調されます

安明充

カリグラフィー調の文字を描いた上に真っ黒なガッシュを塗り込めて斬新なデザインの帽子に

ステファニー

水彩技法のいろいろ

第一章では自由に心のおもむくままに描いてきましたが、その中にも知らないうちにいろいろな技法が駆使されています。絵具（透明・不透明）や紙の種類（荒目・中目・細目）、水の量、乾くタイミングによってさまざまな表情を見せてくれます。水の性質を生かした色のにじみ、ぼかし、かすれなど水と絵の具がおりなす表現が技法につながっているのです。ここでは多様な水彩技法を紹介しています。（紙についてはP101参照）

■ウォッシュ

水をたっぷりと含ませて広い面をうす塗りする水彩技法の基本です。ムラなく塗りやすい紙として、アルシュ荒目／細目、ファブリアーノ荒目／細目、クラシコ5荒目／中目／細目、ワトソン、マーメイドリップル、ミューズケナフなどがあります。

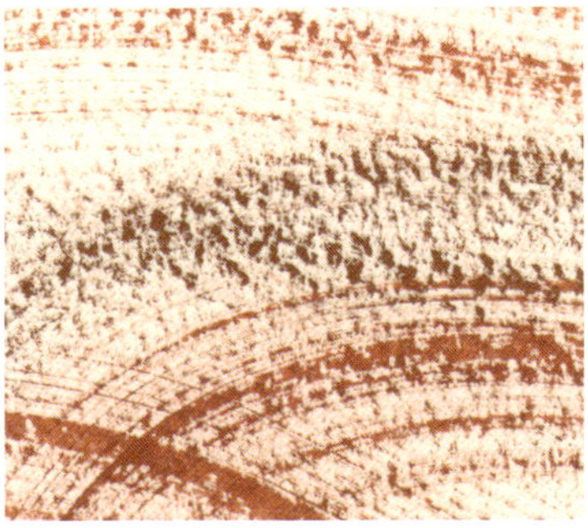

■ドライブラシ

水気を切った（抑えた）状態で筆を走らせたタッチのことです。かすれた筆触（乾筆）でさまざまな質感を出すのに効果的です。目の粗い紙、サイズ（にじみ止め）の効いた紙が適します。アルシュ荒目、クラシコ5荒目、マーメイドリップル、ミューズケナフなどがあります。ガッシュが適しています。

■ウェット・オン・ドライ

乾いた色の上にさらに色を重ねて塗る技法。パレット上で色を混ぜるより彩度が落ちにくく、深みのある色合いが得られます。下の色が溶け出しにくい紙として、アルシュ荒目／細目、ファブリアーノ荒目／細目、クラシコ5中目／細目、ホワイトワトソンなどがあります。透明水彩が最適です。

■ウェット・オン・ウェット

濡れた紙の上に色を置く技法です。乾いていない色に水や別の色をたらしこむ方法もあり、にじみ効果が得られます。保水力のある紙だとにじみの伸びや広がりが得られます。アルシュ中目／細目、ファブリアーノ中目／細目、クラシコ5中目／細目、MBM木炭紙、ワトソン、キャンソンミタントなどがあります。

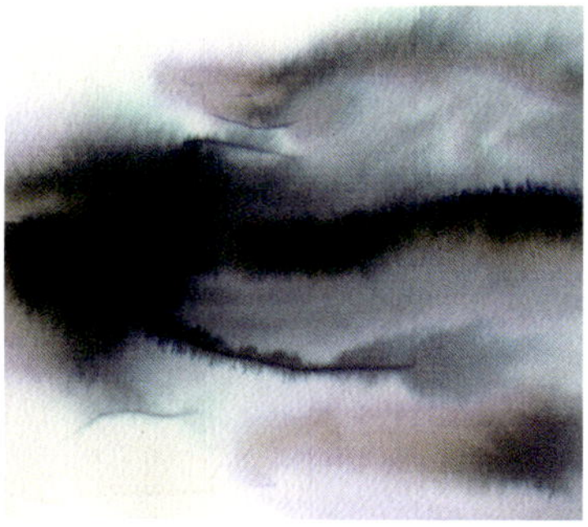

■グラデーション

ウォッシュの際に途中から絵の具の色を変えたり薄めたりすることでグラデーション（諧調表現）が得られます。保水力の高い紙ほど綺麗なグラデーションが作れます。ムラなくぼかしやすい紙として、アルシュ中目／細目、ファブリアーノ中目／細目、クラシコ5中目／細目、MBM木炭紙、ワトソン、キャンソンミタントなどがあります。

■拭き取り

塗った色が完全に乾かないうちにティッシュや海綿などで軽く表面を抑えて色を抜く技法です。別名リフティングとも言います。乾き方が穏やかで色を抜きやすい紙として、アルシュ中目／細目、ファブリアーノ中目／細目、ホワイトワトソン、キャンソンミタントなどがあります。

■ドリッピング

太めの筆に絵の具をタップリ含ませて、紙の上から絵の具をぽたぽたとたらす技法です。紙の質を選ばず描くことができます。

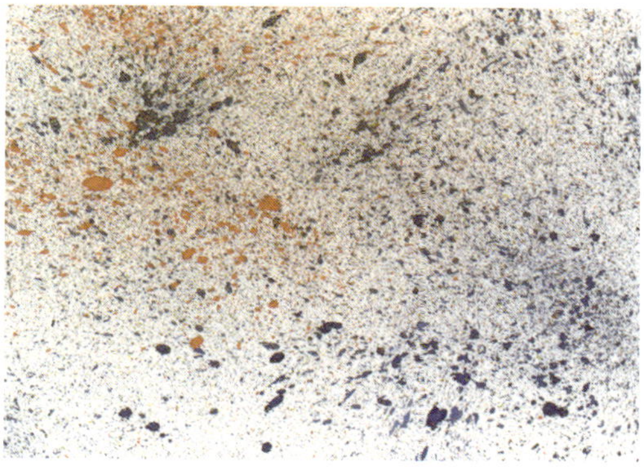

■スパッタリング

筆や歯ブラシを手や網ではじいて、絵の具を斑点状（はんてん）粒状に散らして描く技法です。ドリッピングと同じく紙の質を選ばず描くことができます。

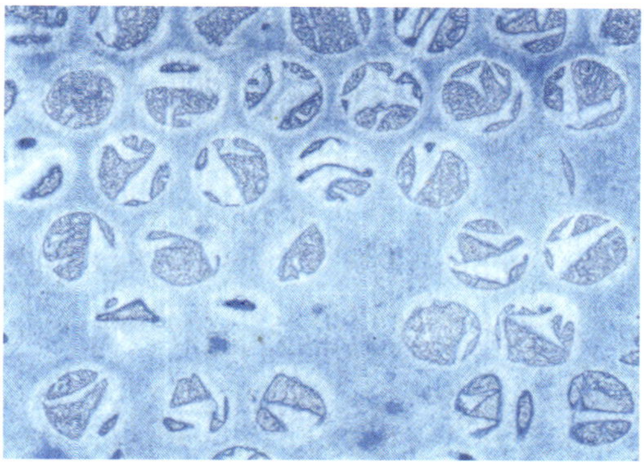

■エアパッキング

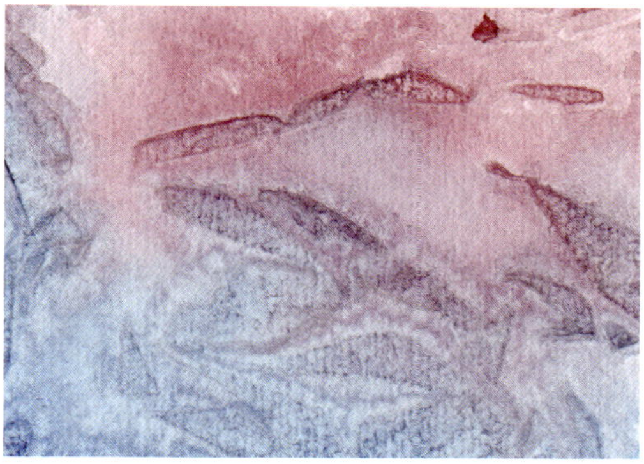

■サランラップ

絵の具を画面に塗ったあと、表面が乾かないうちにいろいろな素材を押し当てて偶然のマチエールを楽しむ技法です。吸水性のないエアパッキングやサランラップ、アルミホイルなど畳んだり丸めたりできるものを選びます。絵の具が乾きかけた頃に素材を取り除くとはっきりした模様が残ります。アルシュ中目／細目、ファブリアーノ中目／細目、ホワイトワトソン、キャンソンミタントなどがあります。

■マスキング（ポジ・ネガ）

白く抜きたい部分をあらかじめマスキング液かマスキングテープで保護してから色を塗る技法です。

※マスキングテープは、絵の具をかけたくない部分にあらかじめ貼っておくために作られたものです。

※マスキング液は、液体状で絵の具をつけたくない部分にあらかじめ筆やつけペンで塗っておくものです。

表面強度の高い紙を使用する必要があります。

作：つちやきよこ

Body

第2章

人体の法則

ファッションデザイン画において
バランスの取れたプロポーションを描くことは
必ず身に付けておきたい基本的なスキルです。
ときには決められたルールや枠を打ち破り新境地を
開拓するそれがファッションの醍醐味でもあり
デザイナーのスピリッツでもありますが
最終的には服は人間が着てはじめて成り立ちます。
頭の中にあるアイデアを自由に描くためにも
人体の構造とプロポーションをしっかりと
理解しておくことが必要です。
発想を支える基礎を固め、基本のルールである
人体の法則を習得しましょう。

ode

人体のプロポーション

プロポーション（比例）とは、基準と全体との関係をいいます。

人体のプロポーションを測るには頭部の長さを基準にするのが一般的です。人間のプロポーションは通常7.5頭身位ですがファッションの世界では服を引き立たせるために理想的プロポーションとして8.5頭身か9頭身それ以上に描く場合もあります。

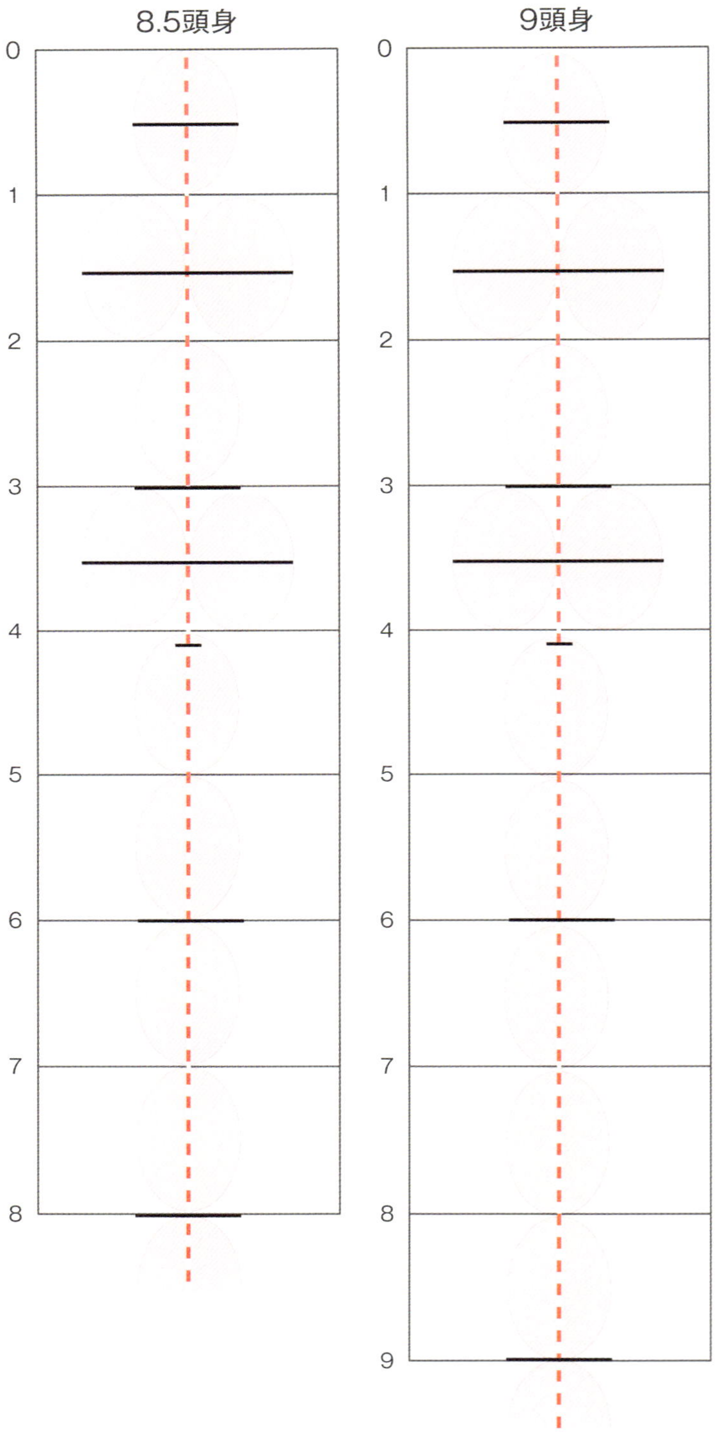

ウィトルウィウス的人体図
1487年ごろにレオナルド・ダ・ヴィンチが描いた世界的に有名な人体の黄金比。古代ローマ時代の建築家ウィトルウィウスの著作をもとに正確な人体のプロポーションを描き出しました。このドローイングは、「プロポーションの法則」、あるいは「人体の調和 」と呼ばれることがあります。

頭部を基準に
肩幅とヒップは（頭部の幅）×2
ウエストは（頭部の幅）×1

9頭身で描く場合は膝から下を長く。ボディや手のバランスは8.5頭身と全く同じバランス

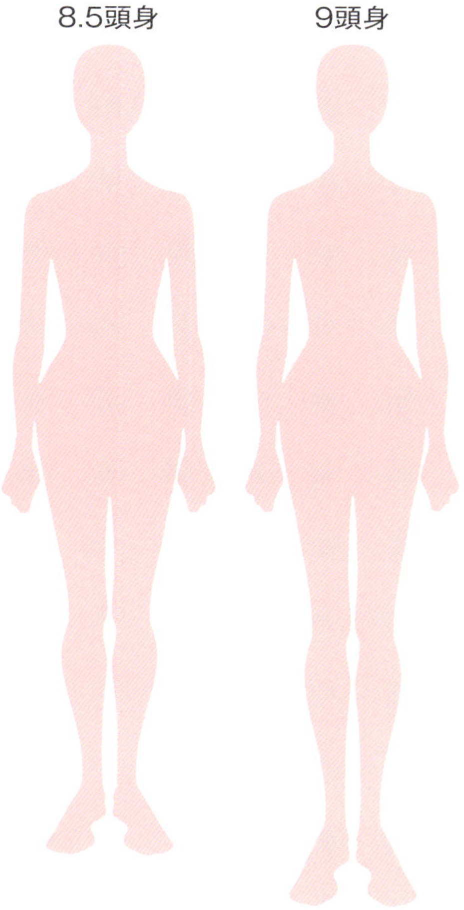

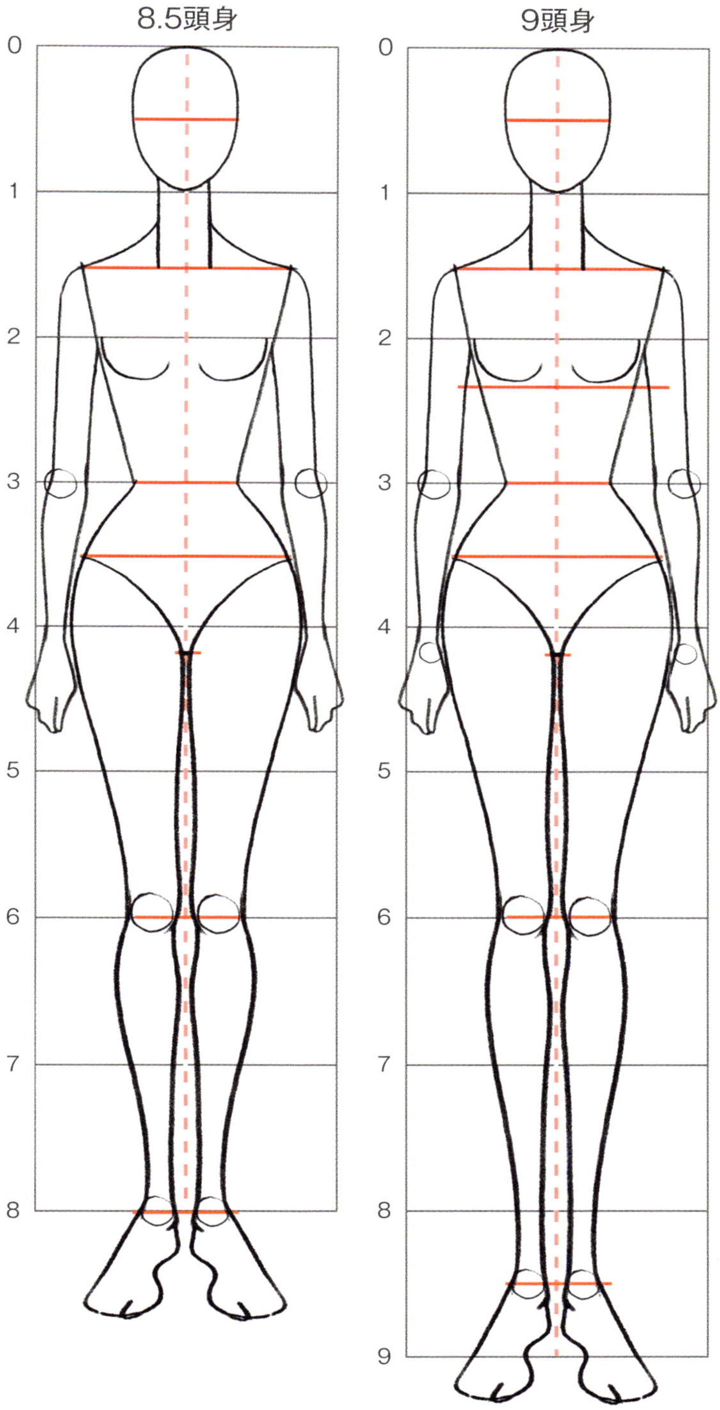

プロポーション（女性）

用紙のサイズに合わせてバランスよく 8.5頭身ベースラインを引きます。

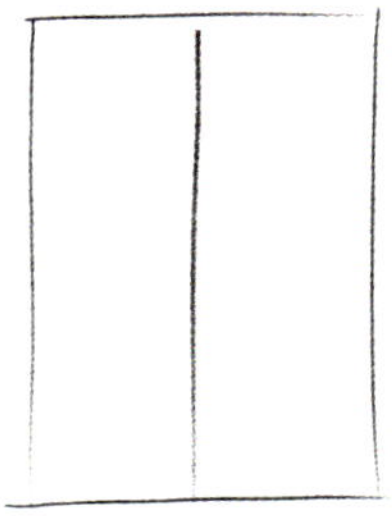

❶ 縦に中心線を軽く引きます。

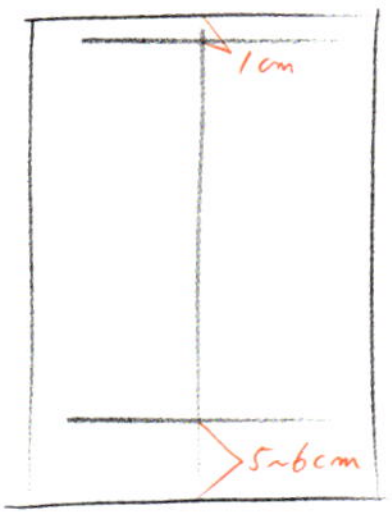

❷ 上から1cm、下から5～6cmのところに横線を引きます。

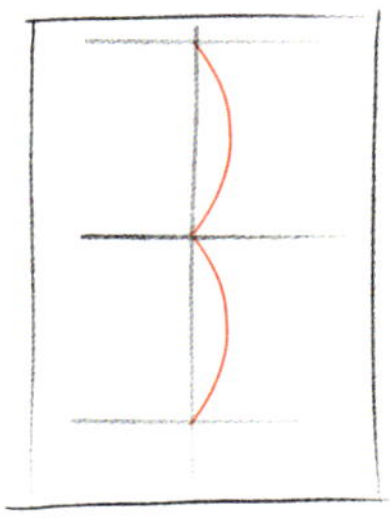

❸ 二等分した真ん中に横線を引きます。

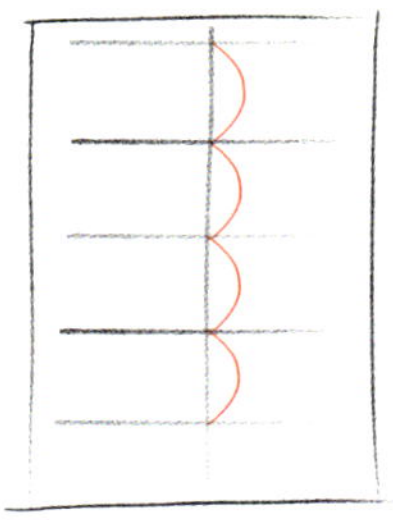

❹ 二等分した間の等分のところに横線を引きます。

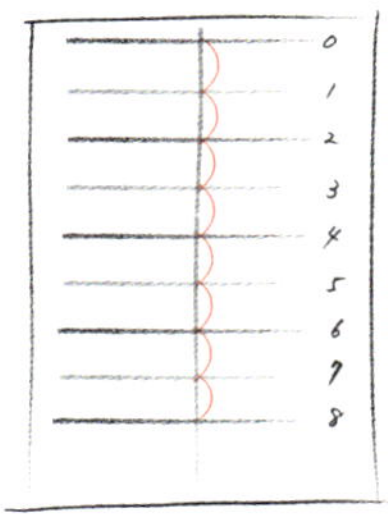

❺ 間の等分のところに横線を引き、上から番号を付けます。

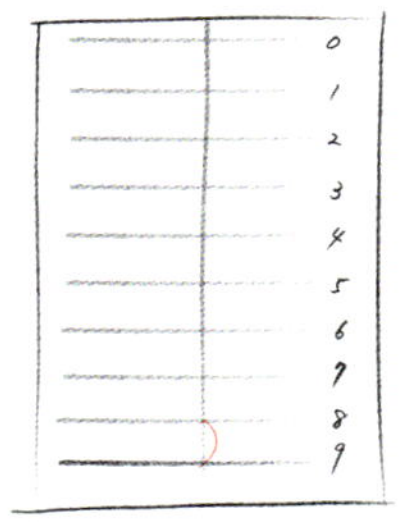

❻ 9頭身の場合は下に一本線を付け足します。

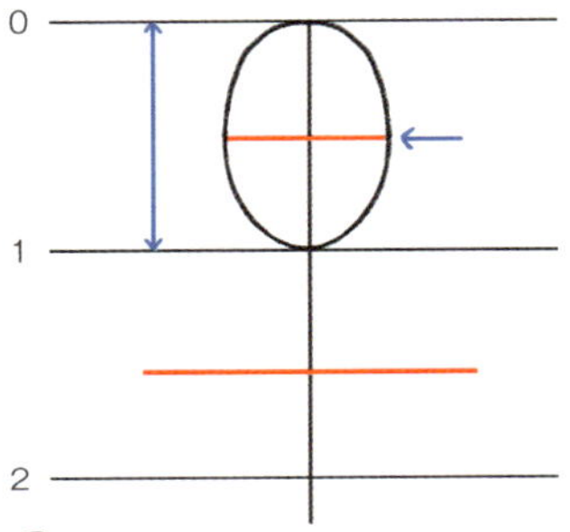

❶ 0～1の間に顔。1～2の1/2が肩の位置。頭部の長さ2/3が横幅。

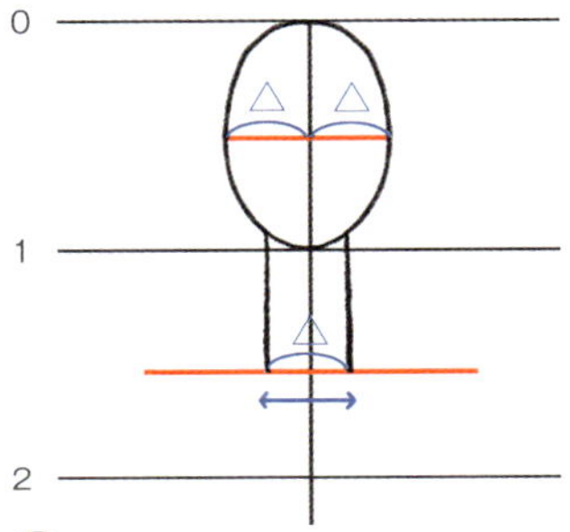

❷ 1～2の1/2のところが肩の位置。頭部の横幅1/2が首幅。

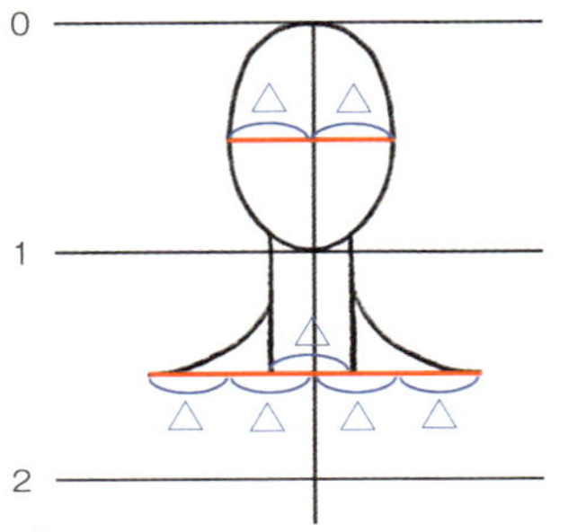

❸ 肩のラインを補正します。肩幅は頭部の横幅×2。

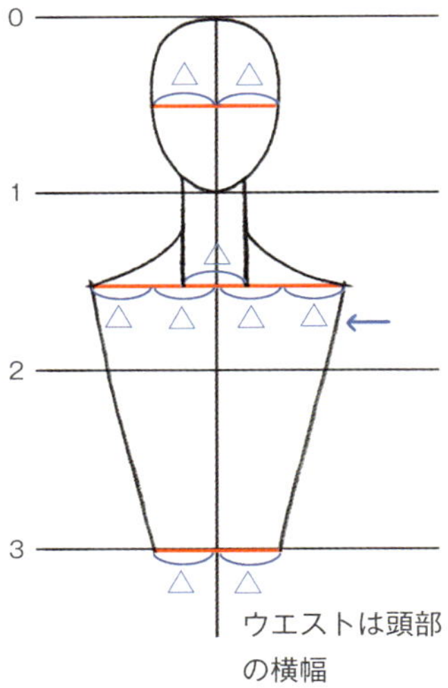

❹ 2の肩幅から3のウエスト位置をつなげます。

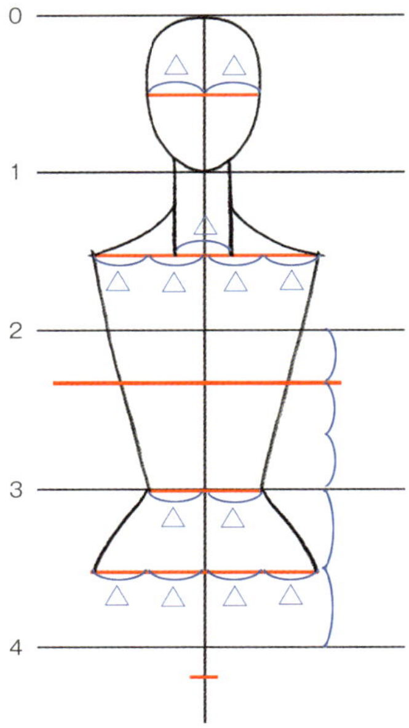

❺ 2～3の3/1がバスト位置、3～4の2/1がヒップライン。ウエストからヒップラインをつなげます。

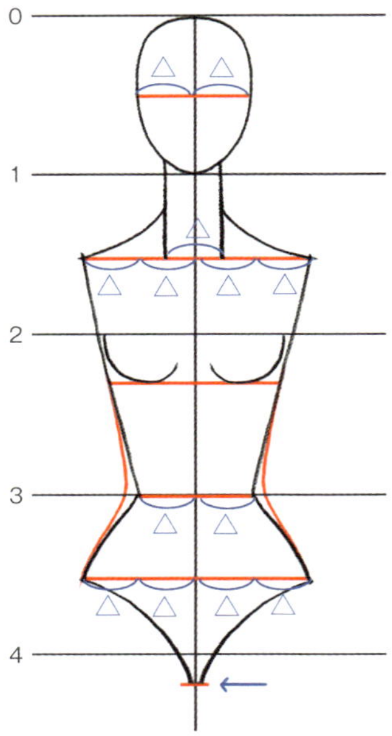

❻ 4～5の5/1が股上の位置。ヒップラインから股上の位置に足の付け根ラインを描きウエストを補正。

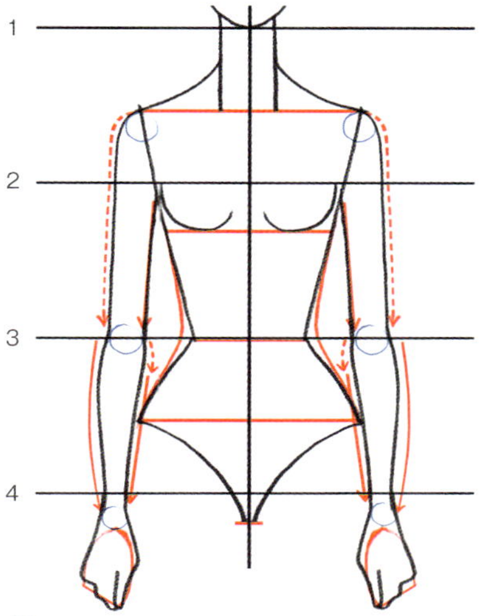

腕は肩の丸みを出しながら3の肘の位置まで真っすぐ。

肘から手首に向かって内側は真っすぐ、外側はカーブをつけます。

手は半楕円の形に描きます。

❼ 肘は3の位置、手首は4の下の位置になります。

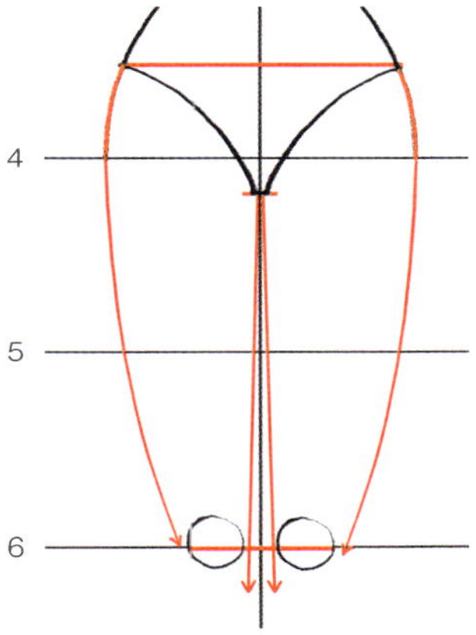

❼ ヒップラインから6の位置まで内側は直線で、外側は大きく丸みを帯びるように軽く当たりをつけておきます。

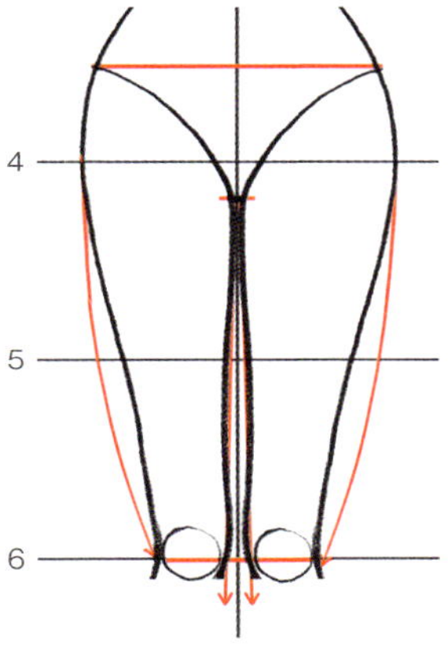

❽ 4～5の間の外側は丸みを残し5～6の間は直線的に描き、内側は5～6の位置で直線より少し内側に描きます。

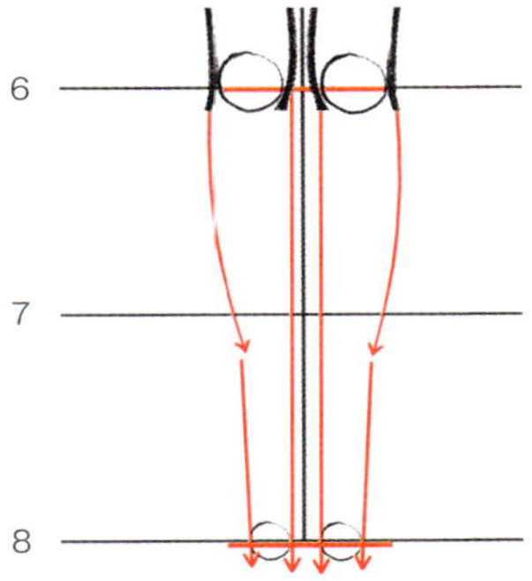

❿ 6～8まで内側は真っすぐに外側は6～7まで曲線、7～8は真っすぐに当たりをつけます。

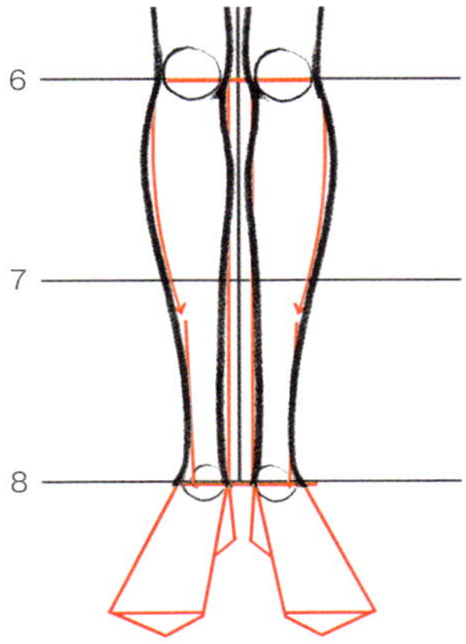

⓫ 足は台形の形に描き踵とつま先部分は三角の形に当たりをつけます。

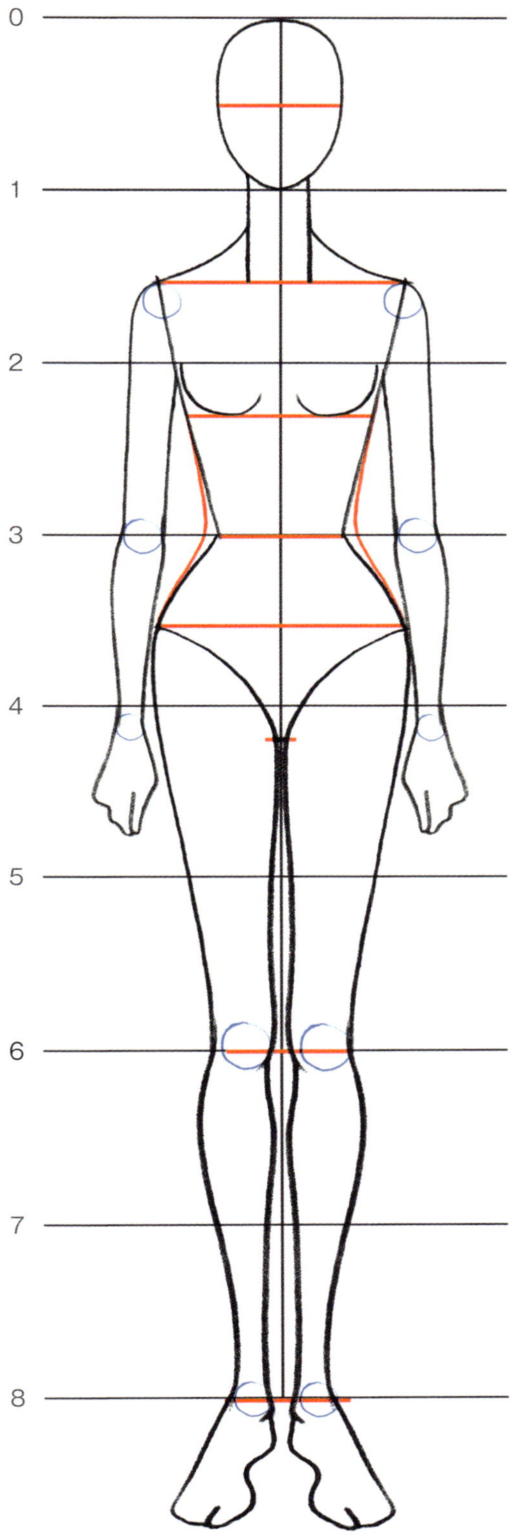

⓬ 最後に全体のバランスを整えて仕上げます。

プロポーション（男性）

用紙のサイズに合わせてバランスよく 8.5頭身のベースラインを引きます。

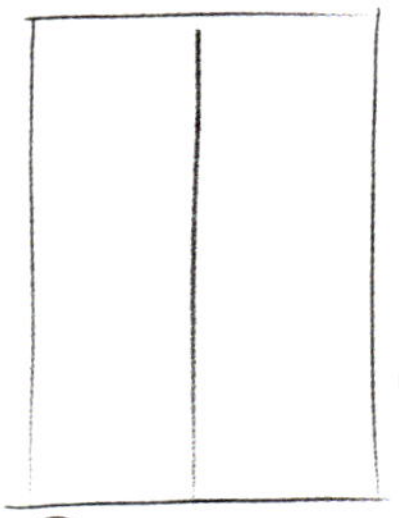

❶ 縦に中心線を軽く引きます。

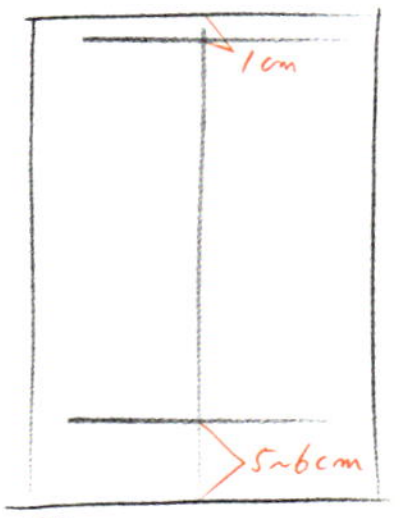

❷ 上から1cm、下から5～6cmのところに横線を引きます。

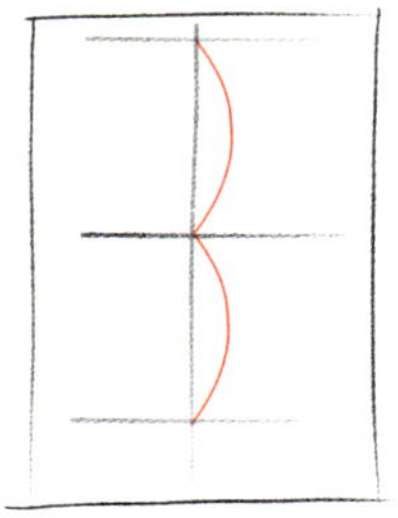

❸ 二等分した真ん中に横線を引きます。

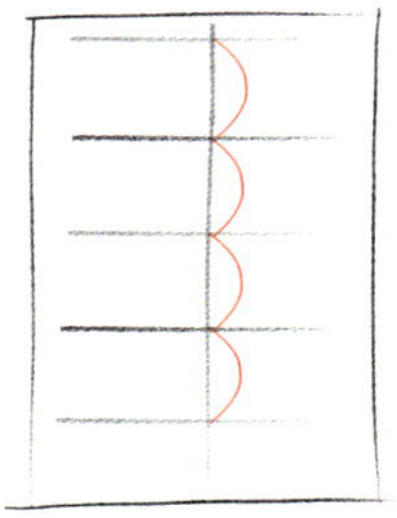

❹ 二等分した間の等分のところに横線を引きます。

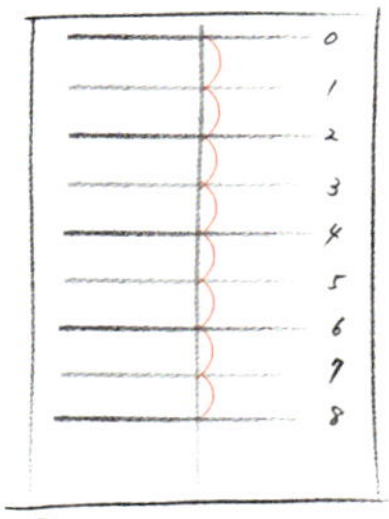

❺ 間の等分のところに横線を引き、上から番号をつけます。

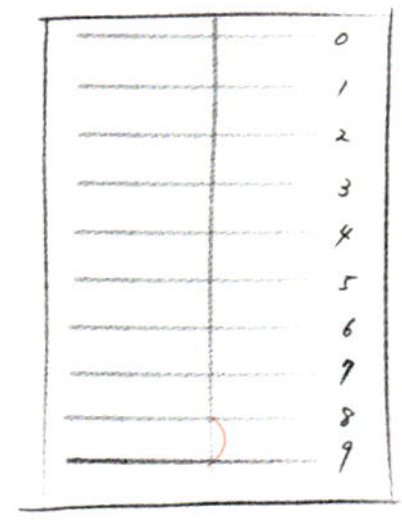

❻ 9頭身の場合は下に一本線を付け足します。

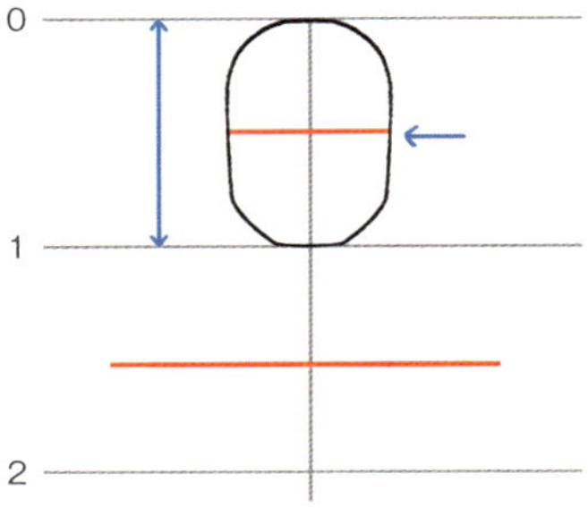

❶ 0～1の間に顔。1～2の1/2が肩の位置。頭部の長さ2/3が横幅。

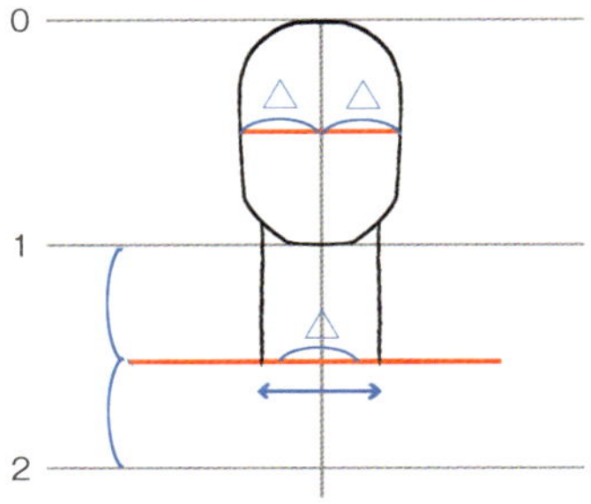

❷ 1～2の1/2のところが肩の位置。頭部の横幅1/2が首幅。

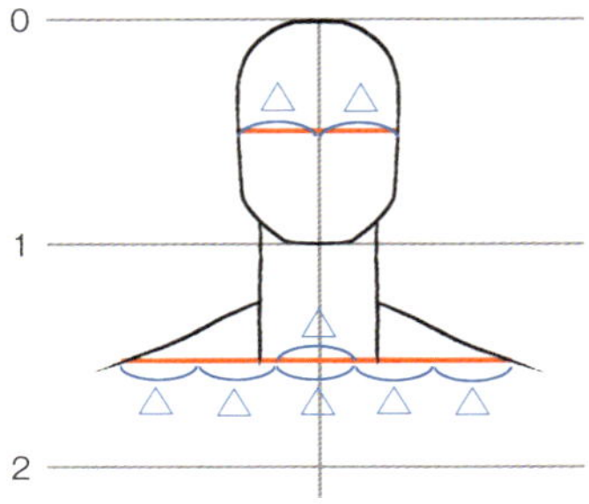

❸ 肩のラインを補正します。肩幅は頭部の横幅1/2×5。

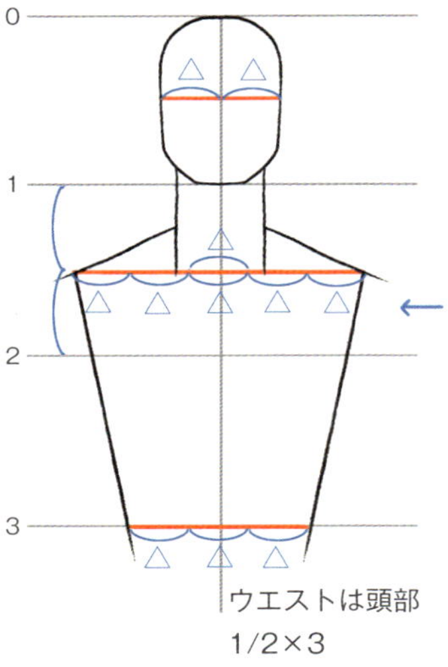

❹ 2の肩幅から3のウエスト位置をつなげます。

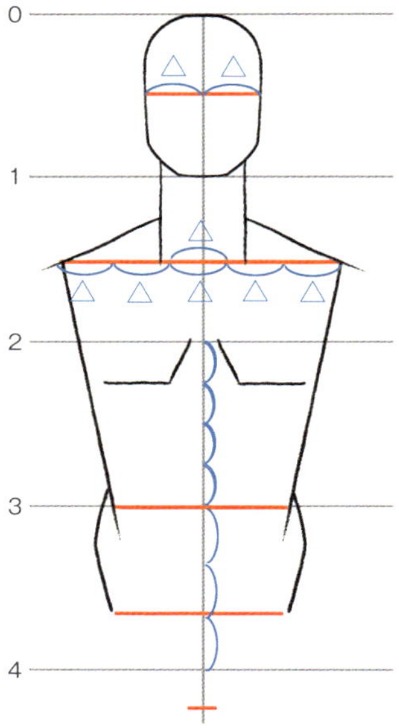

❺ 2～3の4/1がバスト位置。3～4の3/2がウエストの筋肉位置。ウエストの筋肉位置を確認します。

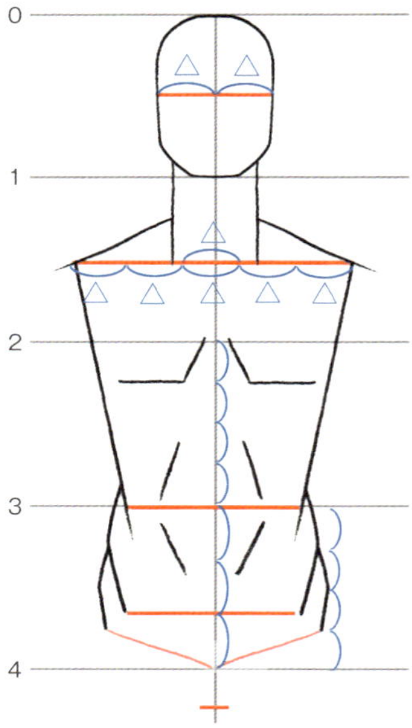

❻ ヒップラインから股上の位置に足の付け根ラインを描きます。3～4の4/2がヒップライン。

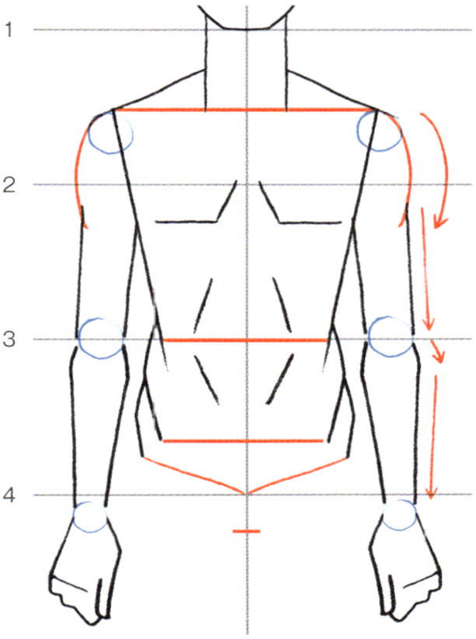

腕は肩の丸みを出しながら３の肘の位置まで真っすぐ。

肘から手首に向かって内側は真っすぐ、外側はカーブをつけます。

手は半楕円の形に描きます。

❼ 肘は3の位置、手首は4の下の位置になります。

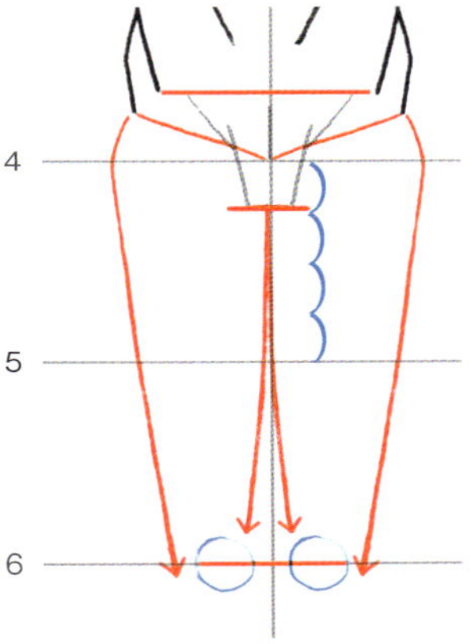

❽ 足の付け根から6の位置まで内側は直線で、外側は大きく丸みを帯びるように当りをつけます。4～5の1/5が股上の位置。

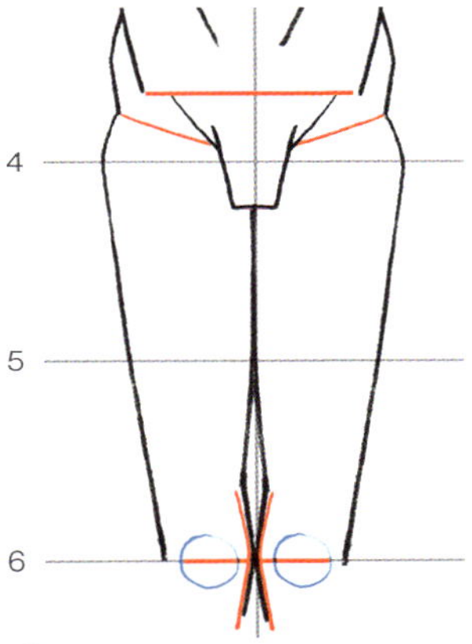

❾ 4～5の間の外側は丸みを残し5～6の間は直線的に描き、内側は5～6の位置で直線より少し内側に描きます。

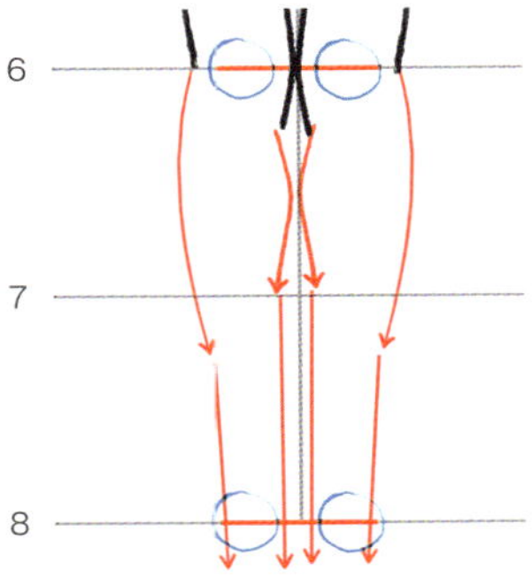

❿ 6～8まで内側は真っすぐに外側は6～7まで曲線、7～8は真っすぐに当たりをつけます。

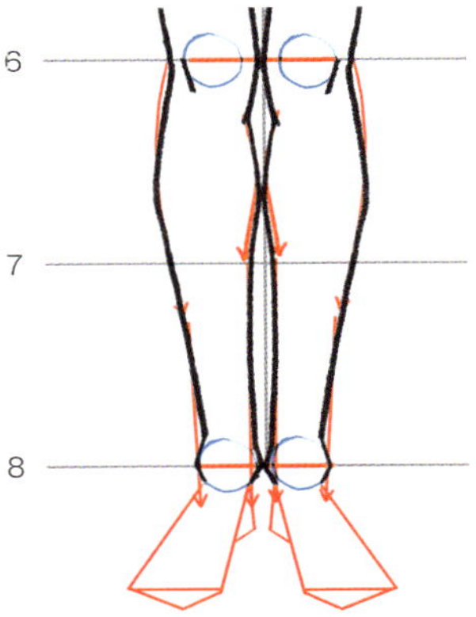

⓫ 足は台形の形に描き踵とつま先部分は三角の形に当たりをつけます。

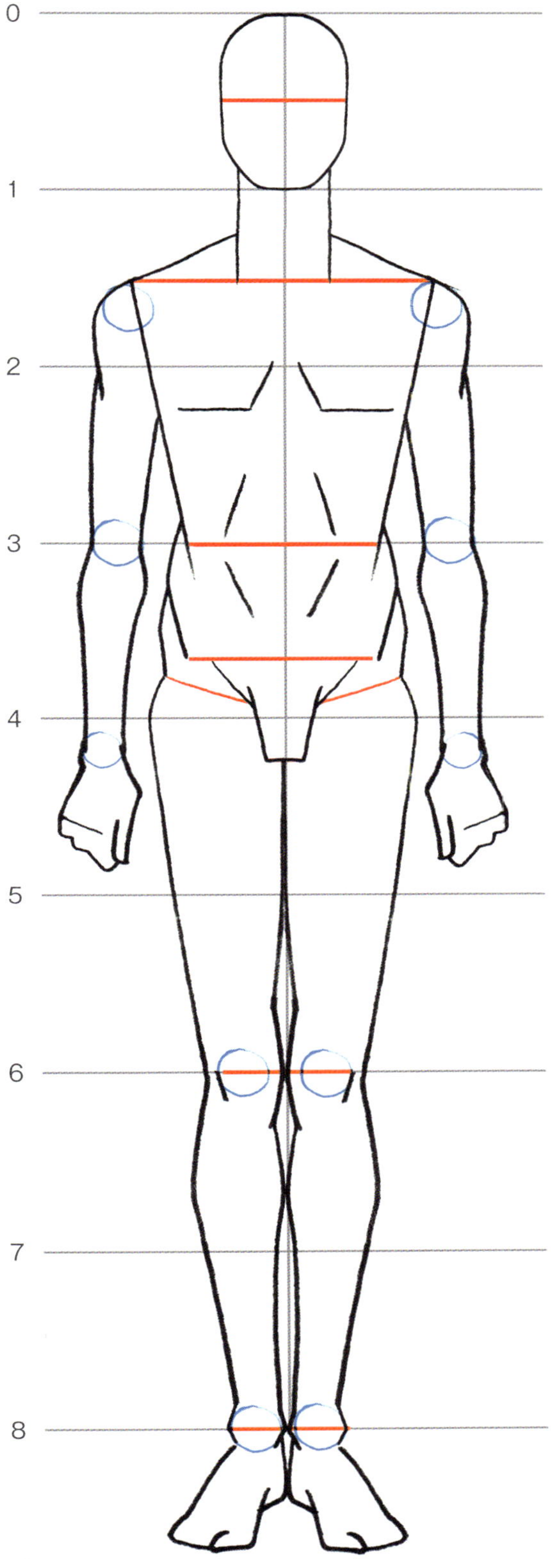

⓬ 最後に全体のバランスを整えて仕上げます。

正面片足重心ポーズ（女性）

重心とは身体の重みや力を支えている点のことですが、人は緊張を解いてリラッリスしている時に自然と片足に体重をかけた姿勢になります。片足に体重移動した時に体重がかかった方の腰は上がり、肩は下がります。重心がどこにあり、どこでバランスをとっているかが大切です。

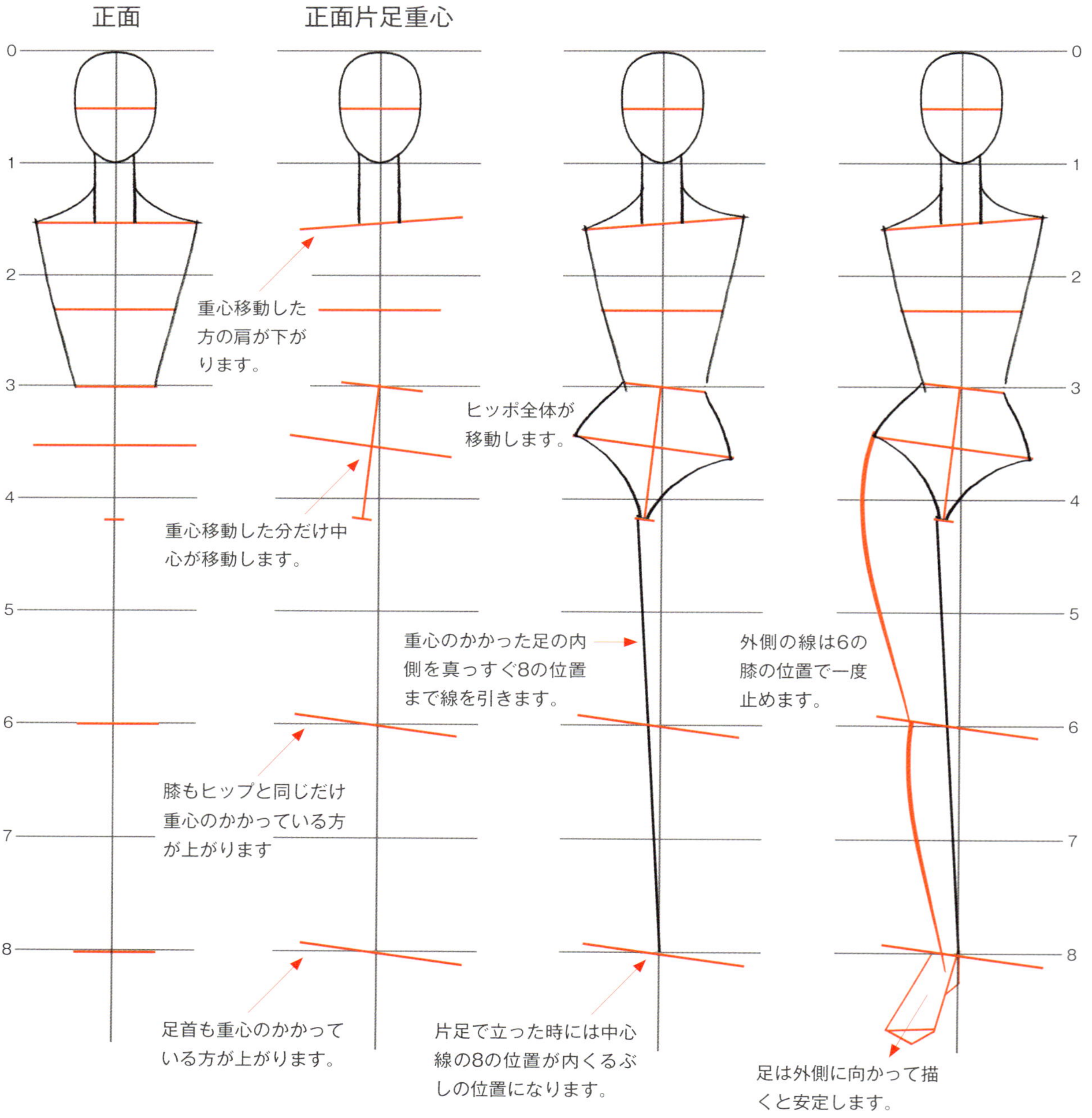
正面
正面片足重心
0
1
2
3
4
5
6
7
8
重心移動した方の肩が下がります。
重心移動した分だけ中心が移動します。
膝もヒップと同じだけ重心のかかっている方が上がります
足首も重心のかかっている方が上がります。
ヒッポ全体が移動します。
重心のかかった足の内側を真っすぐ8の位置まで線を引きます。
片足で立った時には中心線の8の位置が内くるぶしの位置になります。
外側の線は6の膝の位置で一度止めます。
足は外側に向かって描くと安定します。

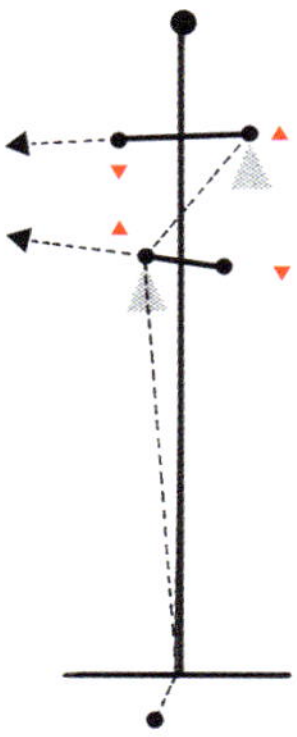
肩が下がると腰が
上がります
体重がかかっている脚のくる
ぶしが中心線に戻ります

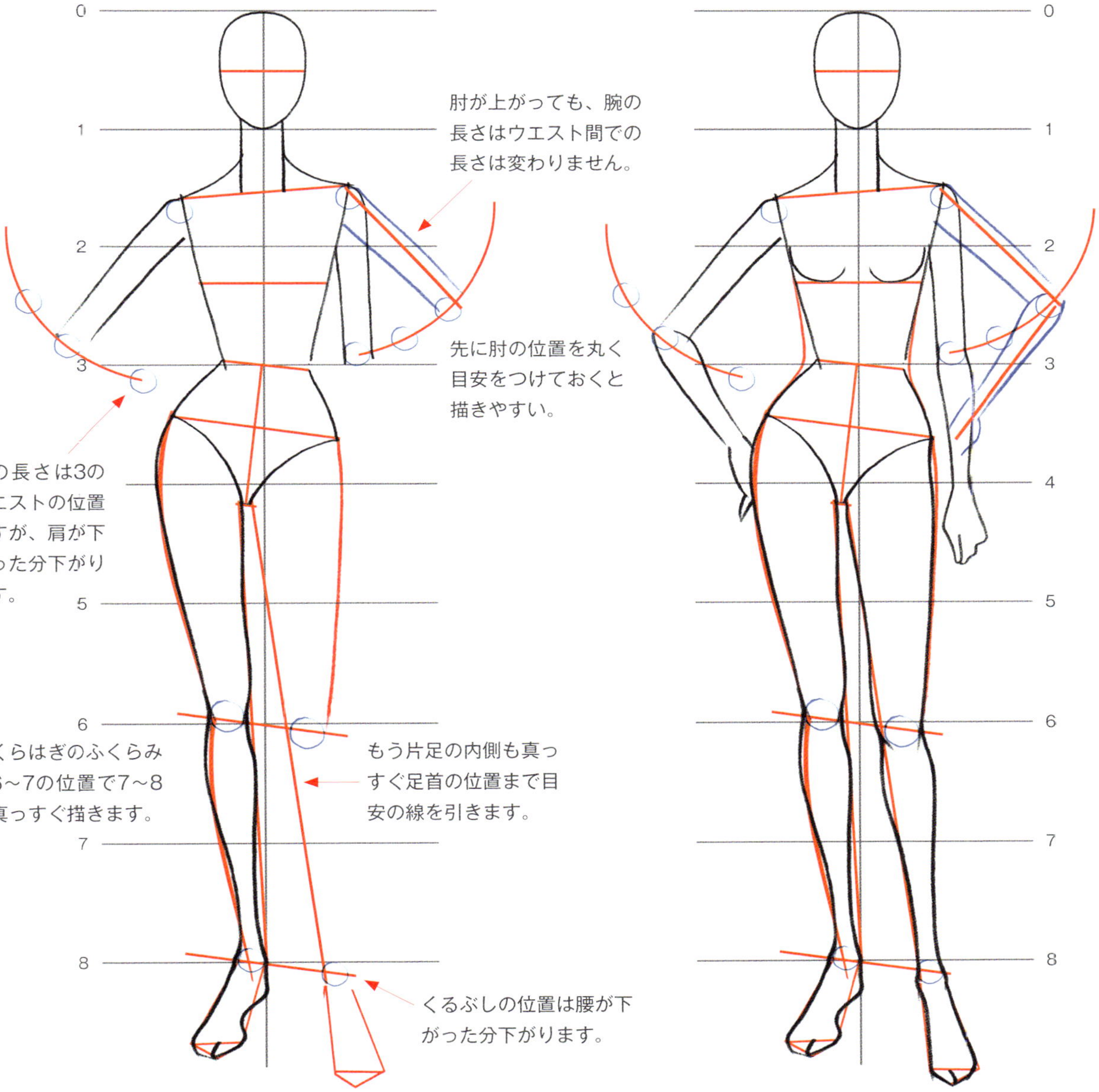
0
1
2
3
4
5
6
7
8
肘が上がっても、腕の
長さはウエスト間での
長さは変わりません。
先に肘の位置を丸く
目安をつけておくと
描きやすい。
肘の長さは3の
ウエストの位置
ですが、肩が下
がった分下がり
ます。
ふくらはぎのふくらみ
は6~7の位置で7~8
は真っすぐ描きます。
もう片足の内側も真っ
すぐ足首の位置まで目
安の線を引きます。
くるぶしの位置は腰が下
がった分下がります。

正面片足重心ポーズ（男性）

男性も女性と同じく肩、腰の位置や重心がどこにあり、どこでバランスをとっているかが大切です。

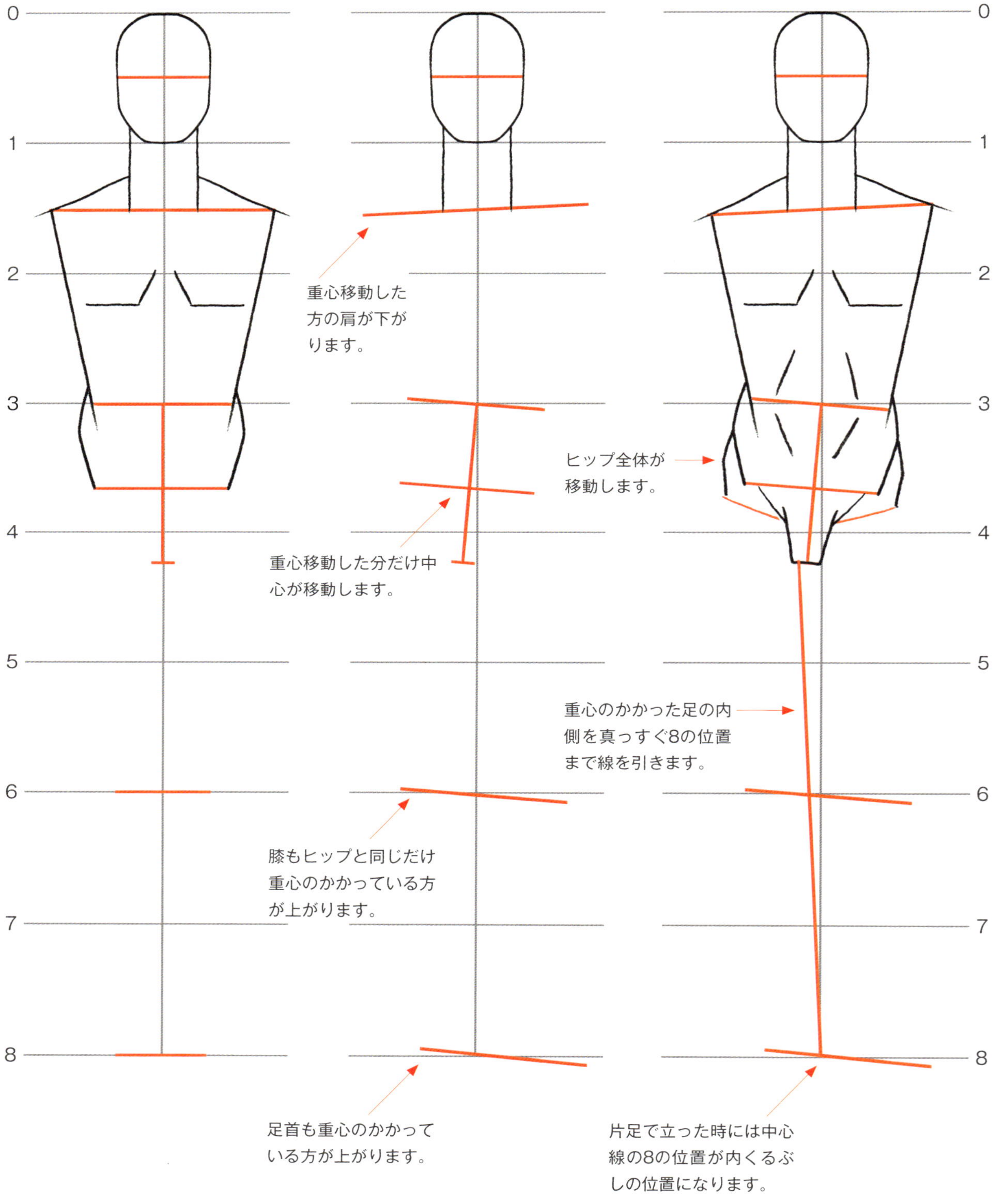

0
1
2
3
4
5
6
7
8
重心移動した方の肩が下がります。
ヒップ全体が移動します。
重心移動した分だけ中心が移動します。
重心のかかった足の内側を真っすぐ8の位置まで線を引きます。
膝もヒップと同じだけ重心のかかっている方が上がります。
足首も重心のかかっている方が上がります。
片足で立った時には中心線の8の位置が内くるぶしの位置になります。

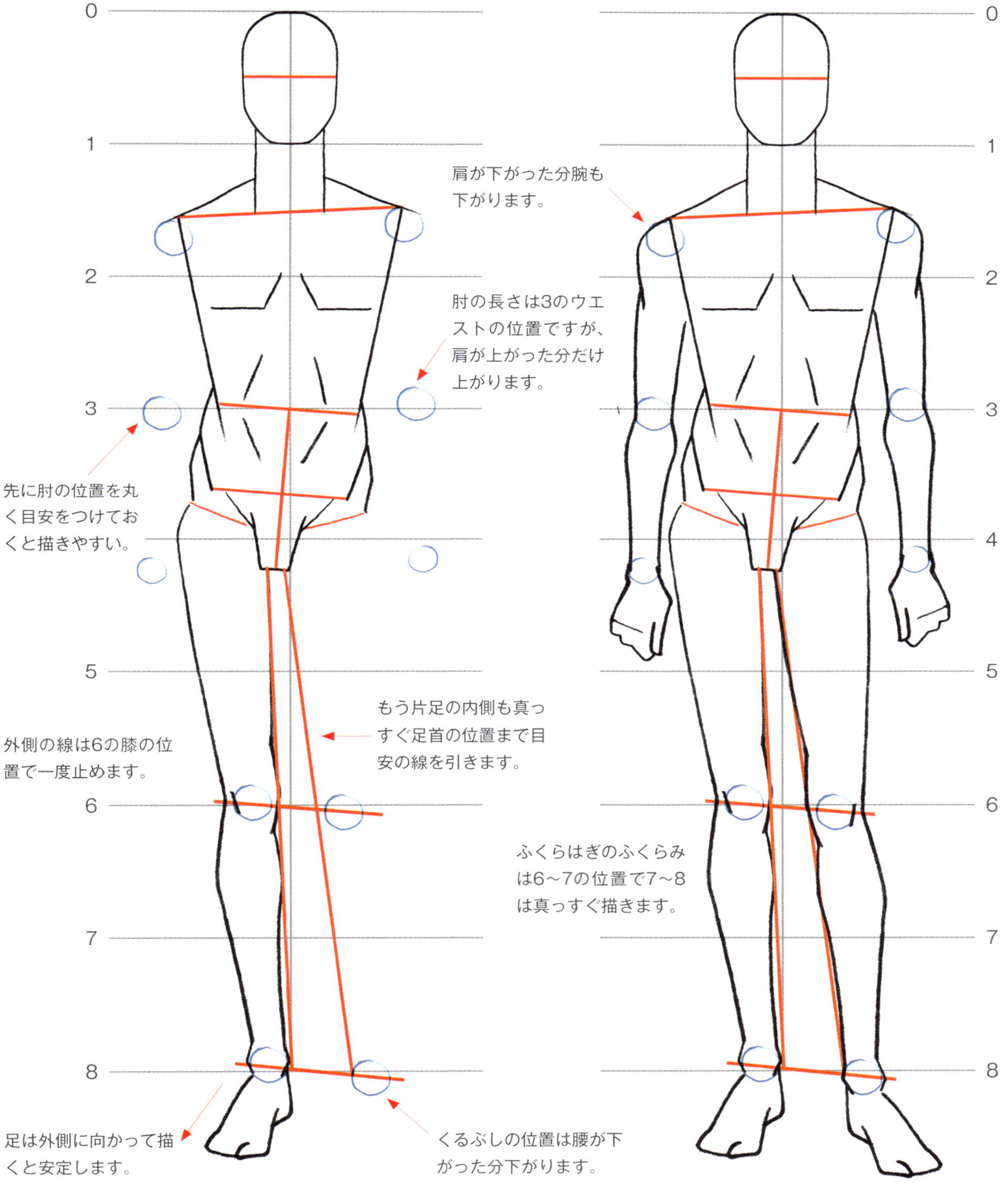
0
1
2
3
4
5
6
7
8
肩が下がった分腕も下がります。
肘の長さは3のウエストの位置ですが、肩が上がった分だけ上がります。
先に肘の位置を丸く目安をつけておくと描きやすい。
もう片足の内側も真っすぐ足首の位置まで目安の線を引きます。
外側の線は6の膝の位置で一度止めます。
ふくらはぎのふくらみは6～7の位置で7～8は真っすぐ描きます。
足は外側に向かって描くと安定します。
くるぶしの位置は腰が下がった分下がります。

斜め片足重心ポーズ（女性）

身体全体が斜めを向くと中心は大きく移動します。どちらの足で身体を支えているかで肩や腰も大きく動きますが、身体を支える軸足の内くるぶしが必ず身体の中心に戻るという法則をふまえることで、安定したバランスをとることができます。

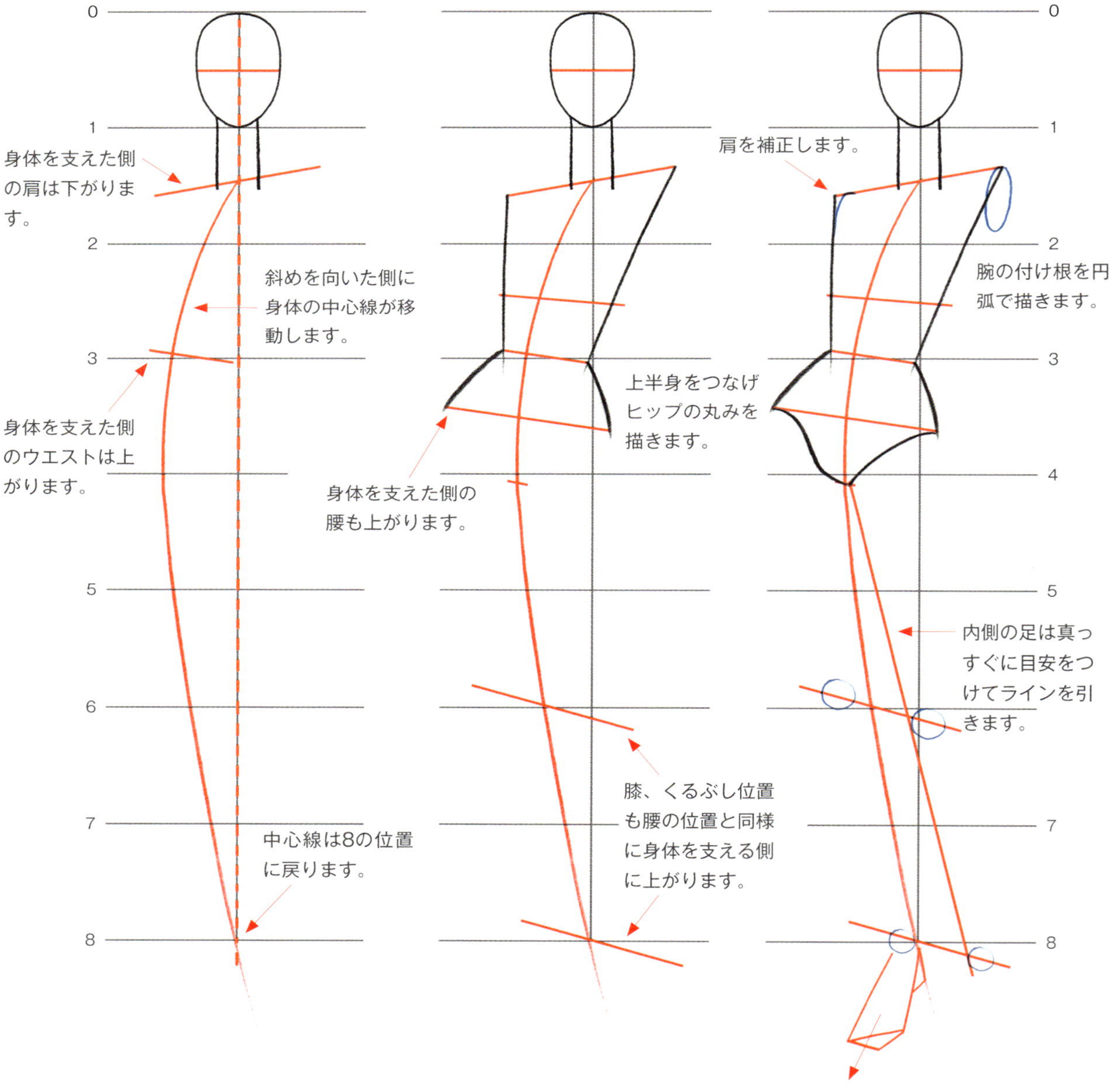
0
1
2
3
4
5
6
7
8
身体を支えた側の肩は下がります。
斜めを向いた側に身体の中心線が移動します。
身体を支えた側のウエストは上がります。
中心線は8の位置に戻ります。
身体を支えた側の腰も上がります。
上半身をつなげヒップの丸みを描きます。
膝、くるぶし位置も腰の位置と同様に身体を支える側に上がります。
肩を補正します。
腕の付け根を円弧で描きます。
内側の足は真っすぐに目安をつけてラインを引きます。

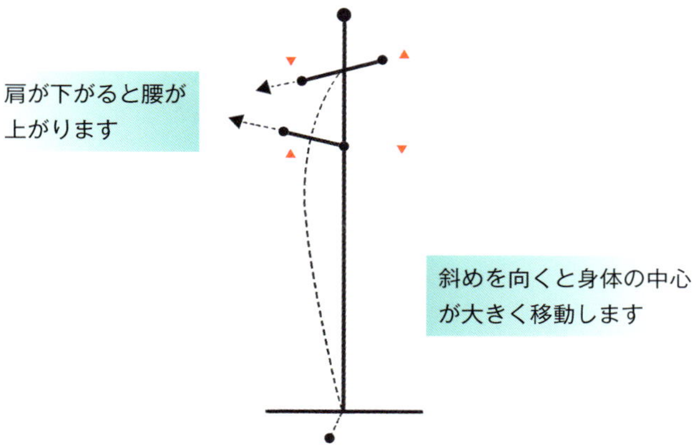
肩が下がると腰が
上がります
斜めを向くと身体の中心
が大きく移動します

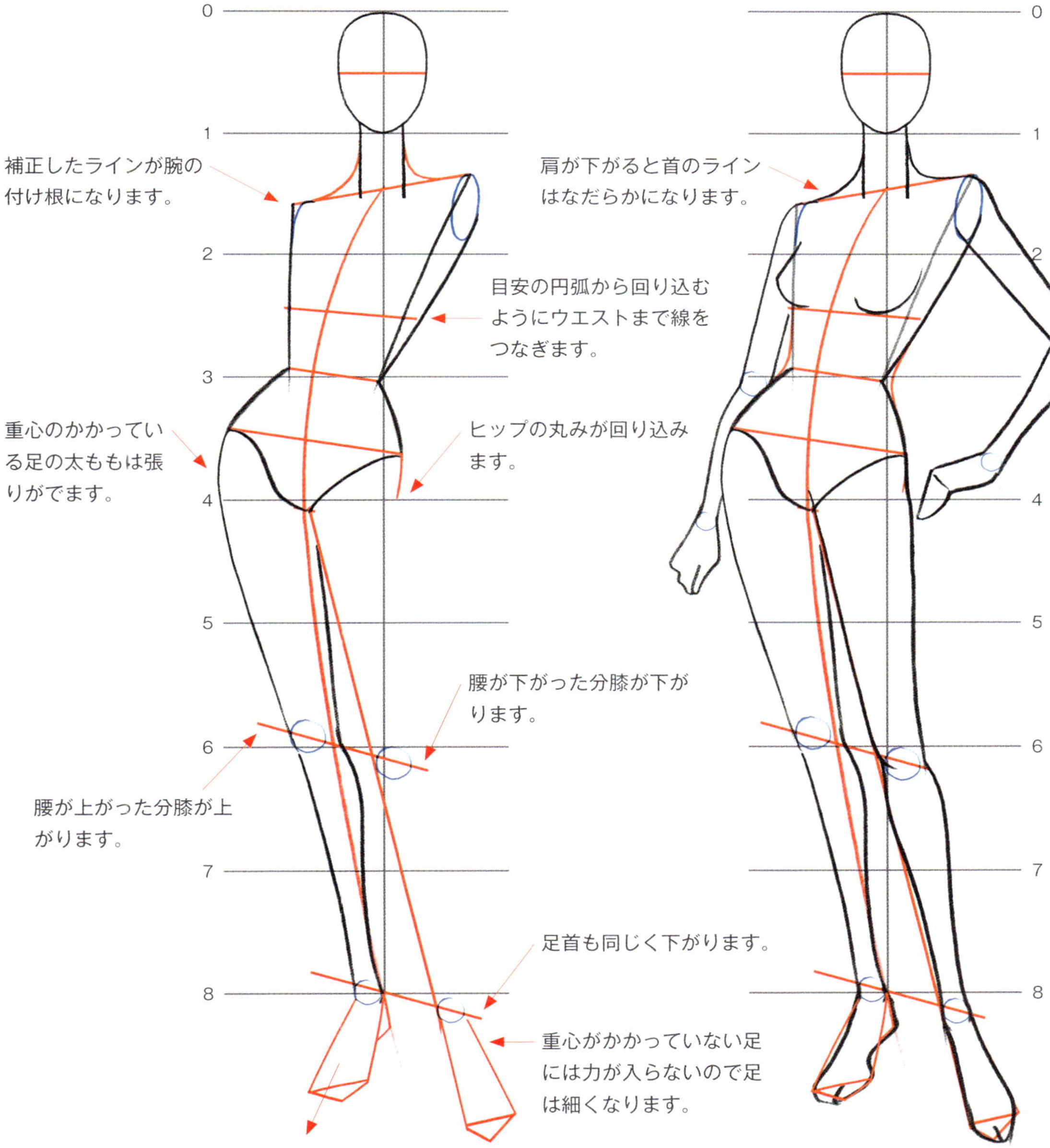
0
1
2
3
4
5
6
7
8
補正したラインが腕の
付け根になります。
肩が下がると首のライン
はなだらかになります。
目安の円弧から回り込む
ようにウエストまで線を
つなぎます。
重心のかかってい
る足の太ももは張
りがでます。
ヒップの丸みが回り込み
ます。
腰が下がった分膝が下が
ります。
腰が上がった分膝が上
がります。
足首も同じく下がります。
重心がかかっていない足
には力が入らないので足
は細くなります。

斜め片足重心ポーズ（男性）

男性も女性と同じく身体を支える軸足の内くるぶしが、必ず身体の中心に戻るという法則をふまえることで、安定したバランスをとることができます。

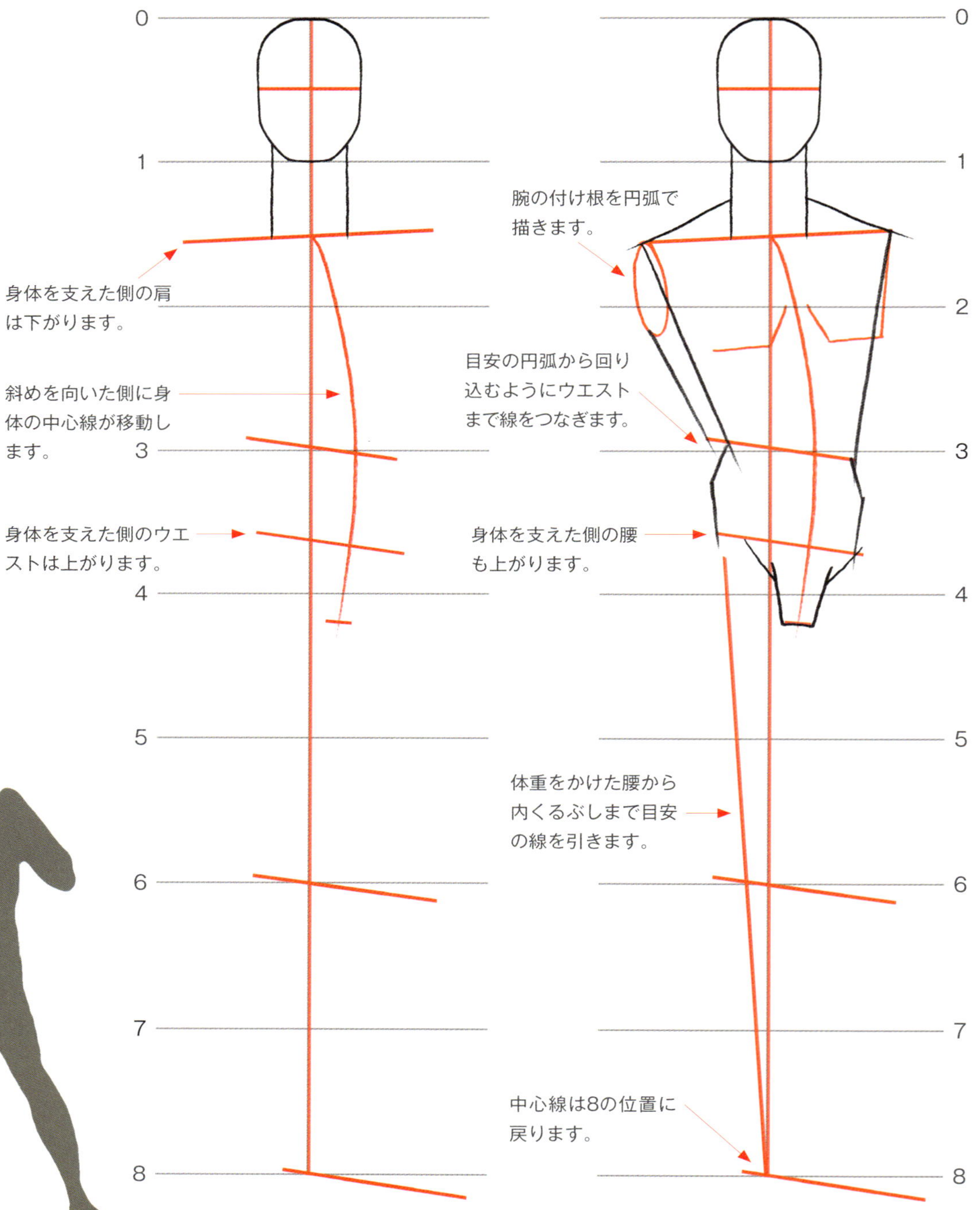
0
1
2
3
4
5
6
7
8
身体を支えた側の肩は下がります。
斜めを向いた側に身体の中心線が移動します。
身体を支えた側のウエストは上がります。
腕の付け根を円弧で描きます。
目安の円弧から回り込むようにウエストまで線をつなぎます。
身体を支えた側の腰も上がります。
体重をかけた腰から内くるぶしまで目安の線を引きます。
中心線は8の位置に戻ります。

完璧な片足重心のダビデ像

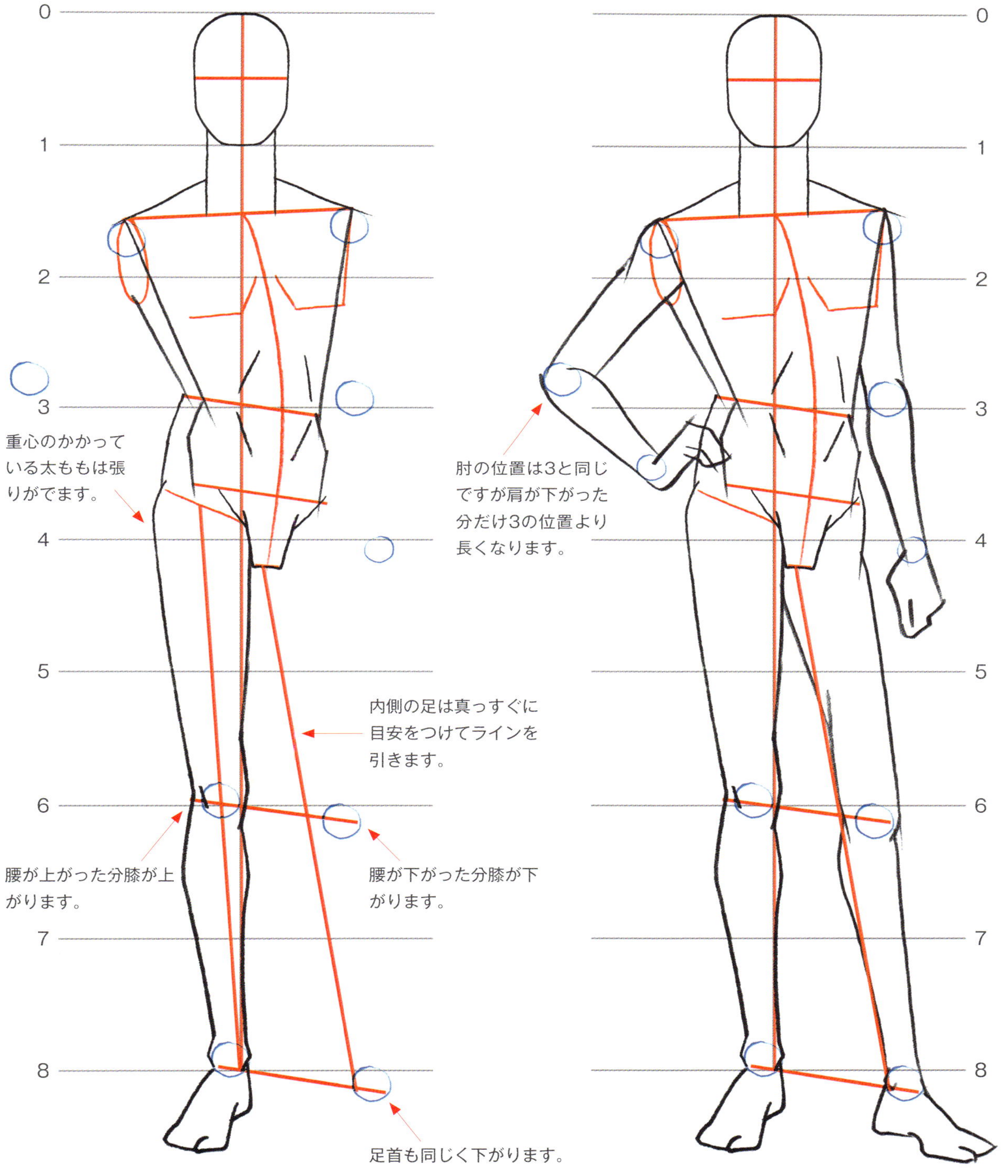
0
1
2
3
4
5
6
7
8
重心のかかっている太ももは張りがでます。
内側の足は真っすぐに目安をつけてラインを引きます。
腰が上がった分膝が上がります。
腰が下がった分膝が下がります。
足首も同じく下がります。
肘の位置は3と同じですが肩が下がった分だけ3の位置より長くなります。

後ろ・横ポーズ（女性／男性）

後ろポーズは正面ポーズと同じバランスですが、首、ヒップ、手と足の向きに注意しながら描きます。横ポーズは胸が中心より前に、腰から下は重心が後ろにかかり気味にS字ラインのように描きます。

（女性）

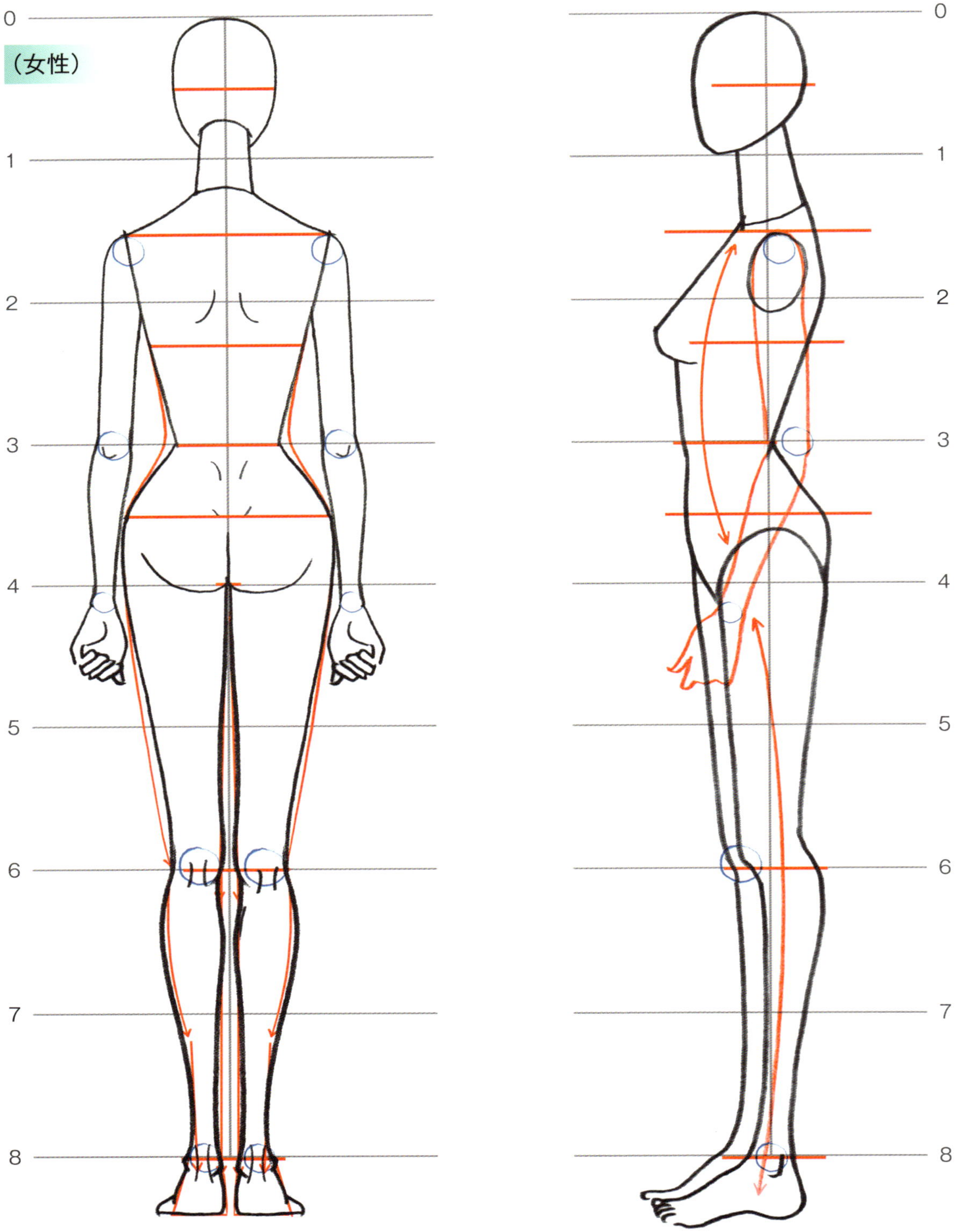

（男性）

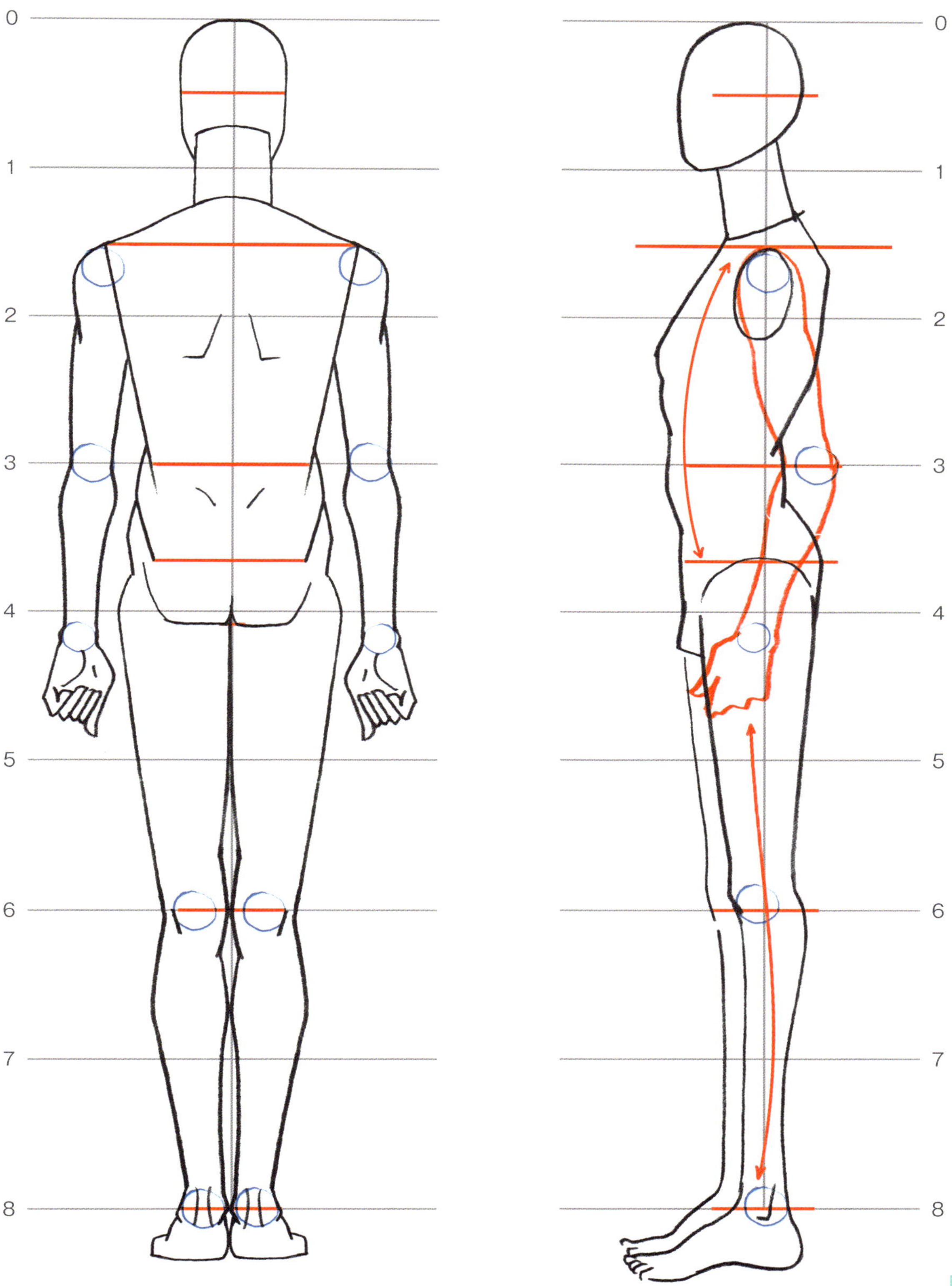

顔を描く

左右対称で複雑なパーツを持つ顔ですが、単純な図形に置き換えて位置を確認しながら描くと、バランスがとりやすくなります。

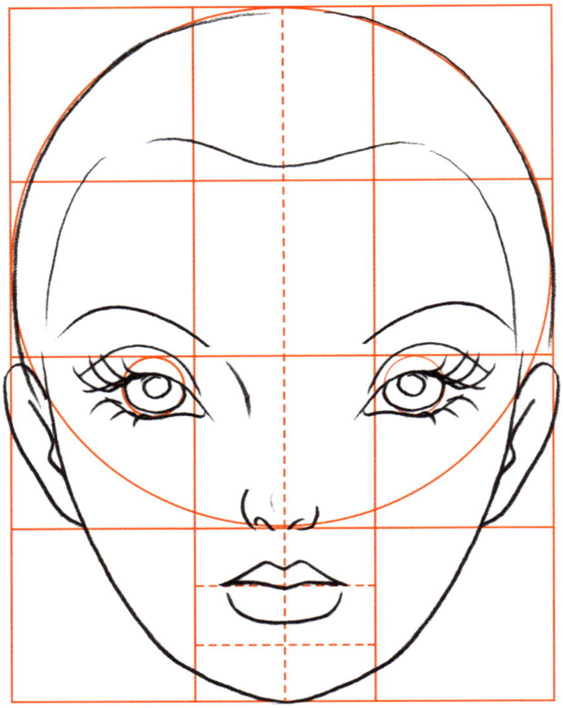

基本のバランス

逆三角形のバランス

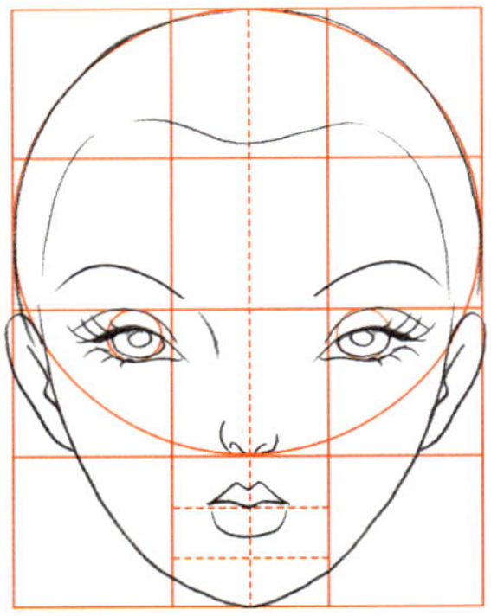

目とあごのラインを細くして口を小さく描きます。

四角形のバランス

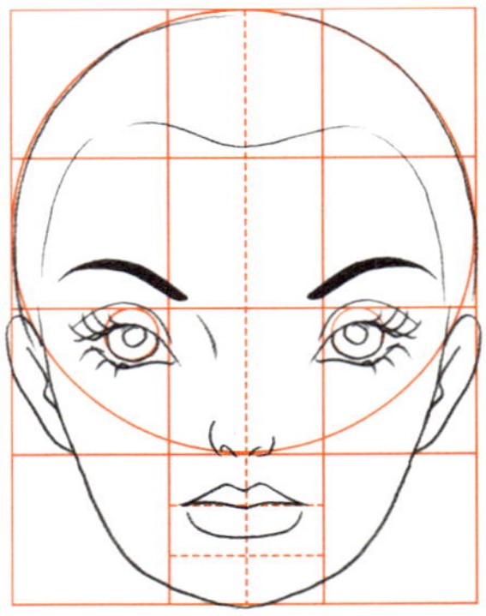

目を大きく、あごのラインを張り気味に口を大きく描きます。

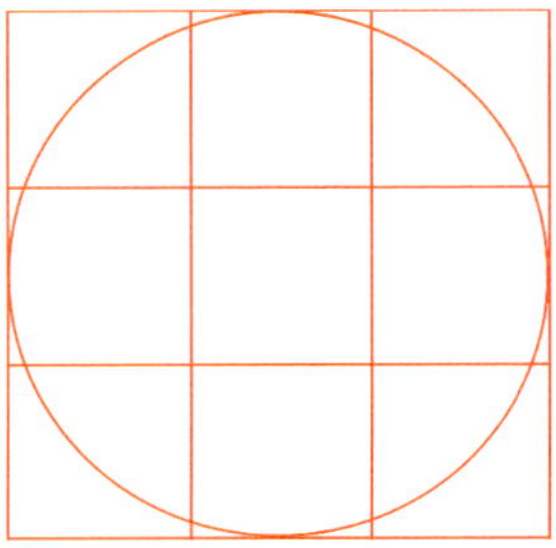

1 正方形の縦と横を3等分し大きな円を描きます。

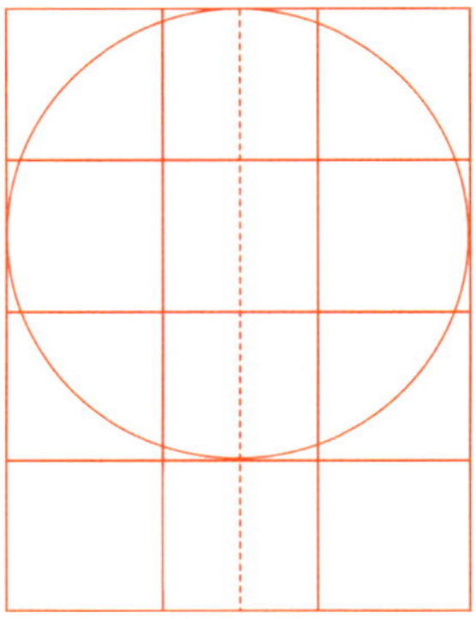

2 下段に1段加え縦の中心線を引きます。

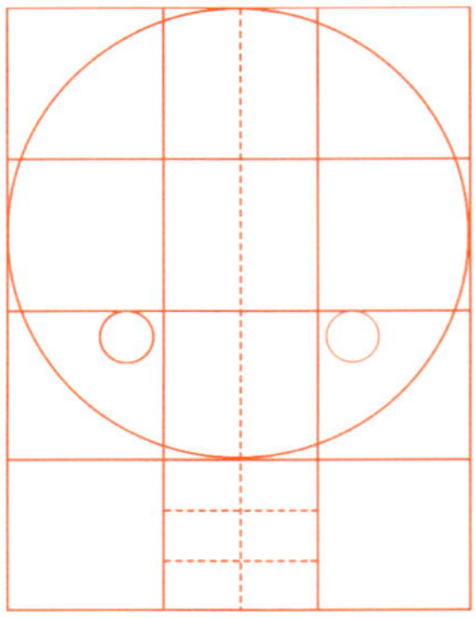

3 1/2下段に目の位置を取り下段の正方形を3等分します。

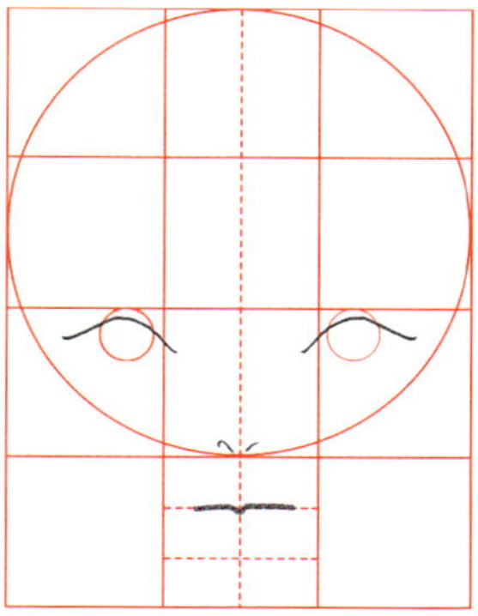

4 3等分した上段に口の中心を描き下段の正方形の真上に鼻先を描きます。

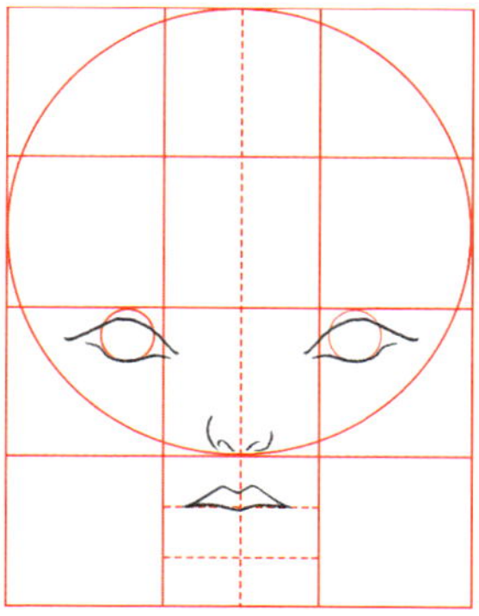

5 上まぶたを受けるように下まぶたを描き、上唇と鼻を描き加えます。

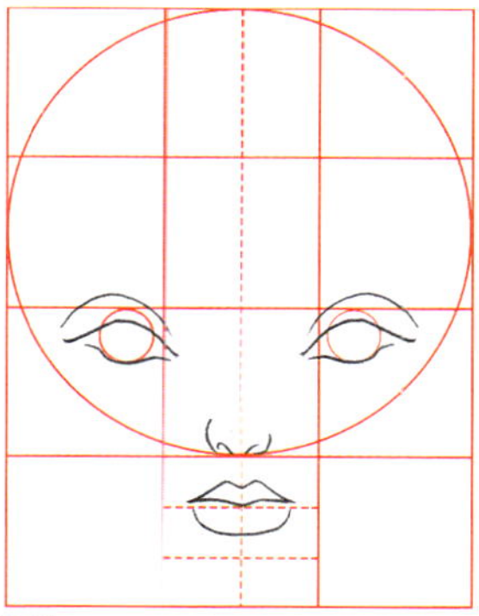

6 上まぶたの上に二重の線を加えます。下唇は上唇より厚めに描きます。

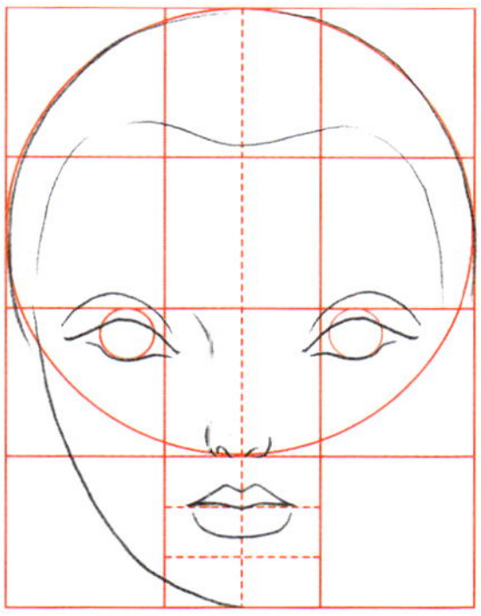

7 円に沿って頭の輪郭を描き耳の厚み分を残して顔の輪郭を描きます。

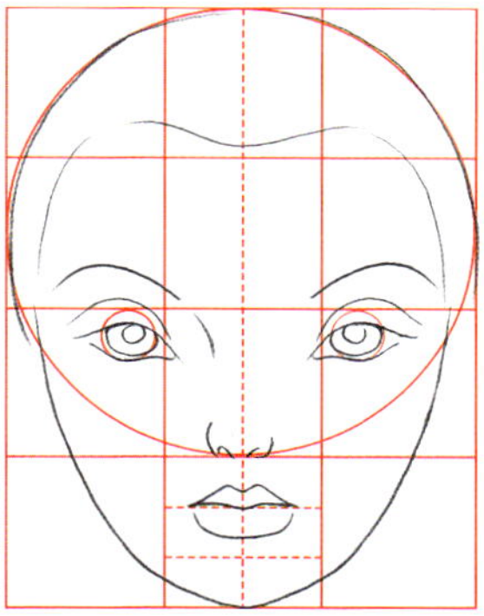

8 瞳を描き加えてまつげを描きます。眉毛は眉尻を上げるように描くと引き締まります。

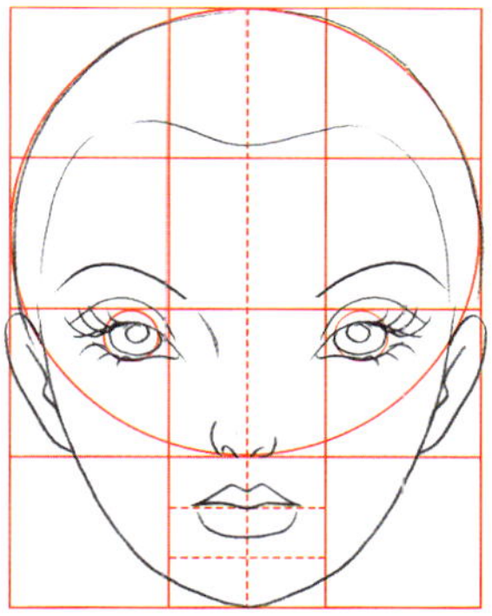

9 目から鼻先の位置に耳を描いて仕上げます。

上を向いた顔

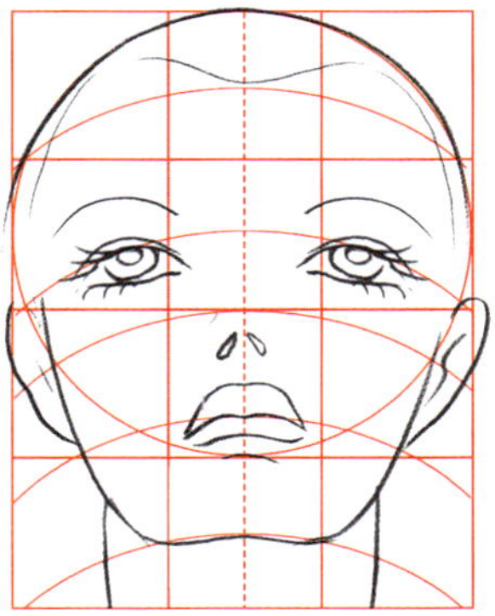

▲上を向くとあごが上がり目尻眉、口角が下がって見えます。上唇が厚く下唇が薄く見え首も太くなります。

正面

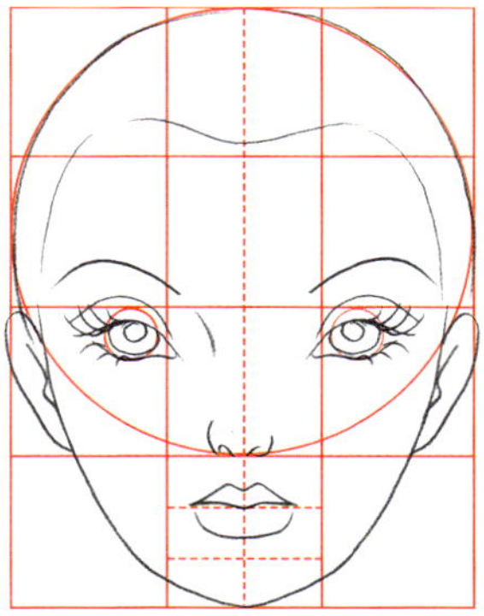

下を向いた顔

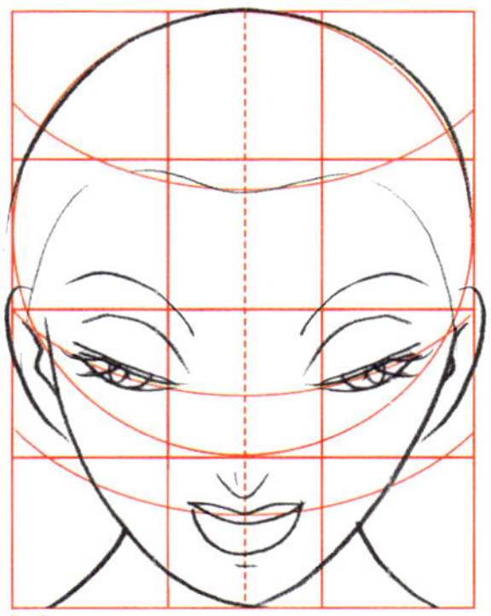

▼下を向くと目尻、眉、口角が上がって見え耳も上がり、上唇が薄く下唇が厚く見えます。

いろいろな角度の顔

角度によって変化する顔を描くのは難しいのですが、一定の法則を理解すると格段に描きやすくなります。例えば上を向くと眉、目尻、耳、口角が下がって見え鼻の穴も大きく見えてきます。逆に下を向くと眉、目尻、耳、口角が上がって見えるのです。

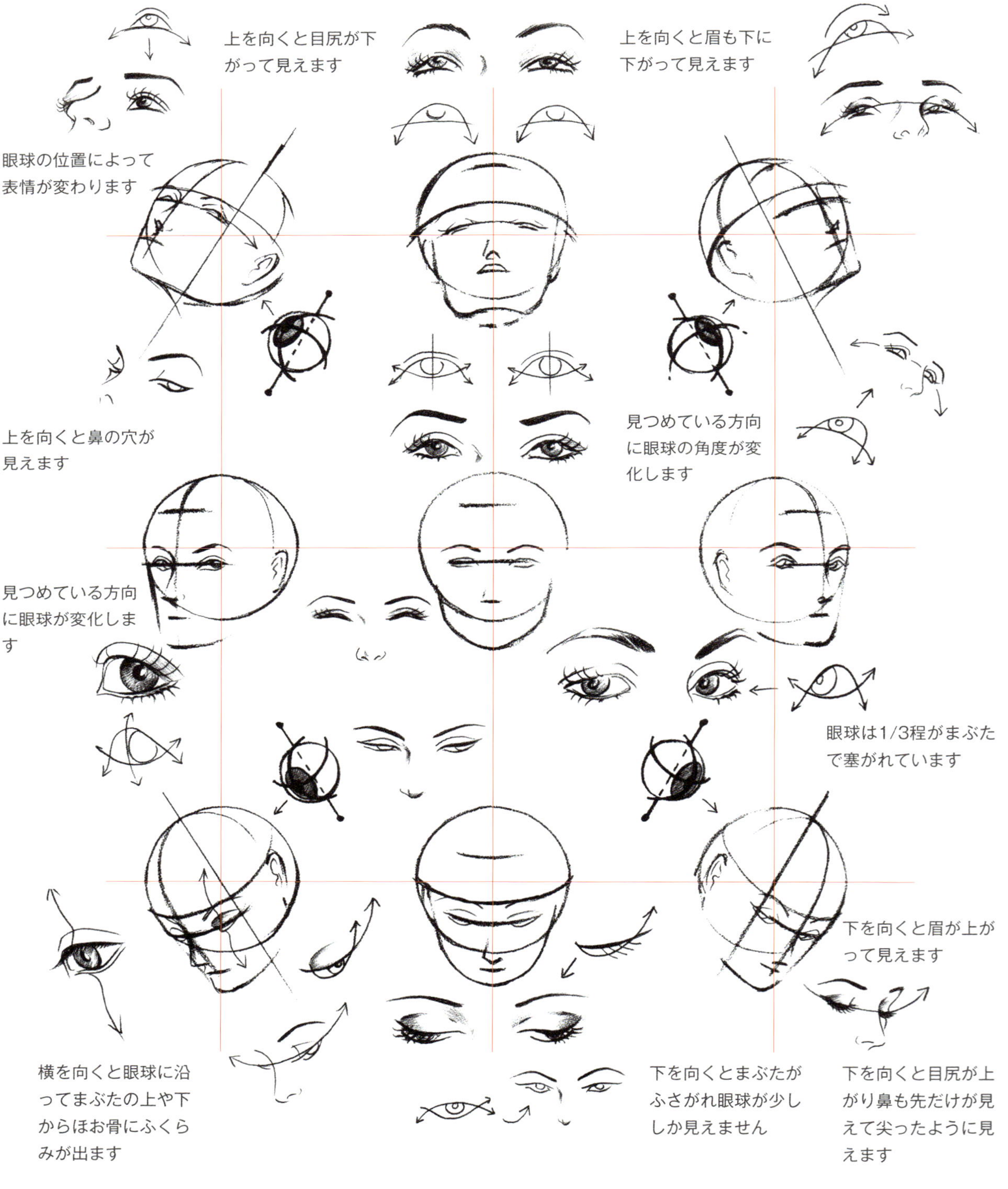

上を向くと目尻が下がって見えます
上を向くと眉も下に下がって見えます
眼球の位置によって表情が変わります
上を向くと鼻の穴が見えます
見つめている方向に眼球の角度が変化します
見つめている方向に眼球が変化します
眼球は1/3程がまぶたで塞がれています
下を向くと眉が上がって見えます
横を向くと眼球に沿ってまぶたの上や下からほお骨にふくらみが出ます
下を向くとまぶたがふさがれ眼球が少ししか見えません
下を向くと目尻が上がり鼻も先だけが見えて尖ったように見えます

唇の描き方

1 口の大きさに線を合わせ中心に印をつけておきます。

2 唇の厚さに合わせて目安の○を上に三つ、下に二つ描きます。

3 口角から○を囲むように描き中心の○に段差を付けます。

4 モデルのイメージや表情に合わせて修正し仕上げます。

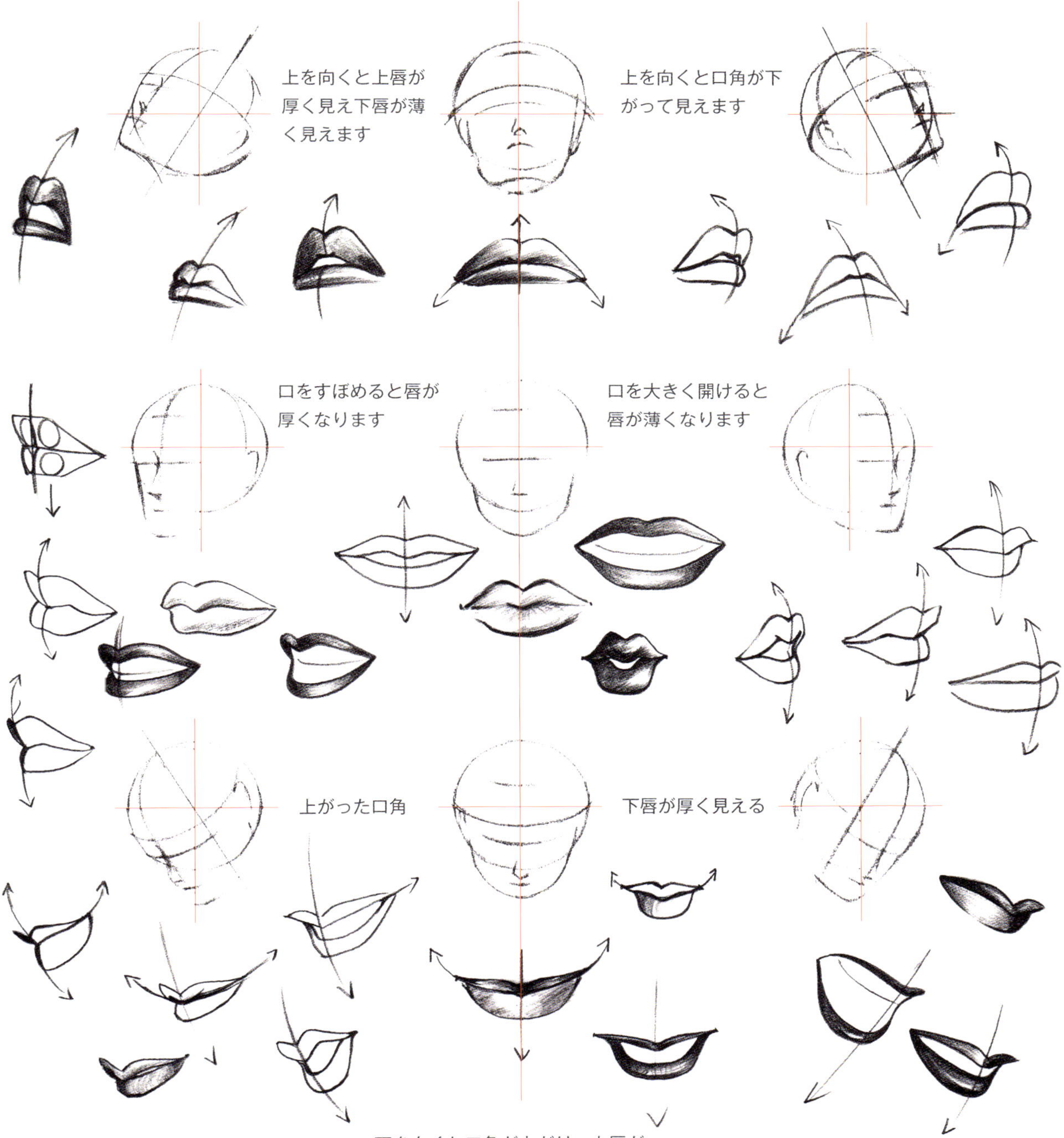
上を向くと上唇が厚く見え下唇が薄く見えます
上を向くと口角が下がって見えます
口をすぼめると唇が厚くなります
口を大きく開けると唇が薄くなります
上がった口角
下唇が厚く見える

下を向くと口角が上がり、上唇が薄く下唇が厚く見えてきます

手を描く

複雑な動きをする手を描くことは難しく感じますが、シンプルなフォルムに置き換えることで単純な動きから表情のある動きまで自由に描くことができます。

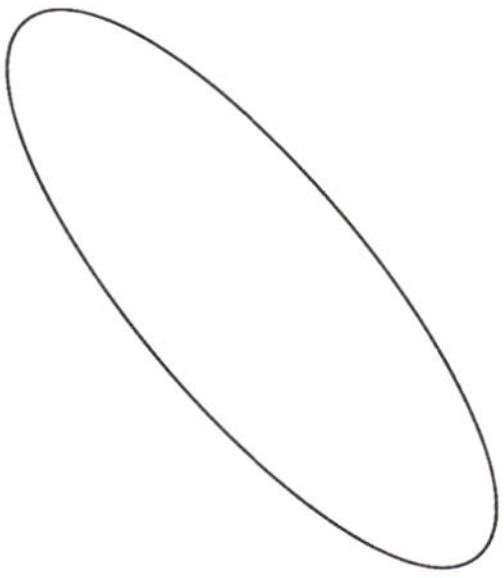

1 楕円形を描きます。

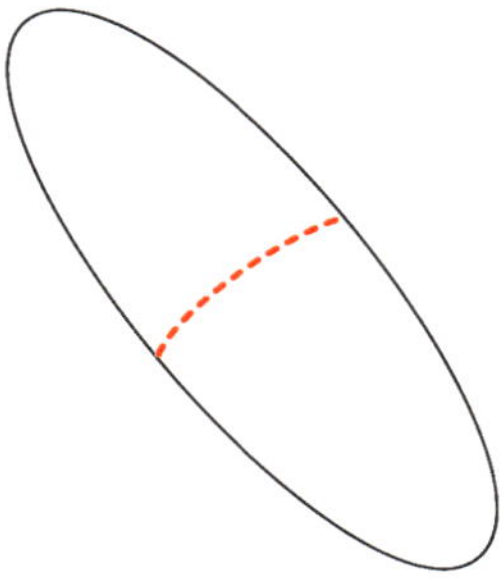

2 二等分します。

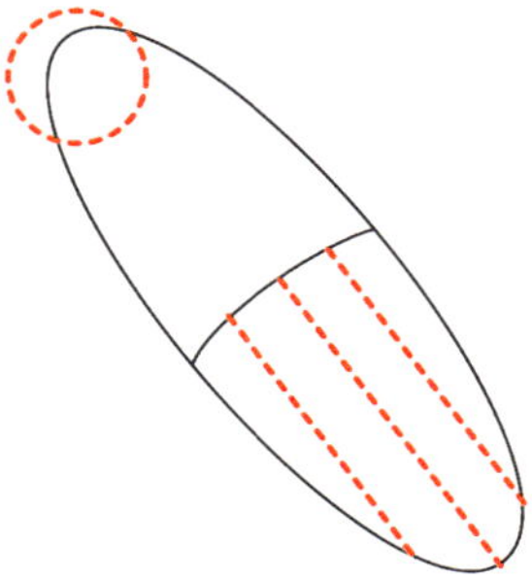

3 1/2を四等分し手首の関節を楕円で描きます。

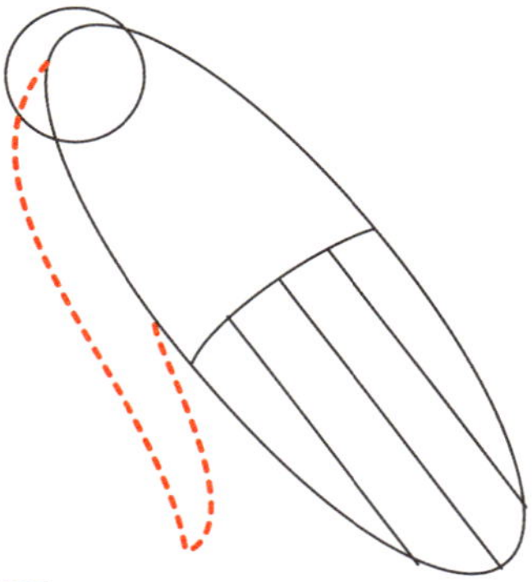

4 親指は手首の部分から描きます。

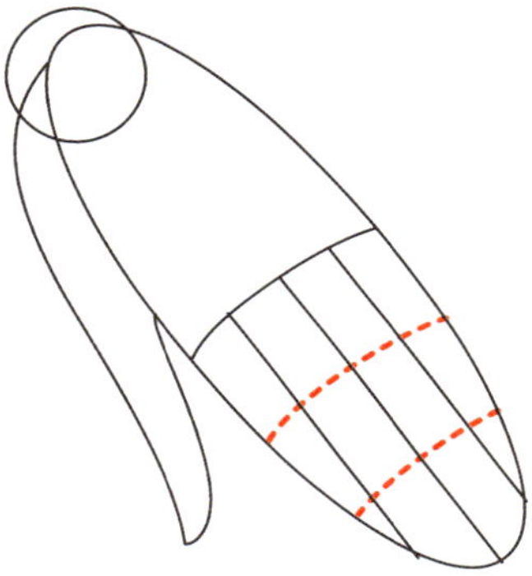

5 指の関節部分の当たりを付けます。

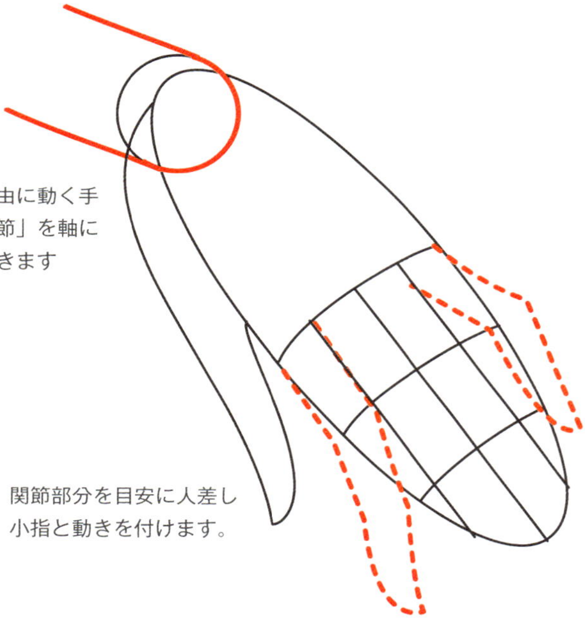

前後左右と自由に動く手首の「楕円関節」を軸に腕の方向を描きます

6 関節部分を目安に人差し指、小指と動きを付けます。

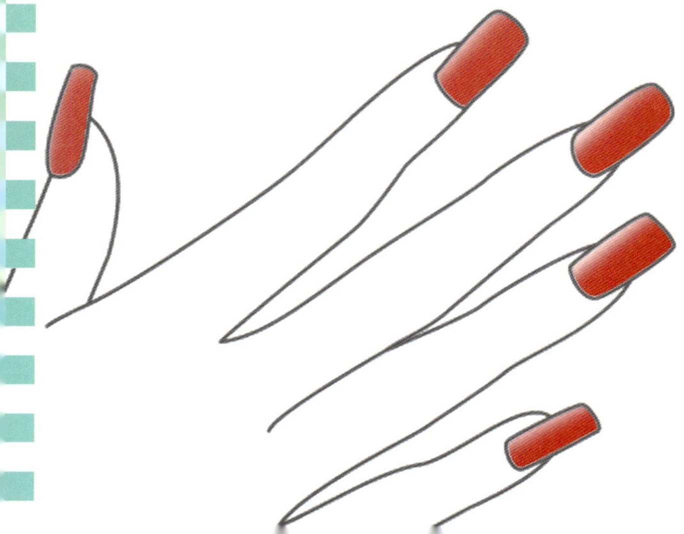

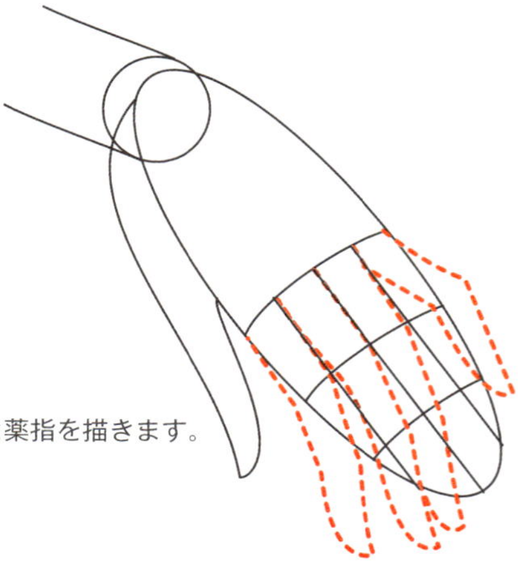

7 中指と薬指を描きます。

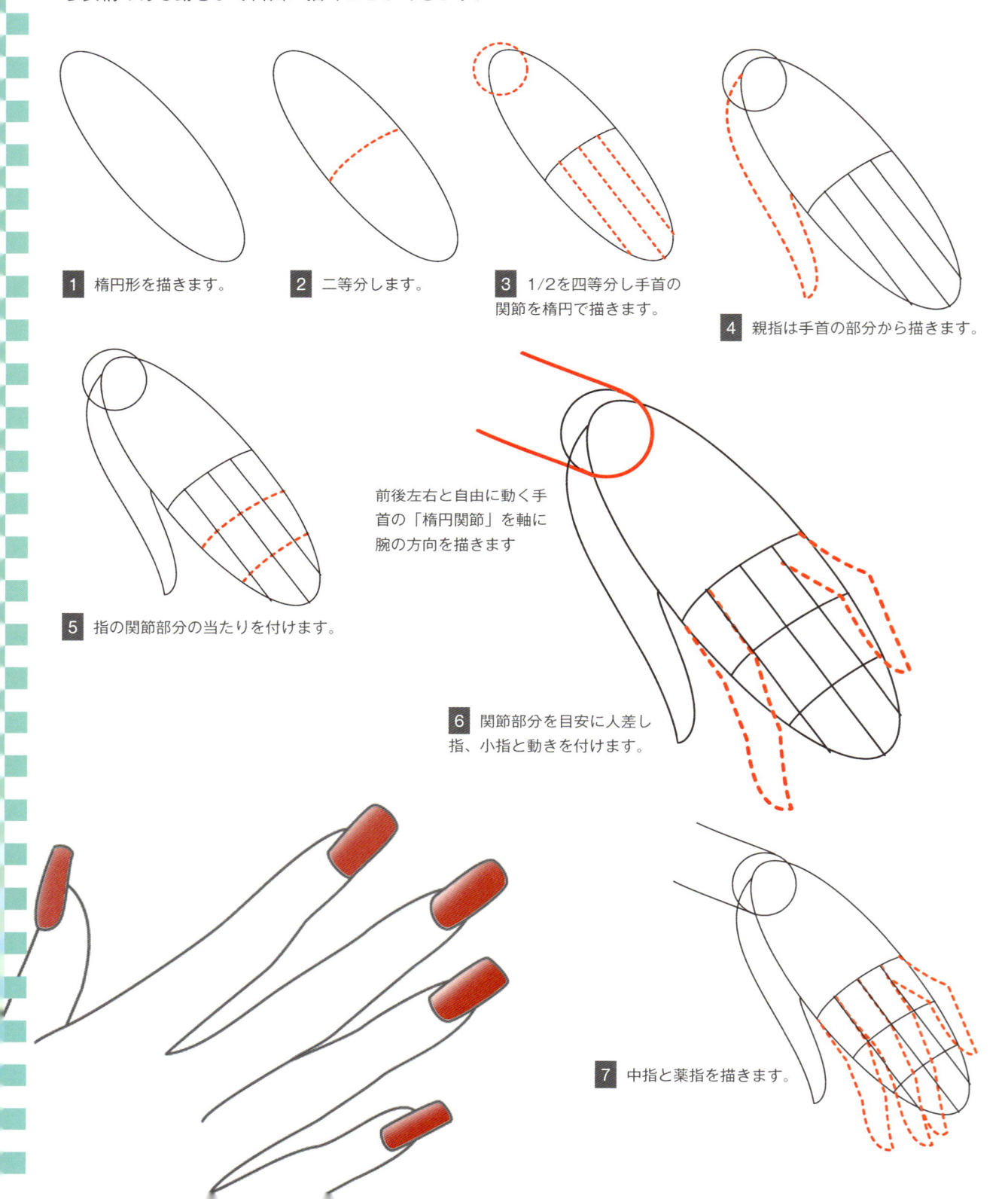

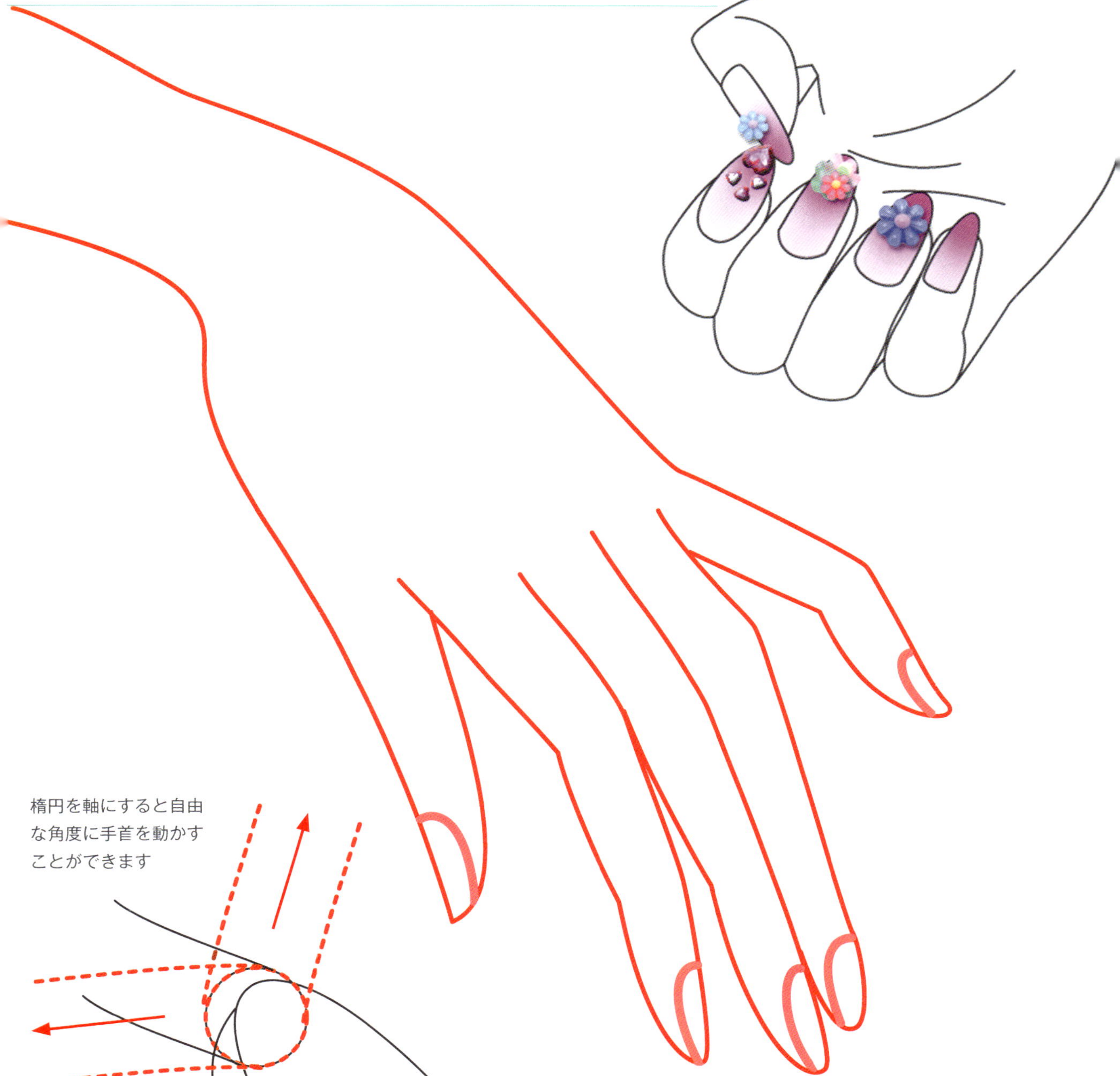

8 最後に爪を描きます。

楕円を軸にすると自由な角度に手首を動かすことができます

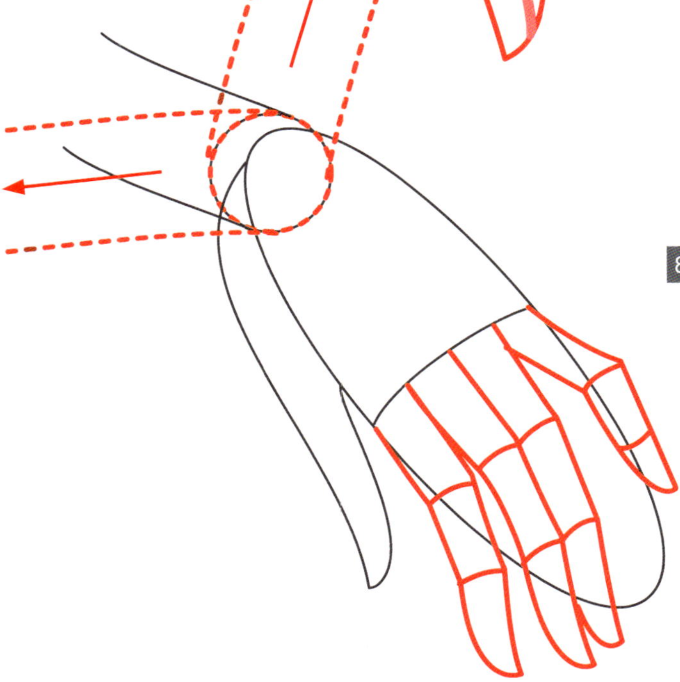

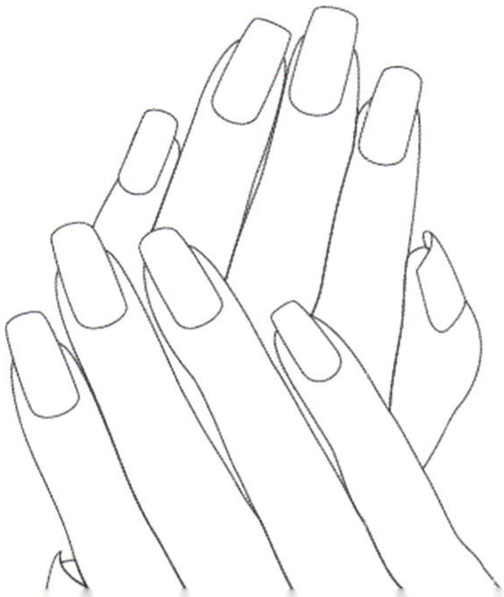

いろいろな角度の手

横向きの手も最初に全体のフォルムを描き、あとから親指を描き加えます

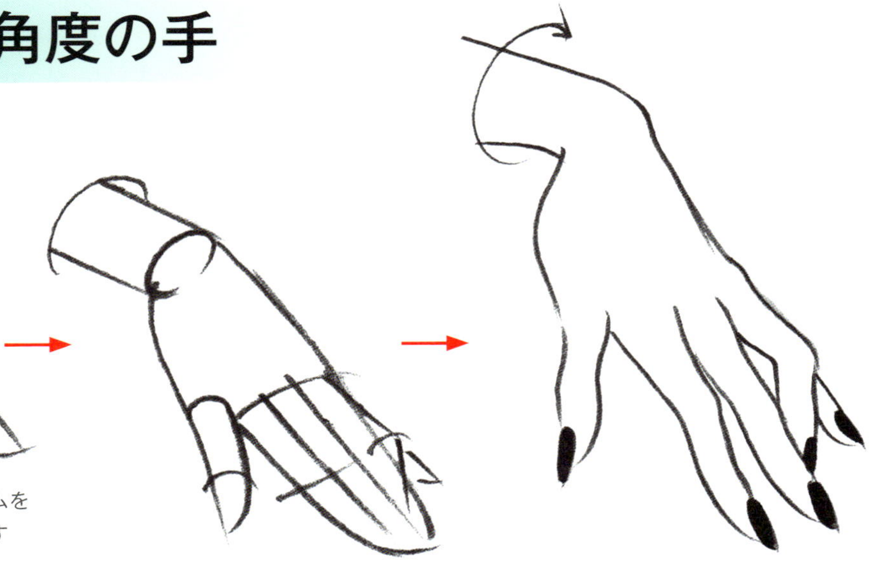

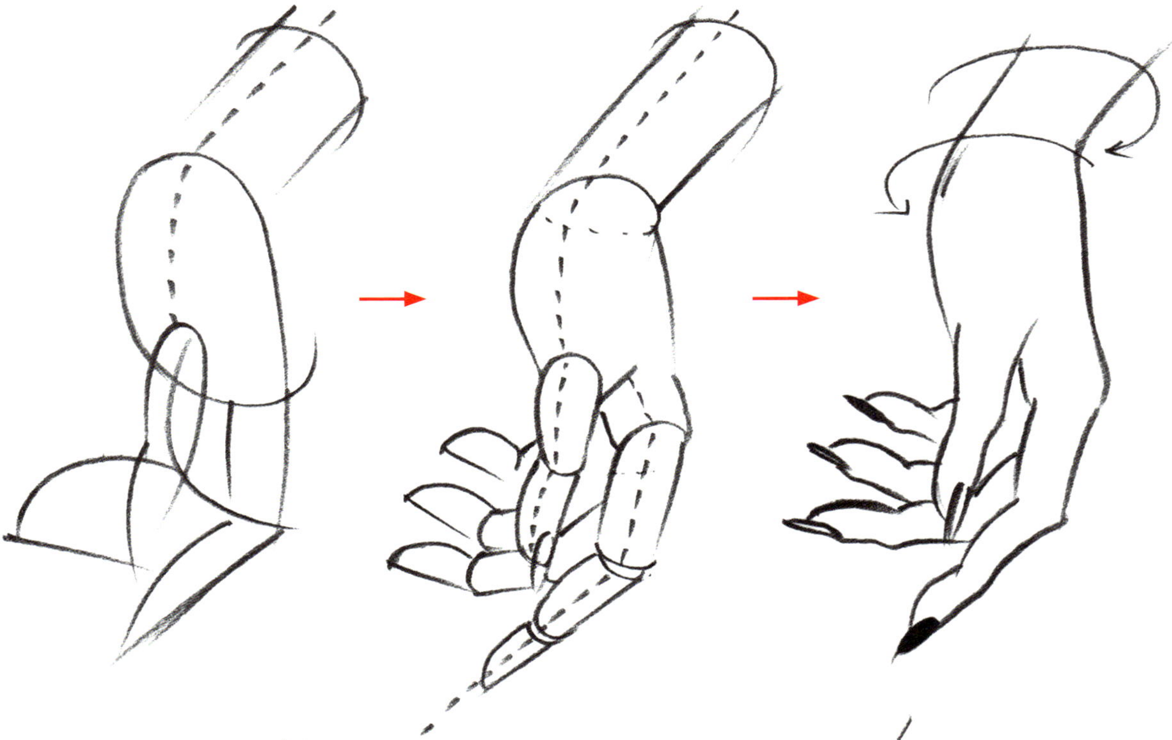

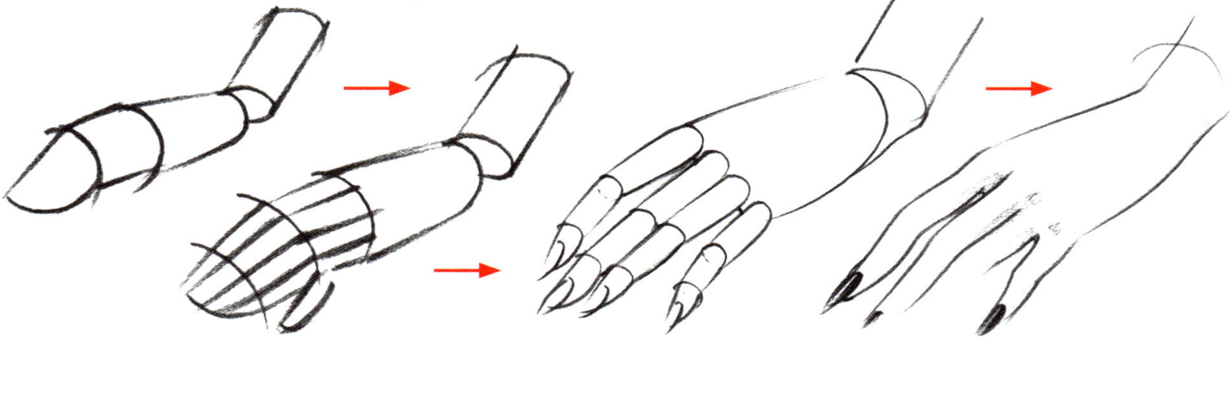

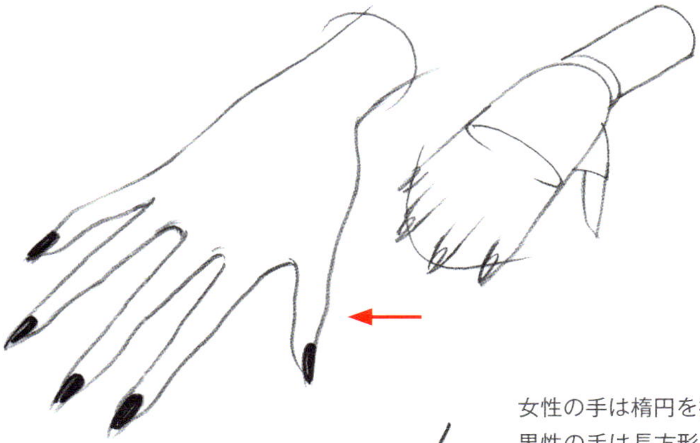

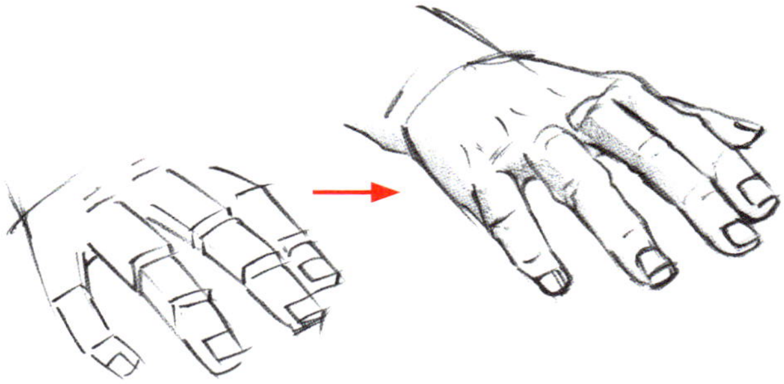

女性の手は楕円を描くように柔らかく、男性の手は長方形で角張ったように描くと特徴をとらえることができます

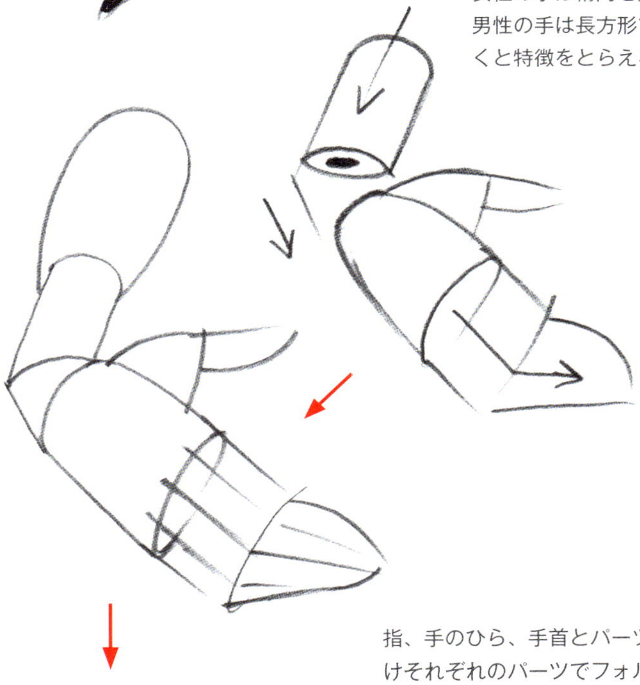

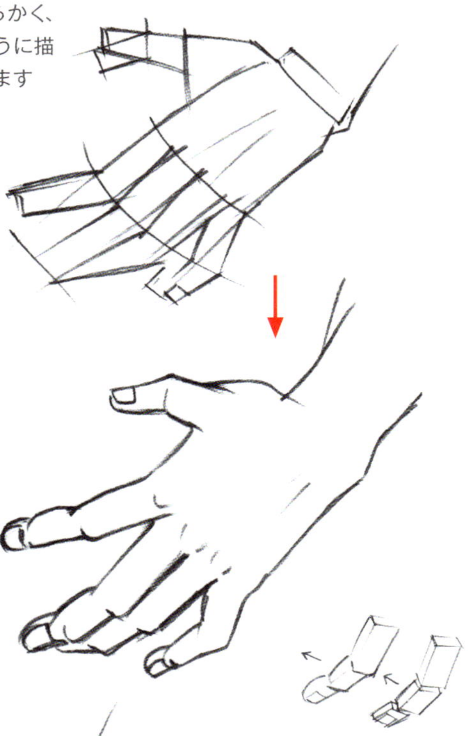

指、手のひら、手首とパーツに分けそれぞれのパーツでフォルムをとらえると描きやすくなります

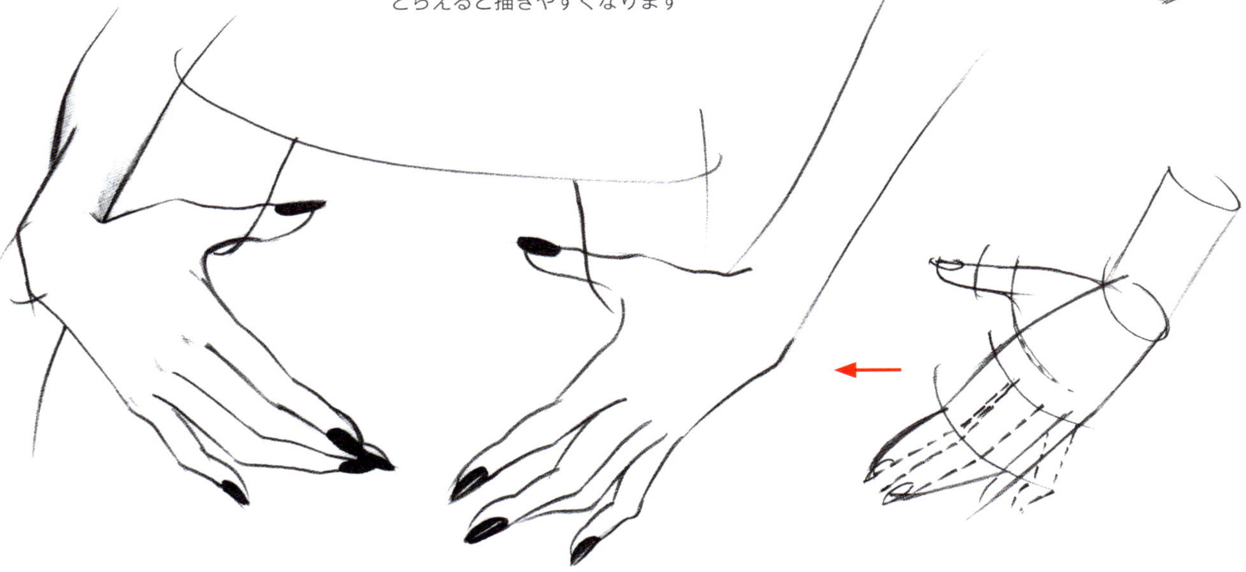

手と手袋

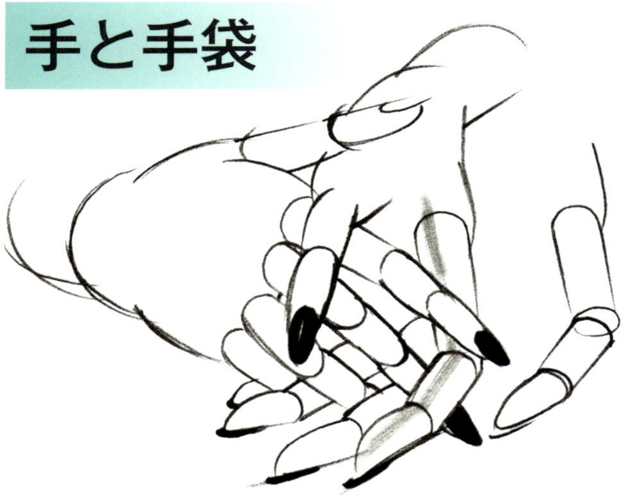

全体のシルエットを簡単なフォルムにして描きます

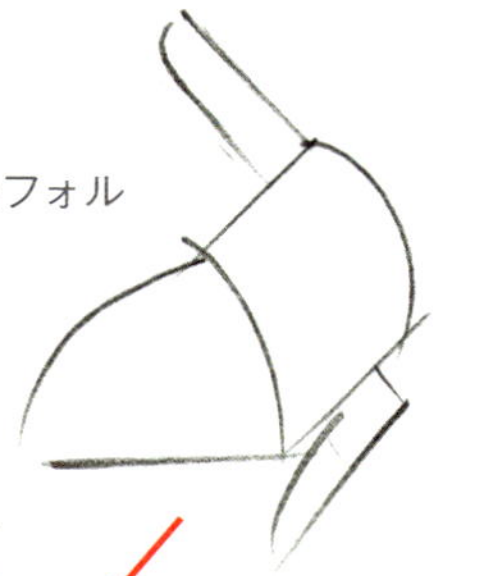

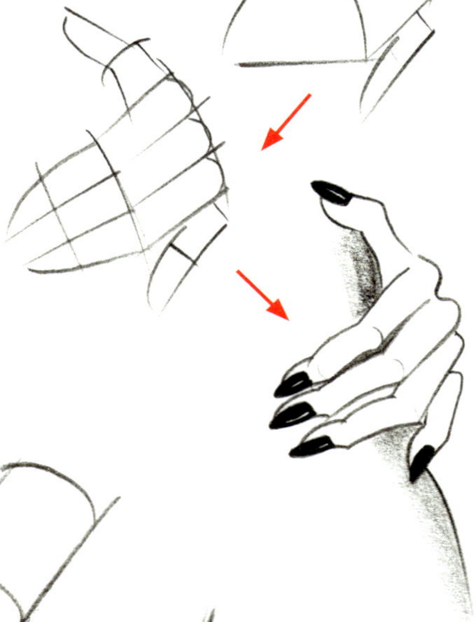

指の動きが複雑なときは親指や小指を後から描き加えます

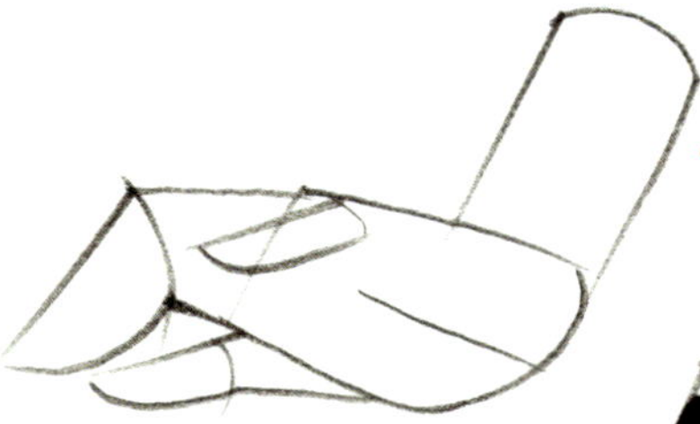

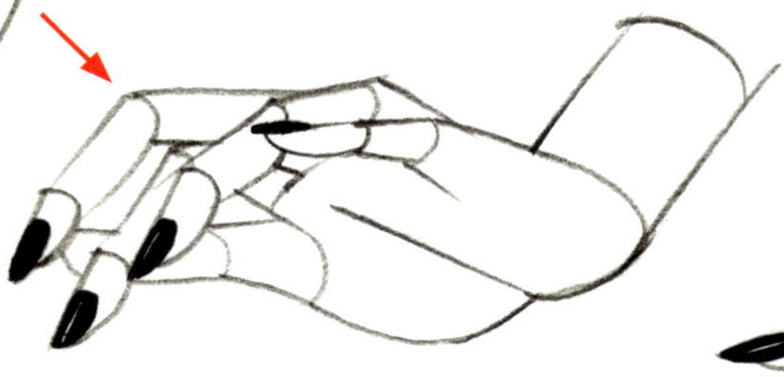

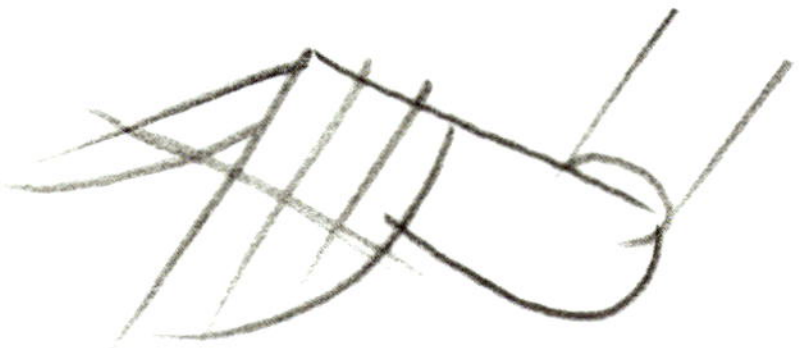

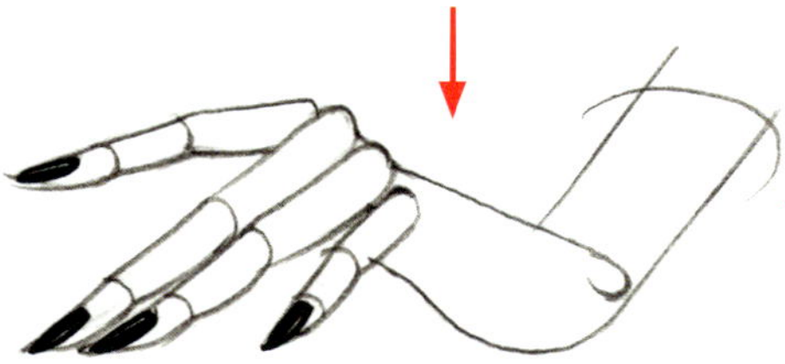

グローブを描くときは縫い目の線の当たりをとって描きます

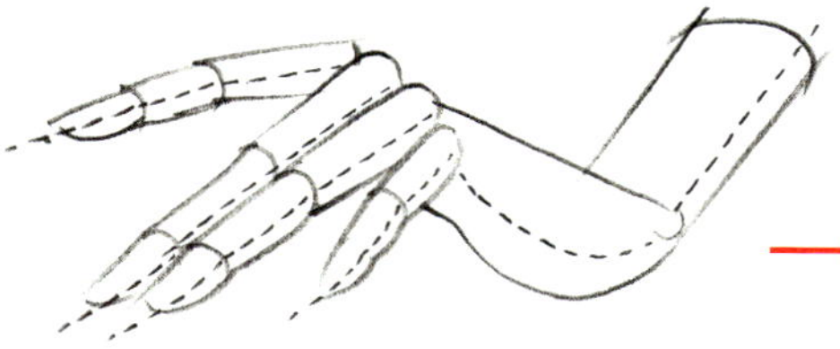

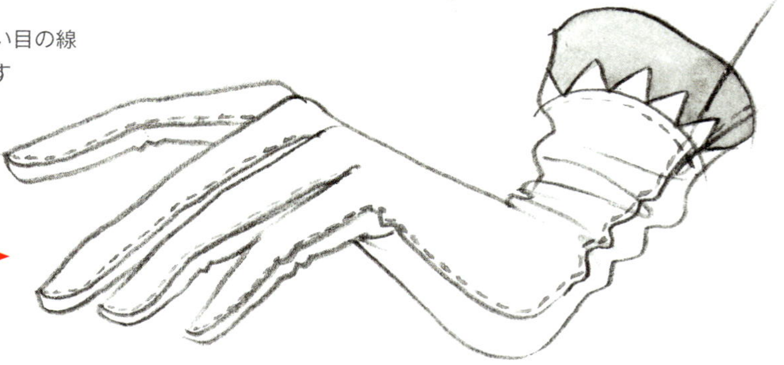

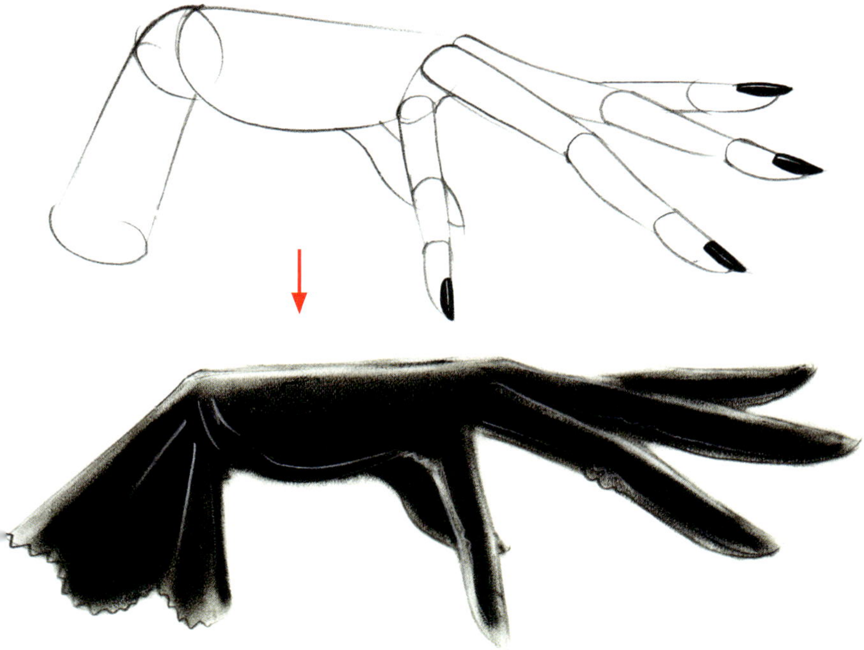

手首や指など関節部分の曲がると
ころにシワがよります

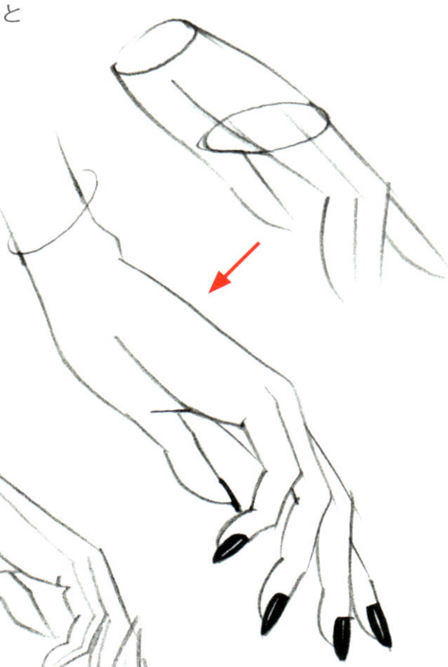

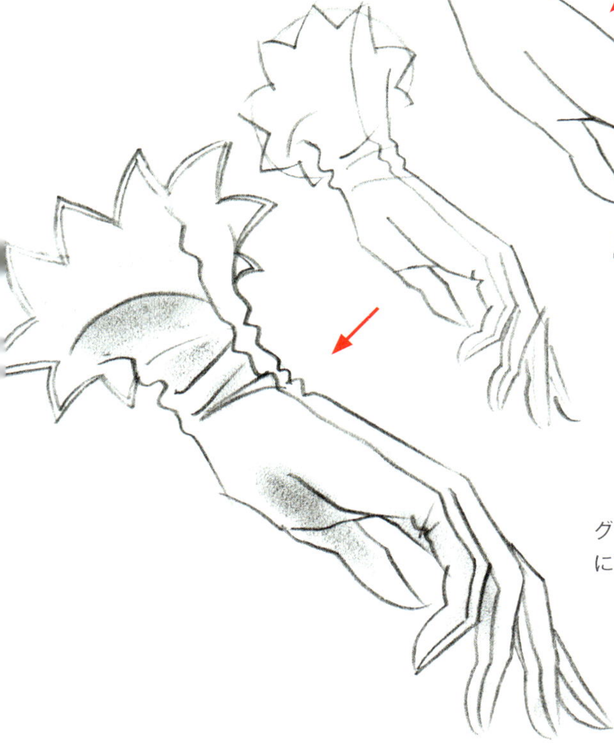

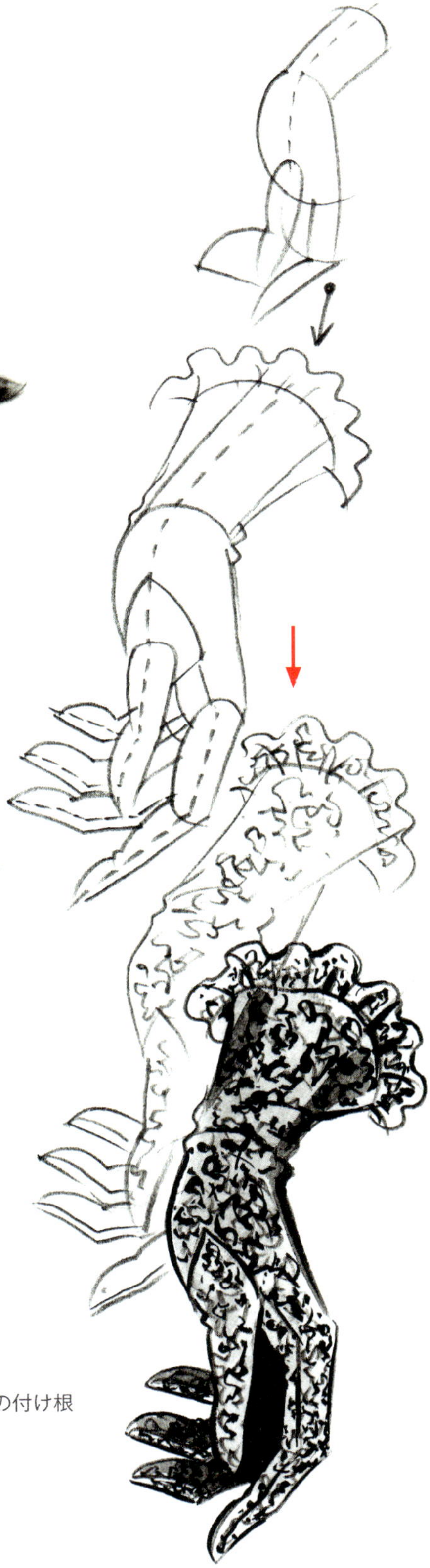

グローブを描くとき親指の付け根
に切り替え線が入ります

足を描く

身体を支える足は、かかと、甲、そして指の部分とに分けて単純な図形におきかえてみると簡単に描けます。

フラットな状態

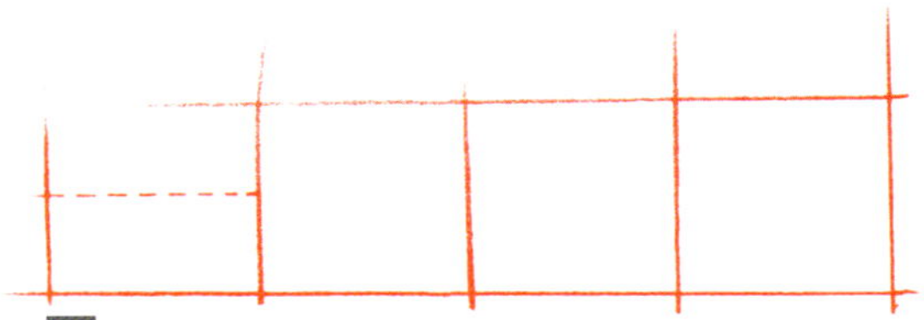

1 線を四等分し正方形を４つ描きます。

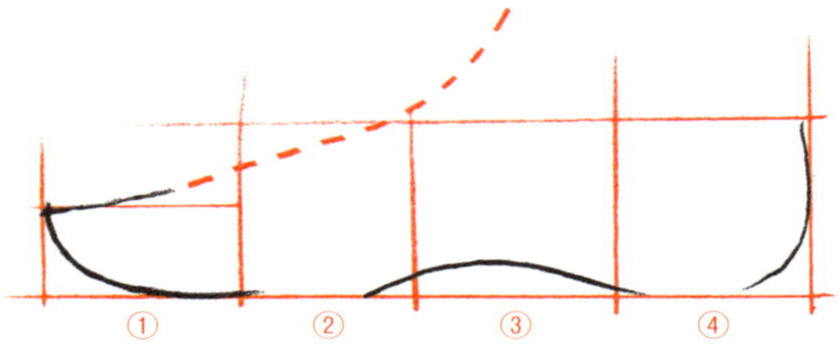

2 ①に指先、③に土踏まず、④にかかとを描きます。

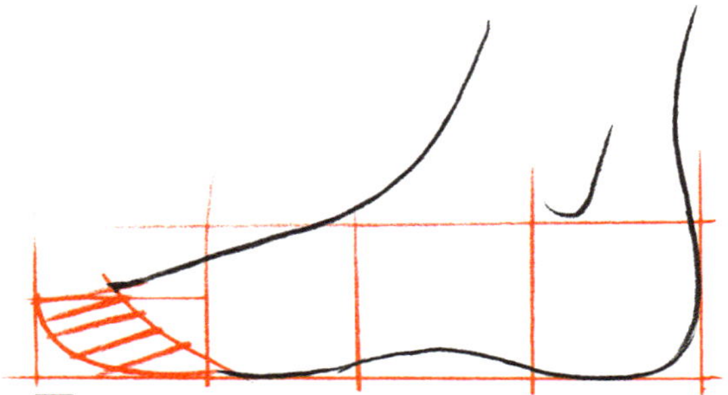

3 甲を包み込むように描き、指の当たり線を入れます。

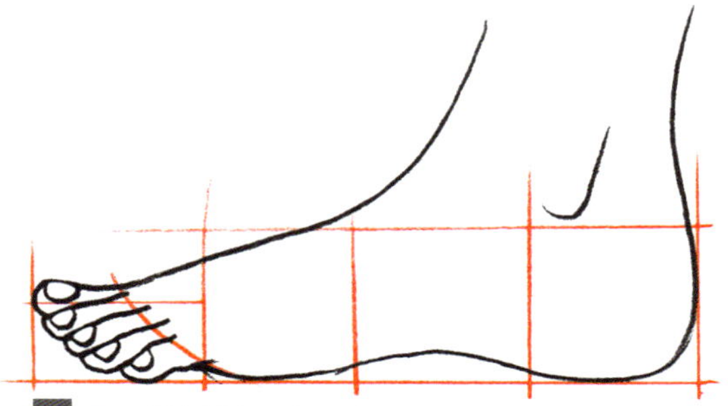

4 足の指を描き入れます。

かかとを上げた状態

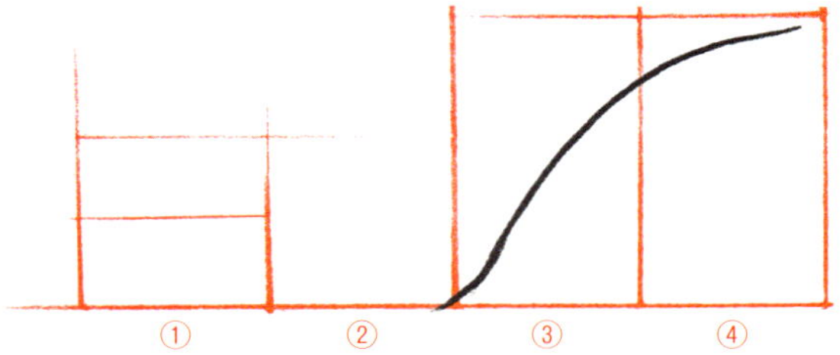

1 土踏まずは大きく傾斜をつけます。

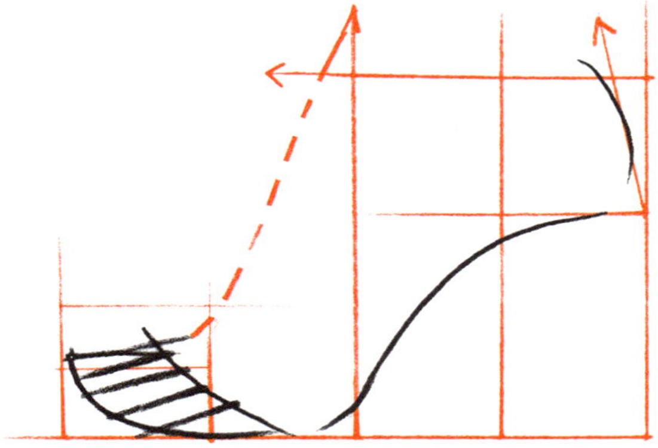

2 前に体重移動するためかかとも大きく前に傾斜します。

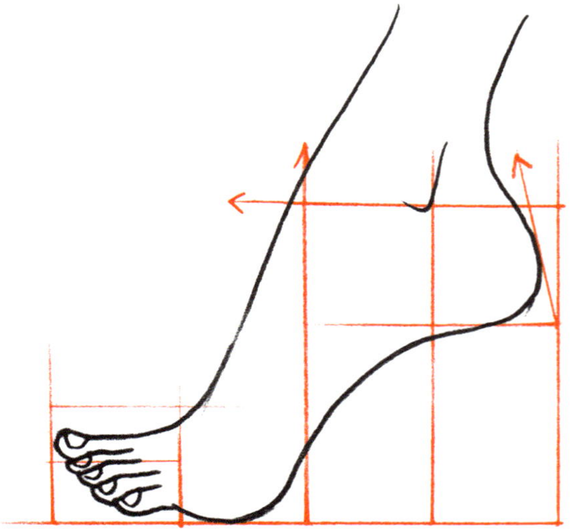

3 つま先部分に力がかかるために甲は伸びて大きく傾斜します。

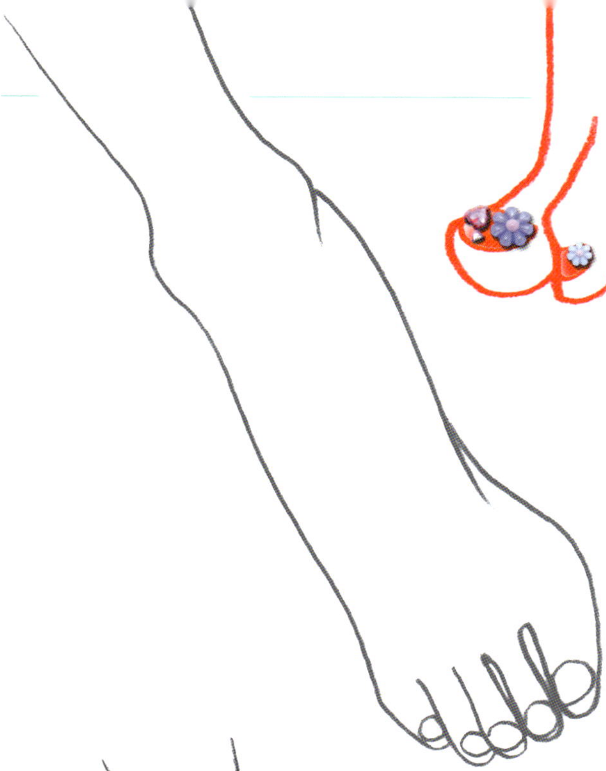

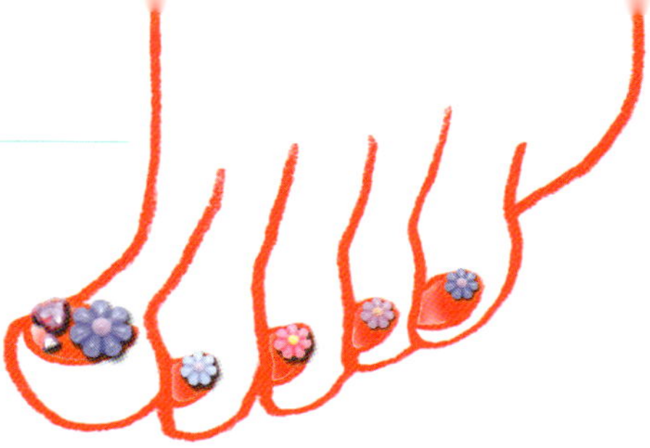

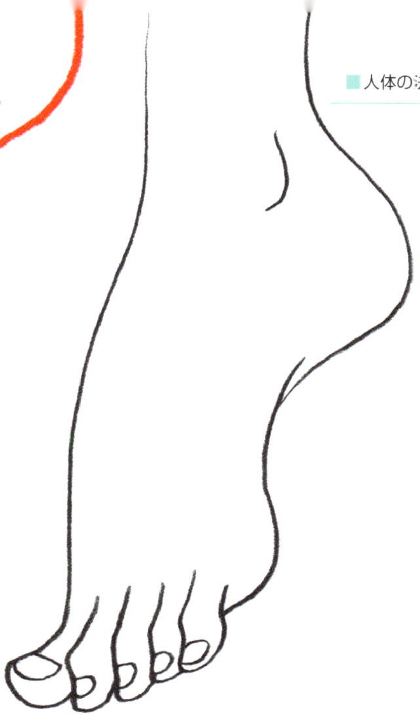

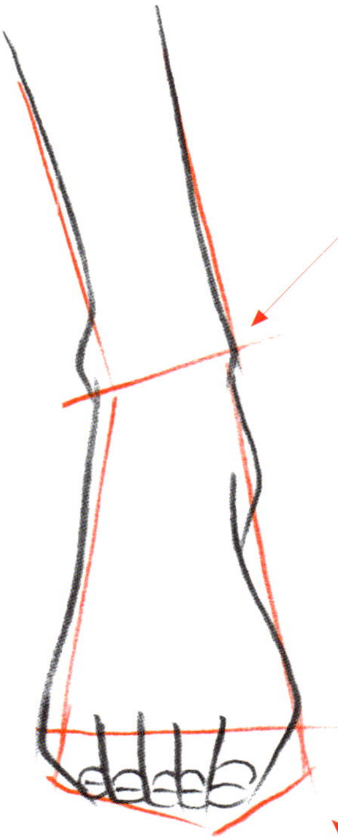

内くるぶしは小さく、外側のくるぶしは少し大きく。位置は内くるぶしより下がります

前から見た足は台形と逆三角形の図形から描くととらえやすくなります

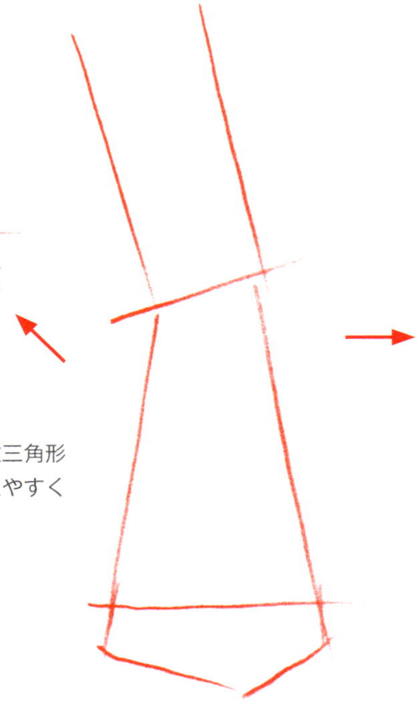

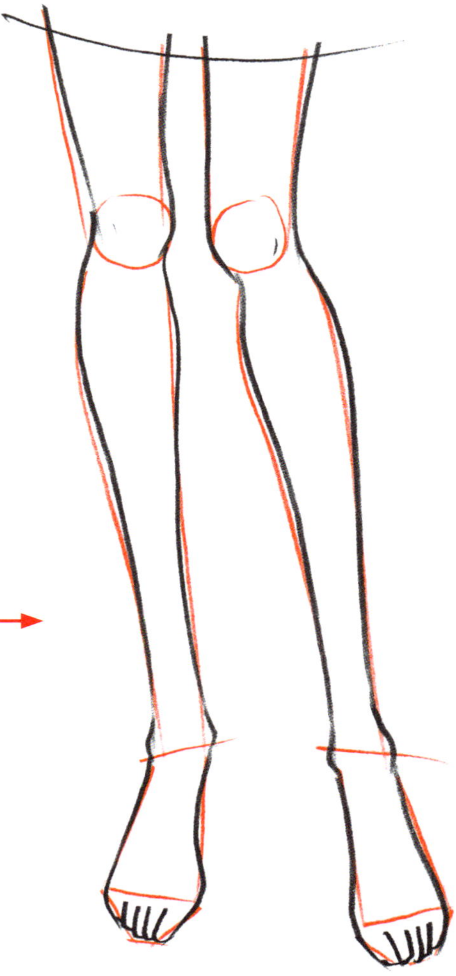

靴を描く／側面（ローヒール）

造形的でフォルムがはっきりした靴は、かかと、甲、そして指の部分とに分けて単純な図形で描くと簡単に描けます。

1 横に線を真っすぐ引き四等分して印をつけます。

2 1/4の部分がヒールになります。

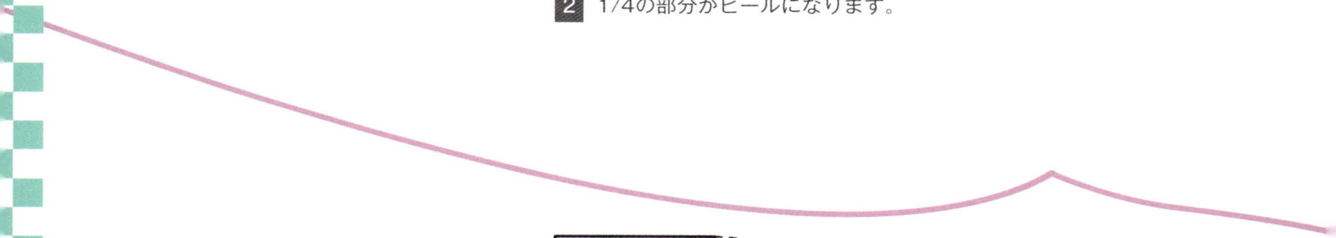

3 1/4～2/4部分に土踏まずのカーブを描き、つま先部分を浮かせて繋ぐと底部分になります。

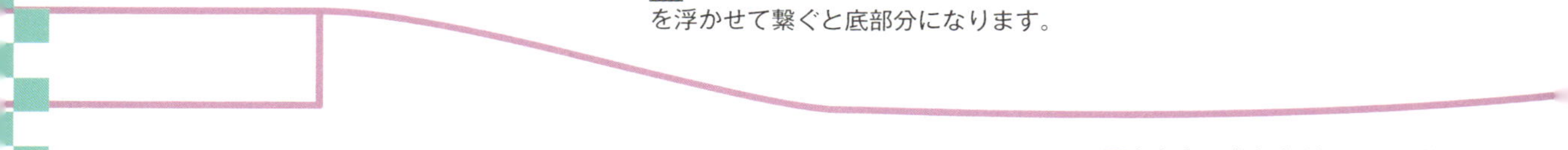

下から上に立ち上がるように描きます。

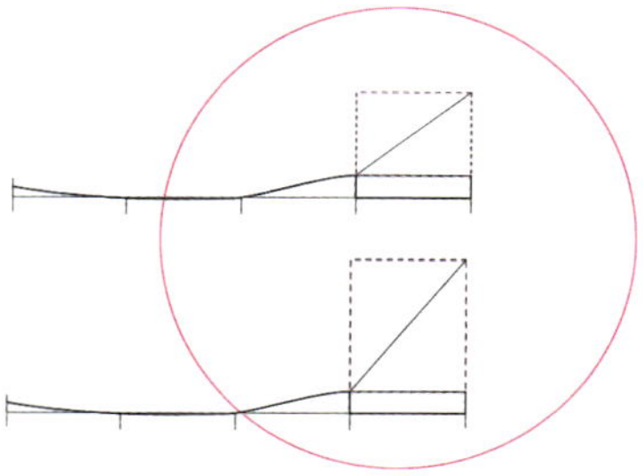

かかと部分の正方形を短くしたり長くするとシルエットが変わります

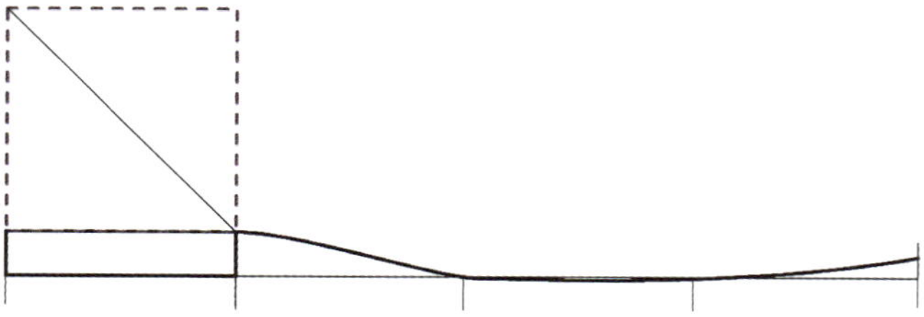

4 かかと部分は1/4のヒール部分から正方形を描きます。

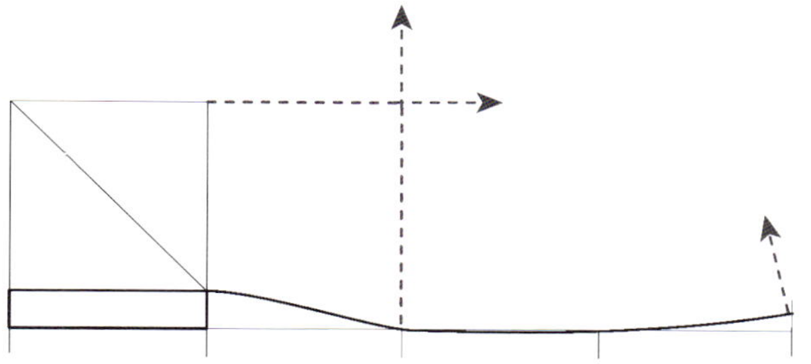

5 正方形の横のラインと四等分した1/2の縦のラインを交差させます。つま先の部分も厚みを考えて当たり線を描きます。

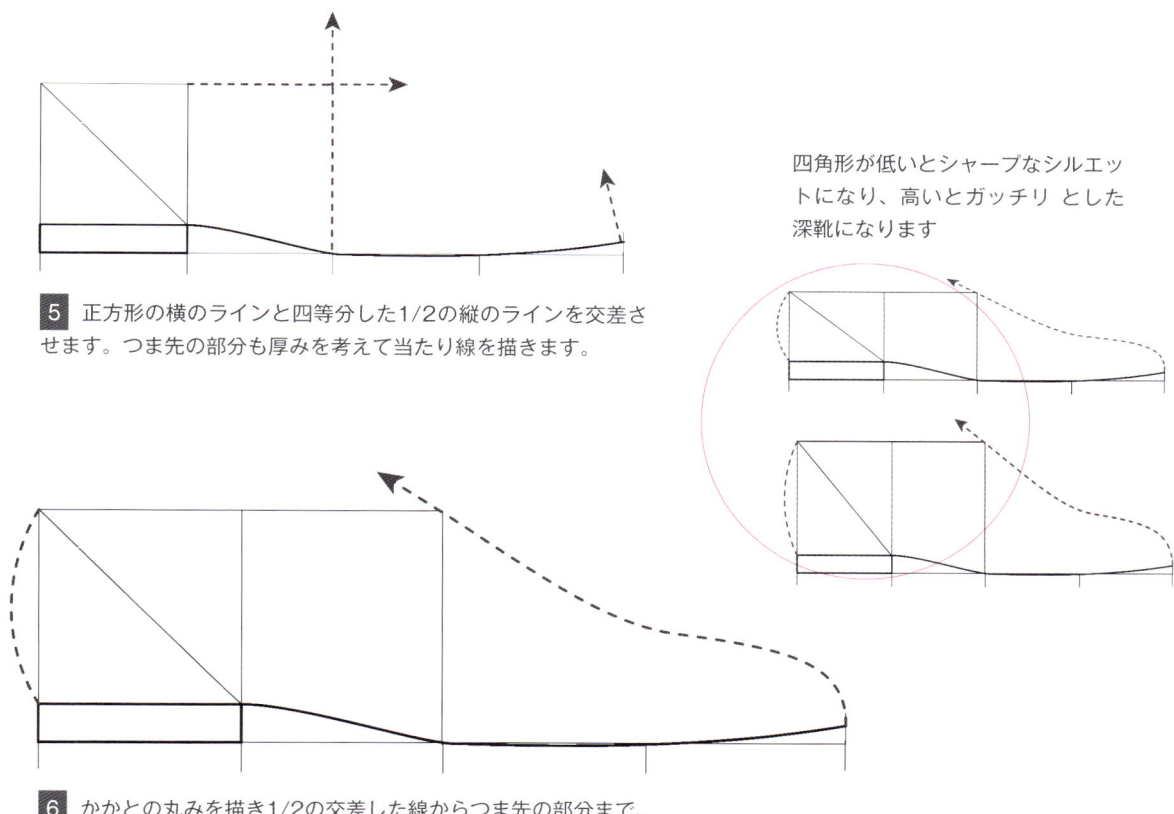

四角形が低いとシャープなシルエットになり、高いとガッチリ とした深靴になります

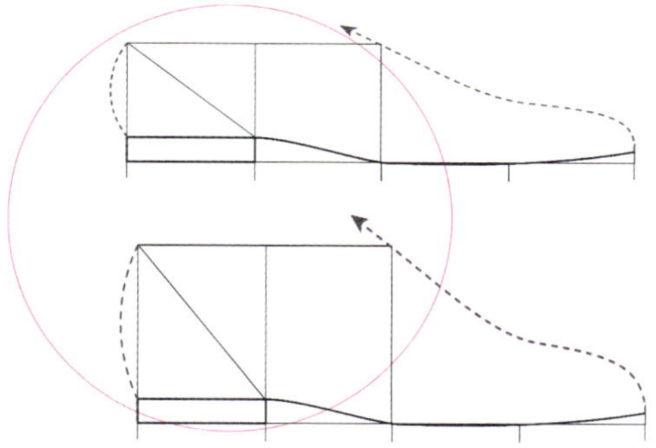

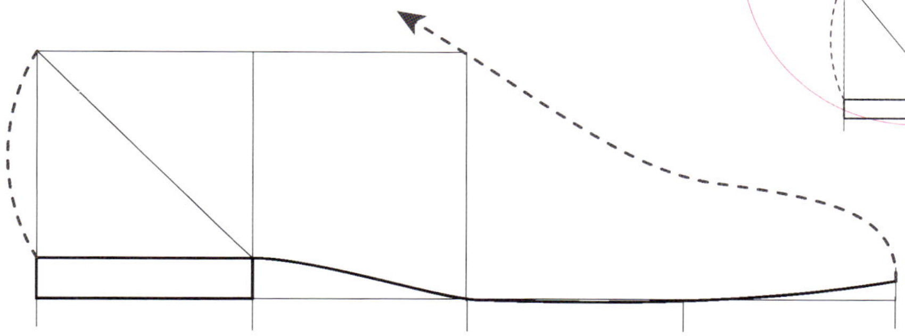

6 かかとの丸みを描き1/2の交差した線からつま先の部分まで、甲を包み込むようにつなげて描きます。

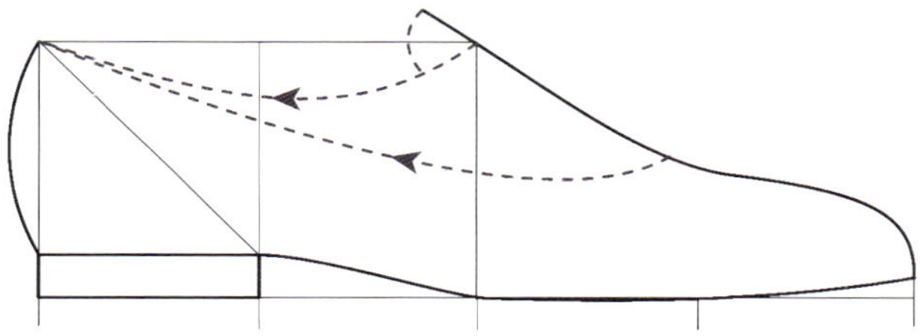

7 トップライン（履き口）の線はデザインに合わせて描きます。

8 全体のバランスを整えて仕上げます。

靴を描く／側面（ハイヒール）

1 横に線を真っすぐ引き4等分して印をつけます。

2 1/4にヒールの高さに合わせて目安線を描きます。

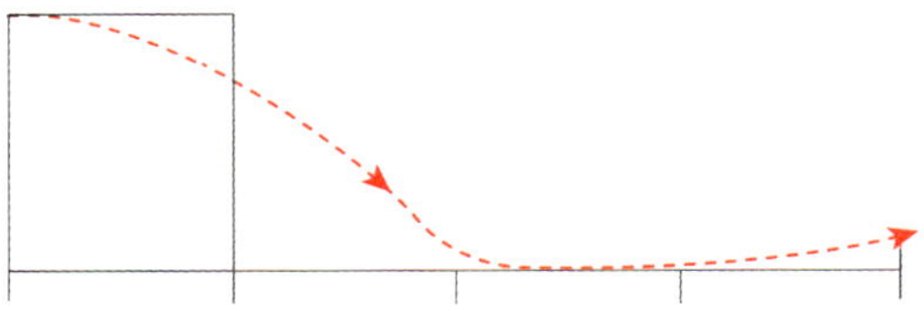

3 かかとから土踏まずにかけて足がスムーズに気持ち良くのるようなイメージでラインを描きます。

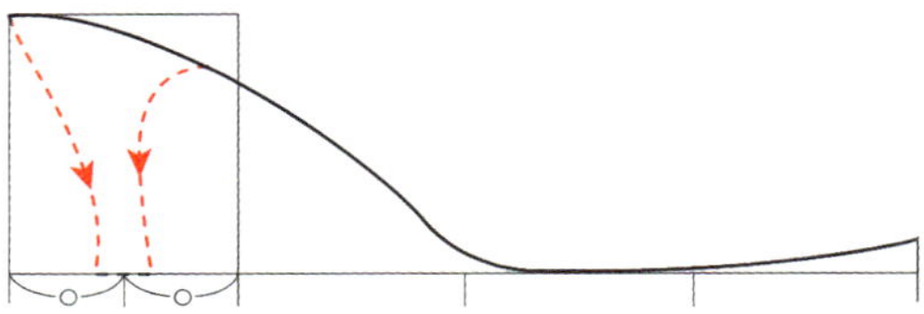

4 1/4部分を二等分した中心に合わせてヒールを描きます。

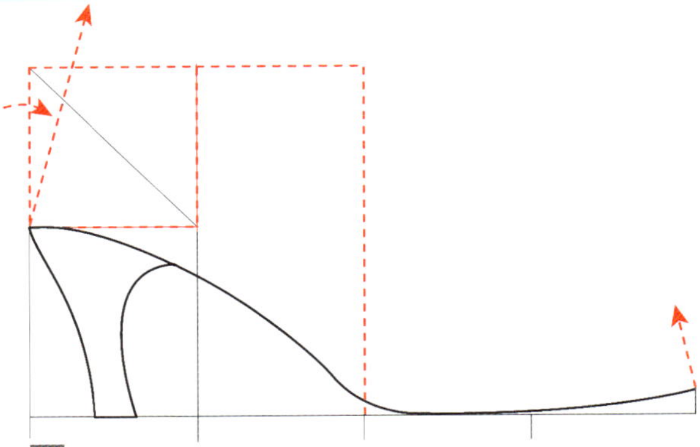

5 ヒール部分の上に正方形の当りをつけそのまま線を1/2線と交差させます。かかとはヒールの高い分前屈状態になるため傾斜をつけておきます。

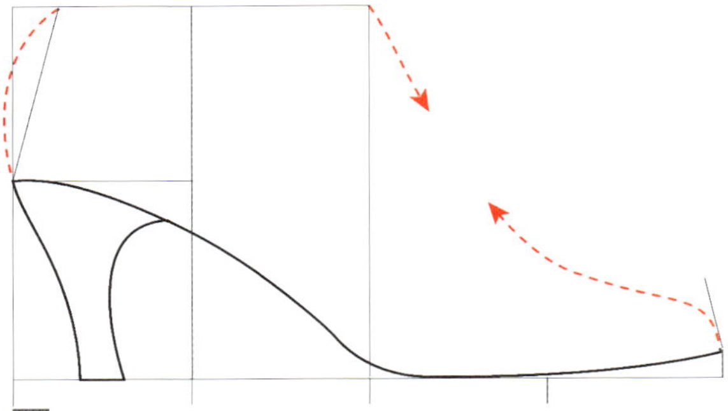

6 かかとの丸みを描き1/2の交差した線からつま先の部分まで甲を包み込むように繋げて描きます。

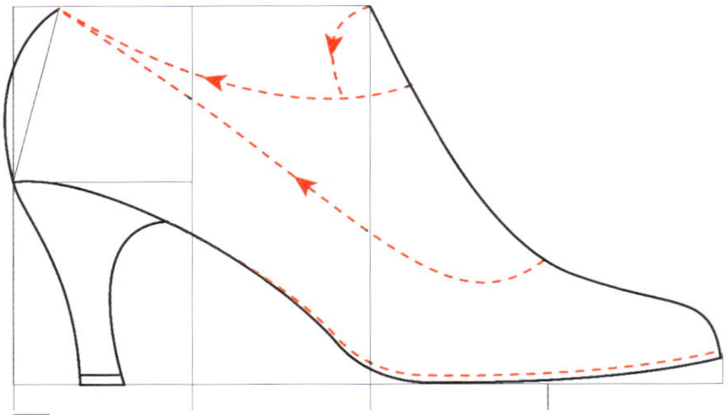

7 トップライン（履き口）の線はデザインに合わせて描きます。

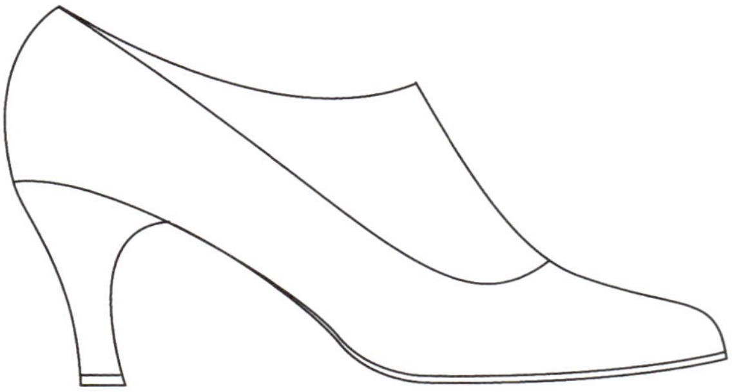

8 全体のバランスを整えて仕上げます。

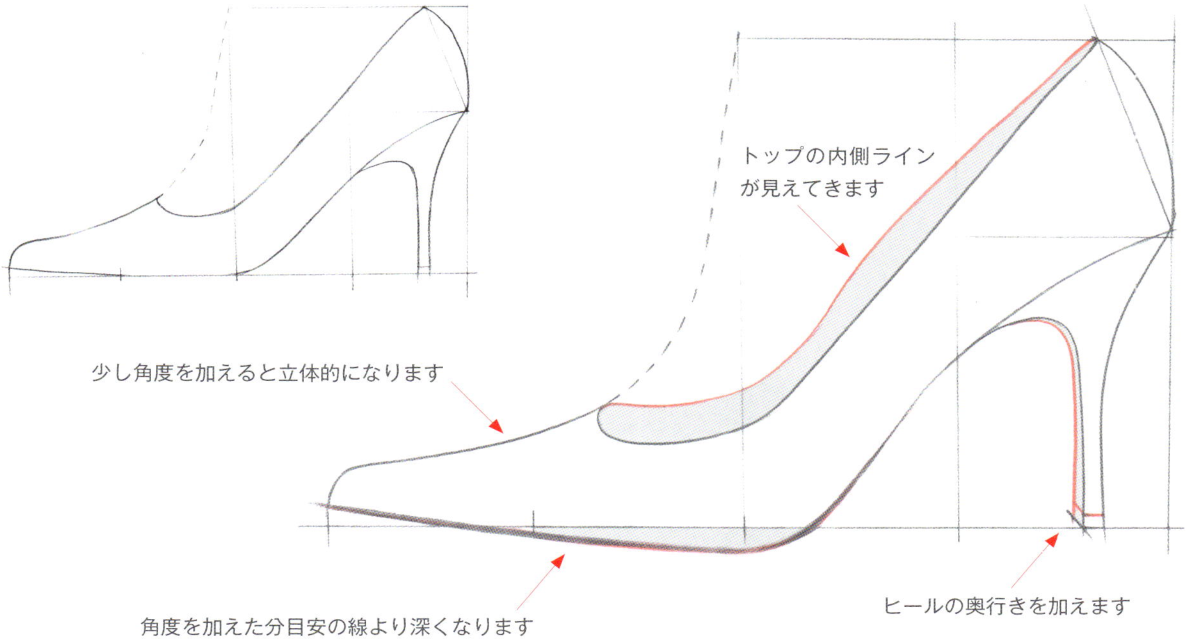
トップの内側ライン
が見えてきます
少し角度を加えると立体的になります
角度を加えた分目安の線より深くなります
ヒールの奥行きを加えます

エナメルを水彩で彩色

エナメルをパステルで彩色

靴を描く／斜め（ローヒール・ハイヒール）

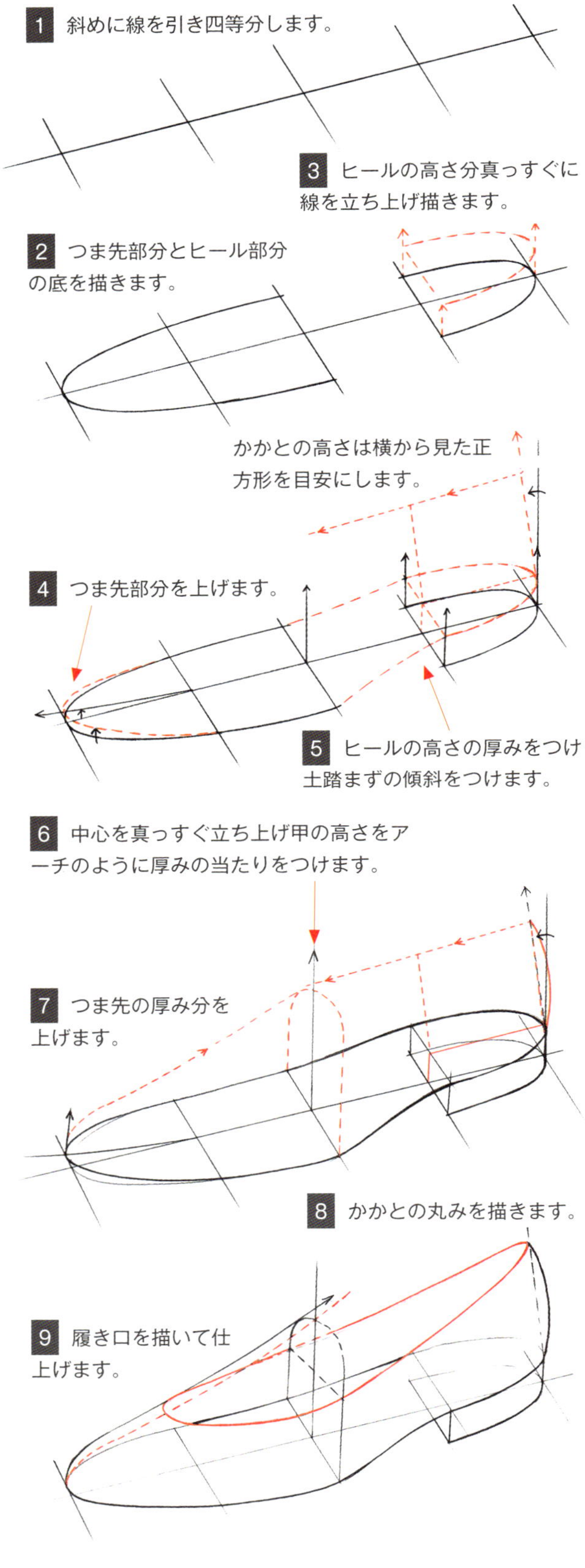
1 斜めに線を引き四等分します。
2 つま先部分とヒール部分の底を描きます。
3 ヒールの高さ分真っすぐに線を立ち上げ描きます。
かかとの高さは横から見た正方形を目安にします。
4 つま先部分を上げます。
5 ヒールの高さの厚みをつけ土踏まずの傾斜をつけます。
6 中心を真っすぐ立ち上げ甲の高さをアーチのように厚みの当たりをつけます。
7 つま先の厚み分を上げます。
8 かかとの丸みを描きます。
9 履き口を描いて仕上げます。

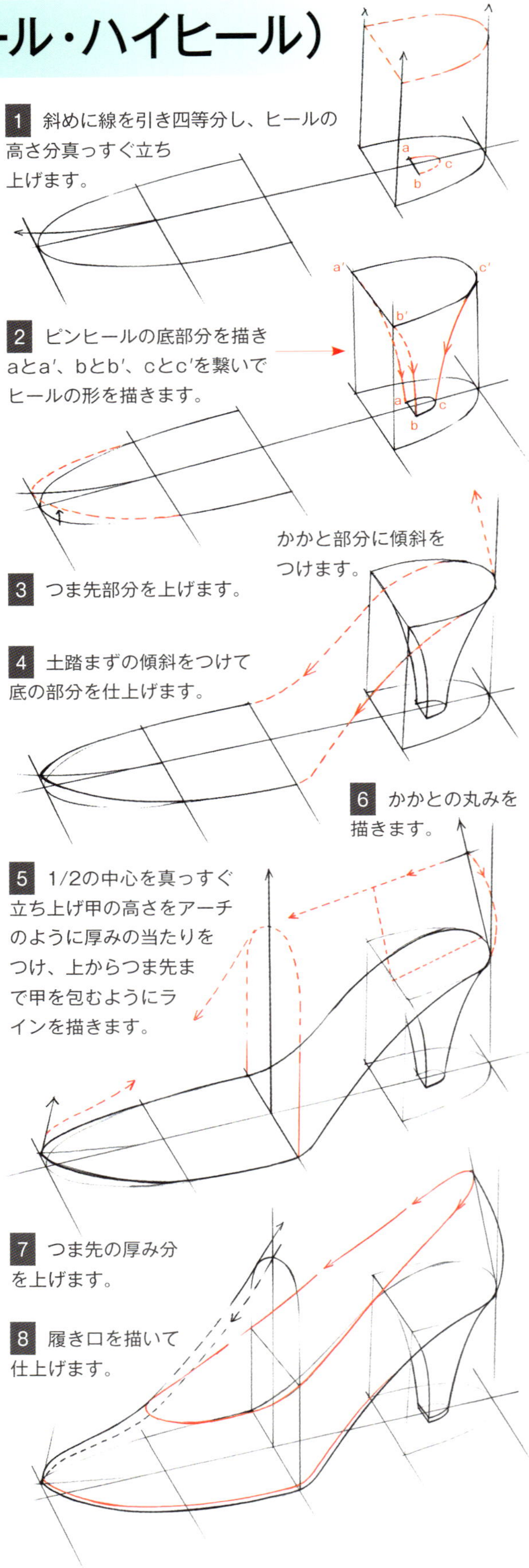
1 斜めに線を引き四等分し、ヒールの高さ分真っすぐ立ち上げます。
a
b
c
a′
b′
c′
2 ピンヒールの底部分を描きaとa′、bとb′、cとc′を繋いでヒールの形を描きます。
かかと部分に傾斜をつけます。
3 つま先部分を上げます。
4 土踏まずの傾斜をつけて底の部分を仕上げます。
6 かかとの丸みを描きます。
5 1/2の中心を真っすぐ立ち上げ甲の高さをアーチのように厚みの当たりをつけ、上からつま先まで甲を包むようにラインを描きます。
7 つま先の厚み分を上げます。
8 履き口を描いて仕上げます。

斜めに線を引き四等分する時に傾斜の
付け方で見える角度が違ってきます

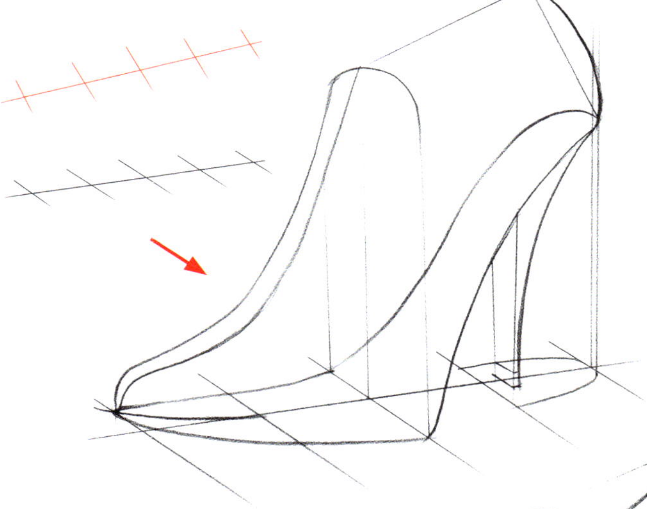

■スクエア・トウ

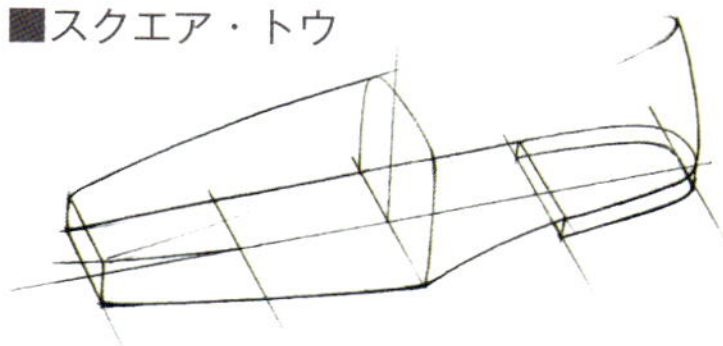

■ポインテッド・トウ

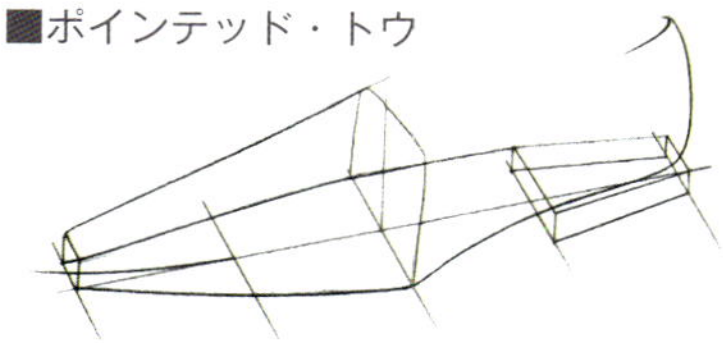

■ラウンド・トウ

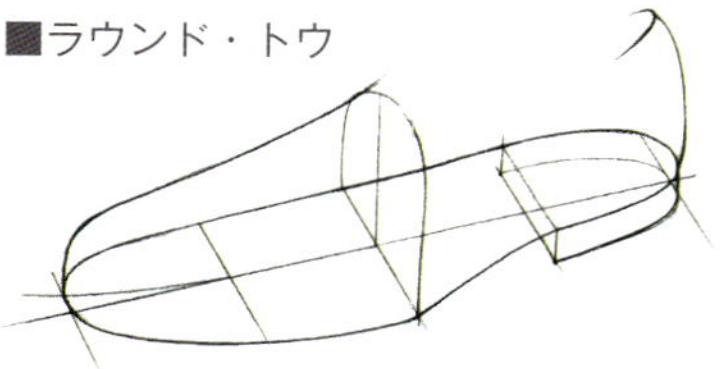

底部分のシルエットで全体のイメージが変化します。

紐を描くとき、甲の中心から向こうと手前を回り込むように描くと立体的に見えます

ヒールの位置が少し前に入っているのが特徴のデザイン

水彩の濃淡でエナメルの質感を描いています。白の色鉛筆とガッシュで光る部分を上から重ねて仕上げています

靴を描く／いろいろな角度（ハイヒール）

正面や後ろからの角度も基本の4分割を目安にするとバランスよく描くことができます。

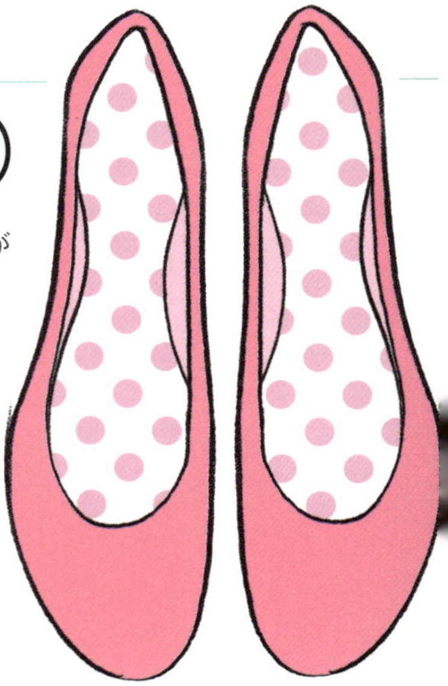

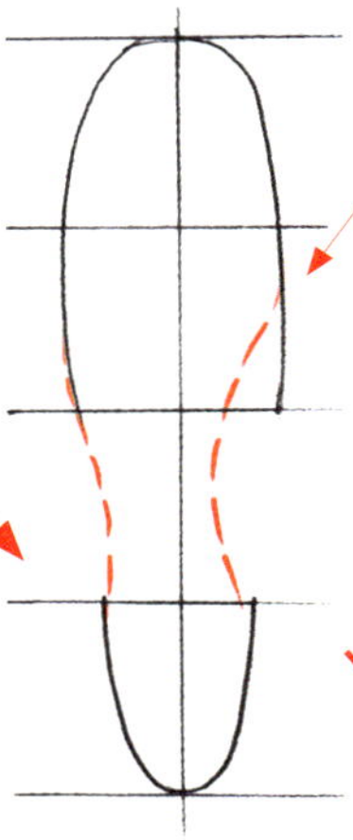

1 中心線を縦に四等分します。

2 靴底のシルエットを描きます。内側の土踏まずを大きく取ります。

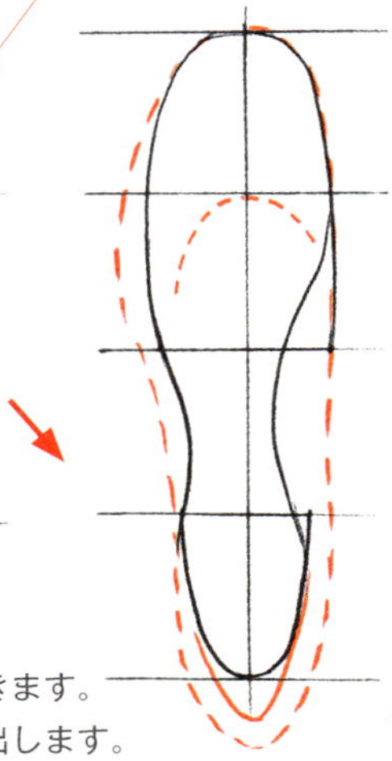

3 靴のシルエットを描きます。かかと部分は外側に張り出します。

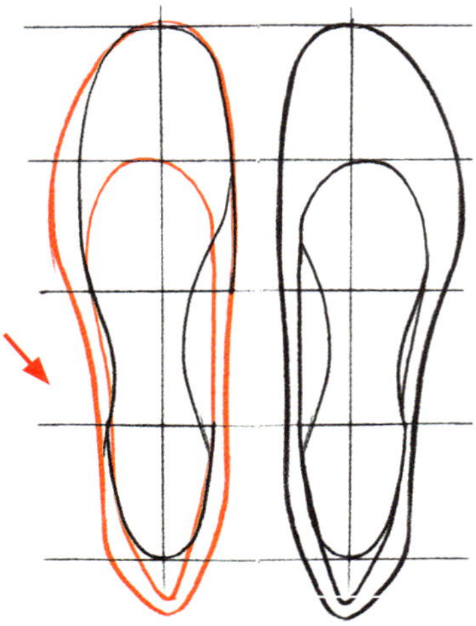

4 同じく左右対称に描いて仕上げます。

角度の違う斜め

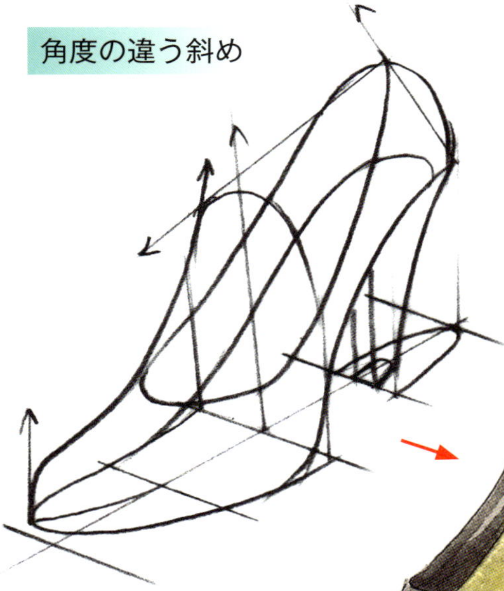

水彩で濃淡を少し極端に描いて靴の硬質感と光沢感を出します

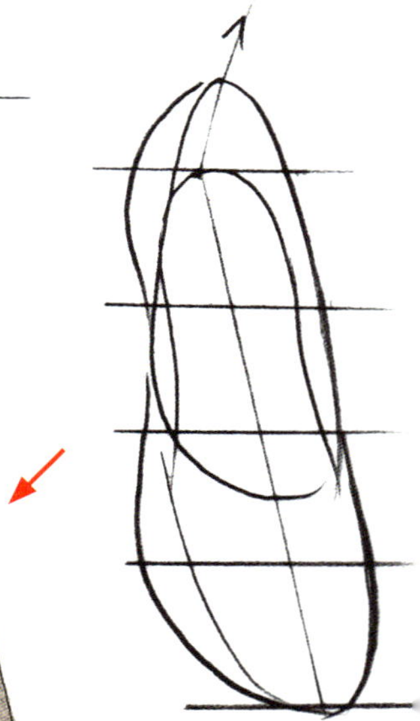

斜め後ろ

ヒールが高くなると体重が前に移動するため、かかとの傾斜も深くなります

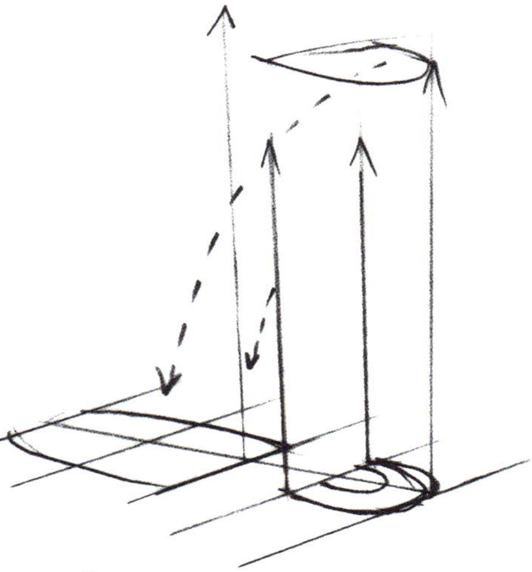

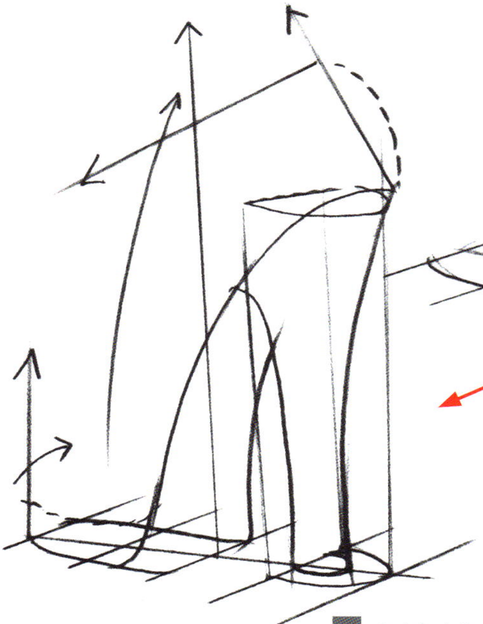

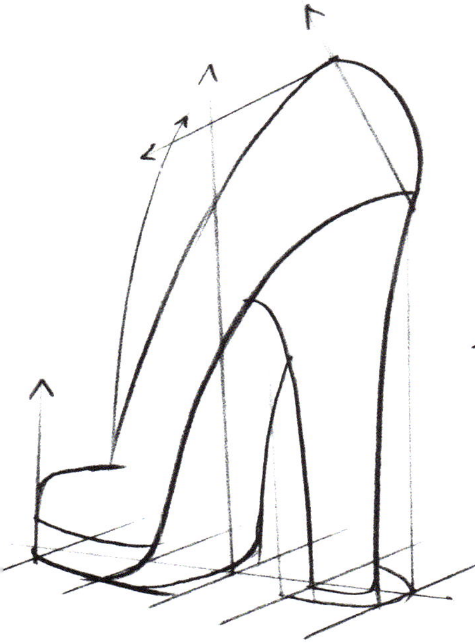

1 斜めにまっすぐ線を引き四等分します。

2 靴底のシルエットを描きヒールの高さまでまっすぐ線を立ち上げます。

3 かかとから土踏まずにかけてラインを描き、ヒールが高い場合はつま先部分まで傾斜をつけます。

4 厚底の場合は先に底の厚さ分を立ち上げ、その部分からつま先の厚み分を描きます。

水彩で薄く下地の色をつけ、よく乾いた後にパステルで濃淡をつけます。白のパステルと色鉛筆で強く光を反射している部分を描いて仕上げます

ドレープを描く

ドレープは、布をたらしたときに出るゆるやかなひだやたるみのことです。コスチュームを描くとき素材感やデザインの特徴を示す重要な要素になります。体にまとわせた時にどのように見えるか、生地の風合いや性質で大きく変わります。柔らかい布は流れるようにドレープを生み出し、硬い布は張りが出たシルエットになります。

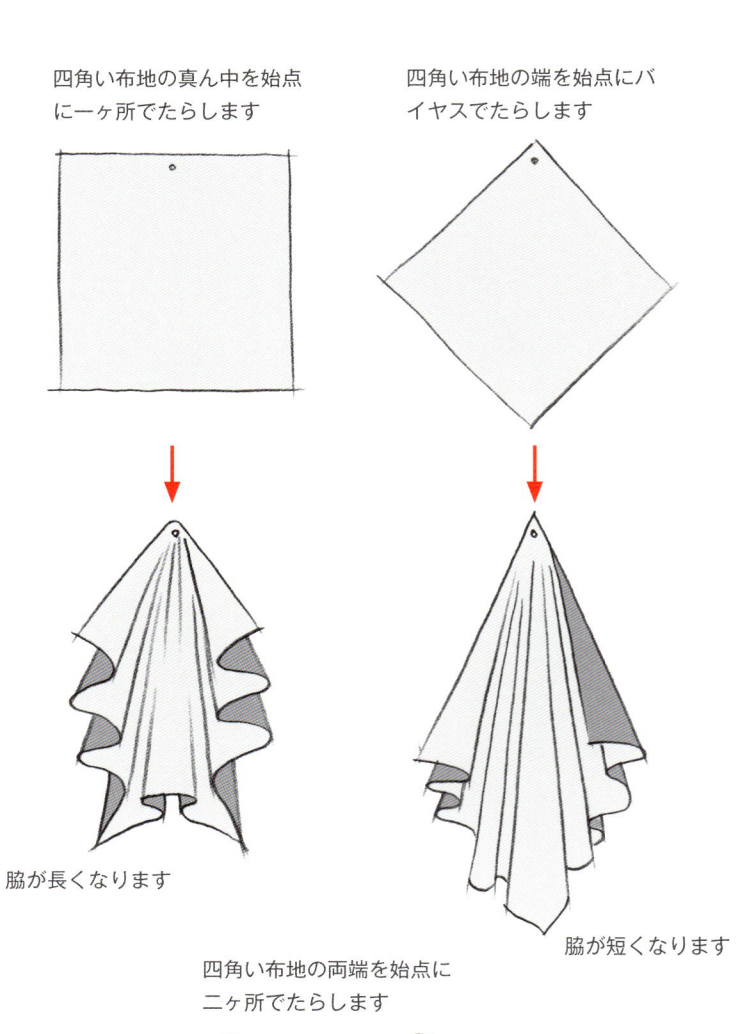

四角い布地の真ん中を始点に一ヶ所でたらします

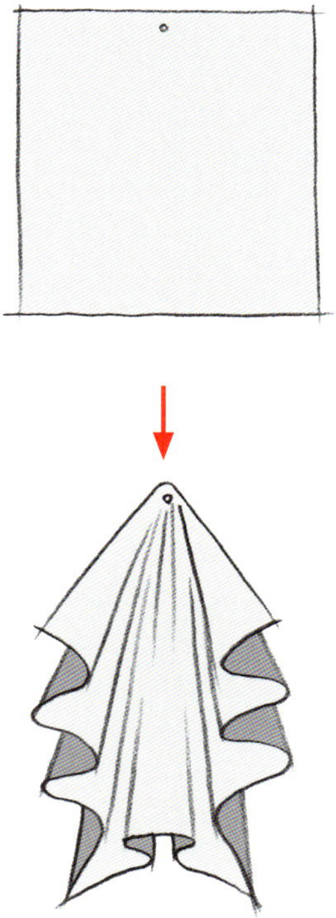

脇が長くなります

四角い布地の端を始点にバイヤスでたらします

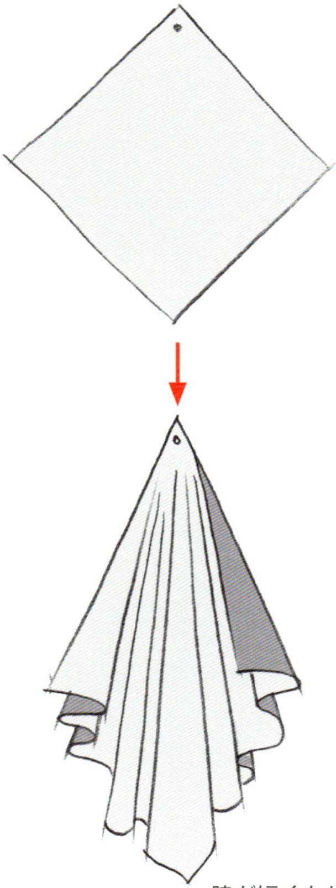

脇が短くなります

四角い布地の両端を始点に二ヶ所でたらします

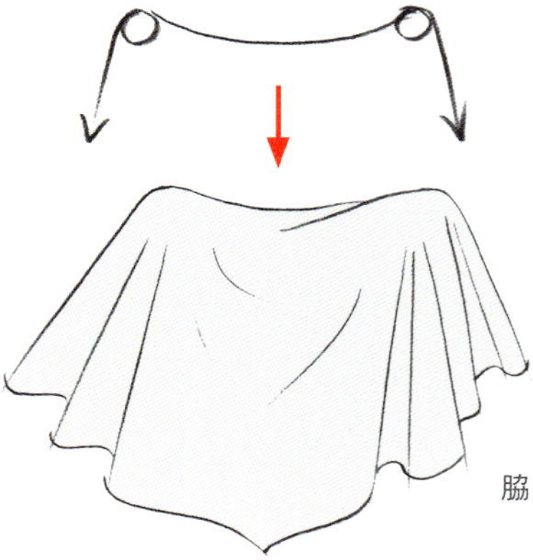

脇にドレープがたまります

重なったドレープ

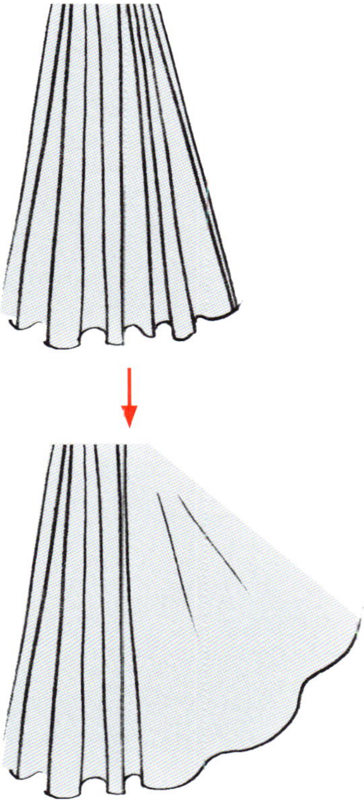

サーキュラー型のドレープ

横位置

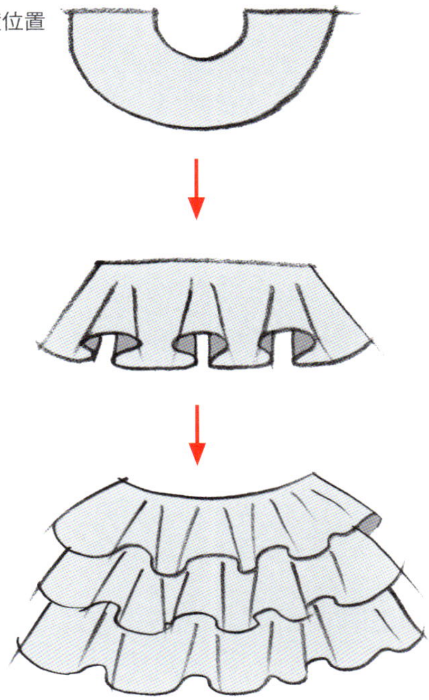

縦位置

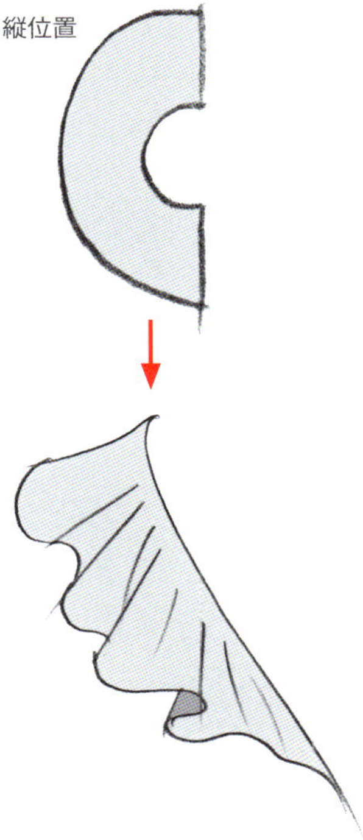

古代ギリシャの衣装は、布をそのまま体に巻き付けたもので、いかに美しいドレープを作るかが着こなしの基本でした。その後もひだは重要視され上流階級の貴族になるほど、ひだをたくさん用い、ひだを贅沢に使うことは権威の象徴にもなったのです。

ギャザーを寄せたドレープ

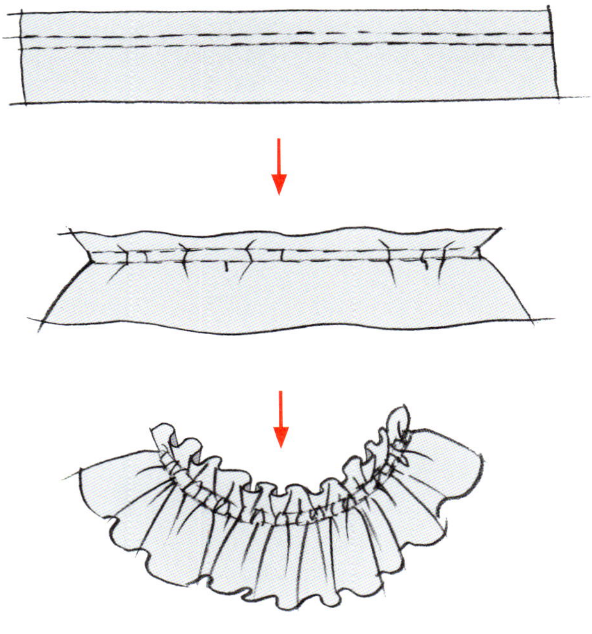

ドレープと柄の動き

ドレープの動きによって柄は大きく変化します。例えばストライプ（縦縞）は途中からボーダー（横縞）になり水玉も歪んで変化します。

ストライプ

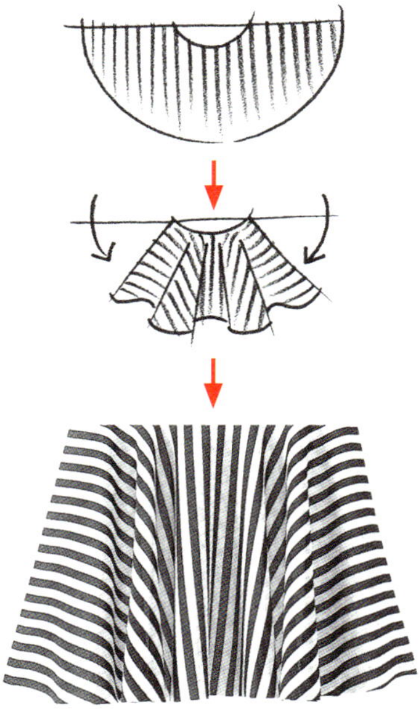

ストライプ＆ボーダー

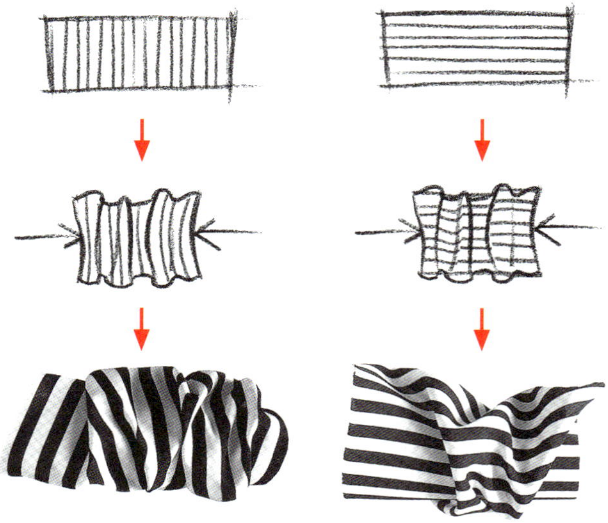

ボーダー

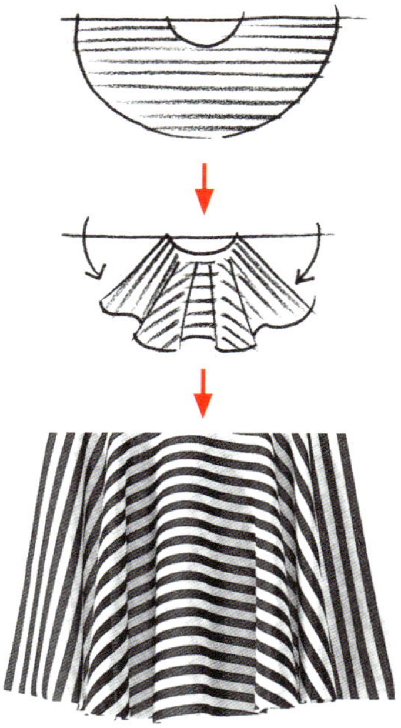

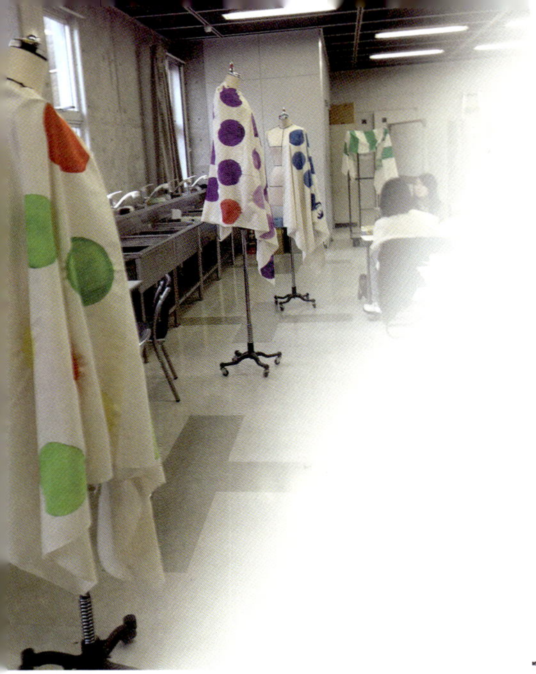

水玉

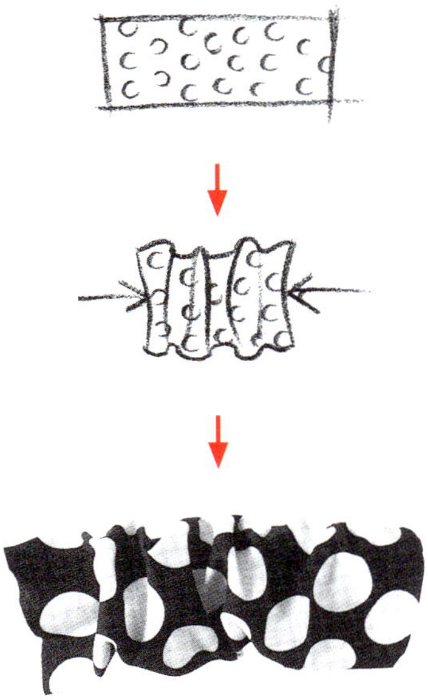

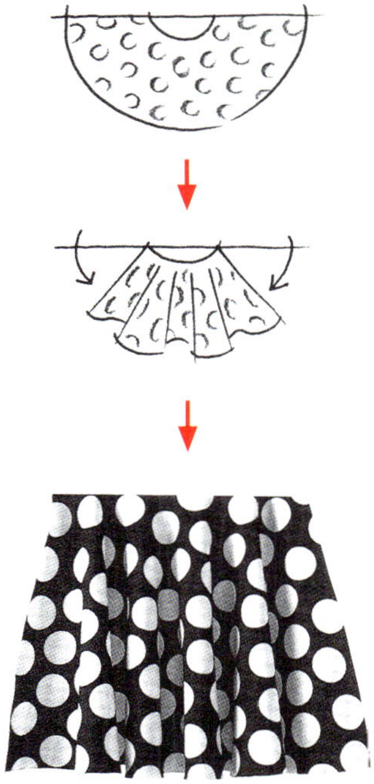

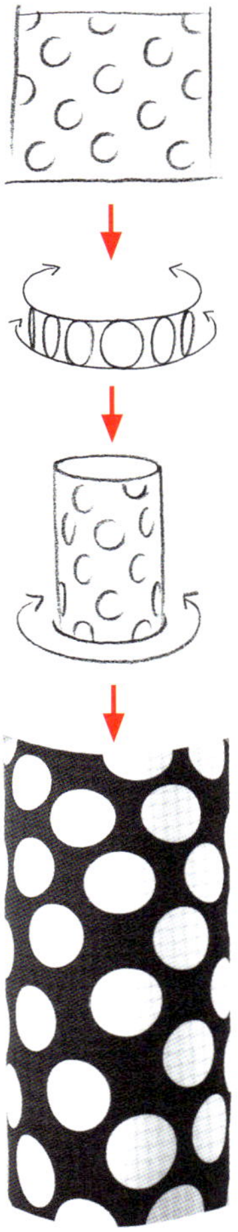

正円が立体的な筒状になった場合、脇が両サイドに向かって楕円になっていきます

一見、複雑に見える柄も単純な形に置き換えて、位置や大きさのバランスを見ながら当たりをとり細部を描いていきます

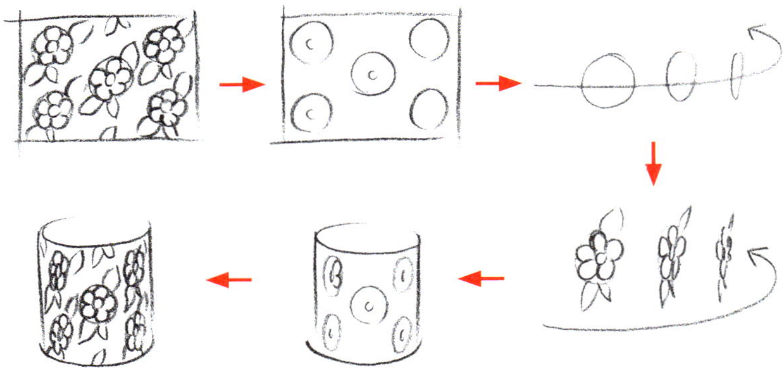

ポーズバリエーション

エスキース（下絵）の段階でポーズを考えるとき、いちばん大切にしたいことは、服の持つエスプリ（精神）が伝わることやデザインが魅力的に見えることです。ボリュームのある服を軽快に見せたいときは動きのあるポーズが効果的ですし、細身のスカートやエレガントなスタイルには静的な中にも片足重心でバランスをとったポーズが魅力的です。

片足重心で腰のラインを強調したエレガントなポーズ

内股ポーズでキュートに！

パンツラインを表現しやすい、遠近をつけた片足重心ポーズ

ウオーキングポーズで自然な躍動感！

足を内股気味にしたポーズで可愛らしさが

シンプルだが動きを感じさせるポーズ

シルエットがきれいに表現できる斜め片足重心ポーズ

下から見上げた遠近ポーズで躍動感

スポーティーな中にもヒップラインを強調して女らしさを表現

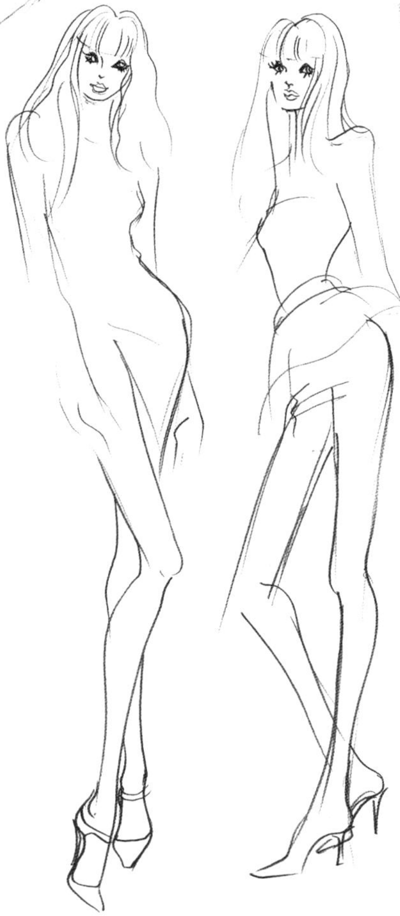

ダブルブレストのバランスが表現しやすい上半身を正面に向けたポーズ

シンプルな服も
リズム感のある
ポーズで

下から見上げて大胆な
遠近感のあるポーズ

真っすぐの立ちポーズは胸をぐっと張らせて

Give

第3章

着色しよう

デザインのイメージを決定づけるとき
素材や配色は非常に大きな要素です。
エスキース（下絵）の段階では思いどおりの
イメージで描けていたのに
彩色すると無惨な結果になることがよくあります。
それは道具が介在すればする程
技術が必要となるからですが
用紙の種類や画材の性質を知ることで
かなり解消されます。
彩色することで生き生きと広がる
ドローイングの世界を楽しみましょう。

Watercolor

水彩で描く

水彩用具

筆使いであらゆる表現ができる水彩絵の具は、欠かすことのできない画材の一つです。水彩絵の具には、透明水彩とガッシュ（不透明水彩）の二つのタイプがあります。

透明水彩の特色は重ねて塗った下の色が透けて見え、下の色と上に重ねた色との効果で微妙に変化し、透明感のある仕上がりになることです。ガッシュは不透明で、重ね塗りすると下の色が見えなくなるので、グラデーション使いや濃淡のない均一なタッチや厚塗り、水で薄めれば普通の水彩絵の具としても使えるなど、多様性と修正がしやすい利点があります。

TURNER DESIGN GOUACHE
ACRYL GOUACHE

❶水彩（チューブ）　❷ケーキカラー（乾）固形水彩絵の具　❸顔彩絵の具
❹カラーインク　❺アクリル絵の具　❻筆洗　❼絵皿　❽筆　❾刷毛

水彩用紙

❶アルシュ紙（荒目）、❷アルシュ紙（細目）
フランス製の高級水彩紙で、素材は100%コットンの中性紙。手漉きに近い製法で製造されておりナチュラルホワイトで、大変強い紙で、消しゴムで消しても毛羽立たない強い紙肌を持ち水彩、パステル、色鉛筆などに最適です。

❸ファブリアーノ紙
イタリア製の高級水彩紙で、100%コットンの中性紙、美しい白さがあり発色に優れ、描きやすい適度な水の吸い込み、ひっかきにも耐える丈夫さが特徴で水彩、パステル、色鉛筆などに最適です。

❹ワトソン水彩紙
英国製の高級水彩紙で、100%コットンの中性紙、柔らかな風合いと、発色の生きる白さが特長で水彩、パステル、色鉛筆などに最適です。

❺キャンソン紙
中性で水に強く描画後も波打ちが少ない水彩紙。ナチュラルホワイトで発色が非常によく独特なラフ肌で、水彩、チャコール、パステル、マーカーに優れています。

❻BBケント紙
表面が滑らかで目が細かく、ボタニカルアートのような細密画やペン画マーカー、鉛筆等の表現に適している。また適度な吸水性があり、細かい作業で何度も筆を重ねても表面が弱りません。

❼ケント紙
表面に弾力性を持たせてあるため、鉛筆やインク、マーカーなどののりが良くにじみもなく発色も良い。また、消しゴムによる毛羽立ちがないので、製図・カンプ・版下・建築パースなどに最適です。

❽マーメイド紙
荒目の紙肌を持つ紙で、独特なラフ肌は、水彩、チャコール、パステルに優れ、また強靱な紙肌で削りに強く、毛羽立ちがありません。

丸筆（太）
丸筆（中）
丸筆（細）
面相筆
平筆
アクリル平筆
ぼかし筆

❶
❷
❸
❹
❺
❻
❼
❽

ショートヘアを描く／目を描く

1 肌色の一番明るい色で顔全体を薄く均一に塗ります。目と眉の間、鼻の下、下唇の下、首の下、顔の輪郭部分は影になるので濃く塗ります。

2 髪は顔に比べて色が強いため、濃くなりがちなので注意します。肌色が乾いたあとに髪の一番明るい色から塗ります。ウエーブの盛り上がっている部分は光るので白く残しながら軽く濃淡をつけます。

3 両サイドの付け根や髪の流れによる影の部分に濃淡をつけて立体感を出します。

1 輪郭を描きます。

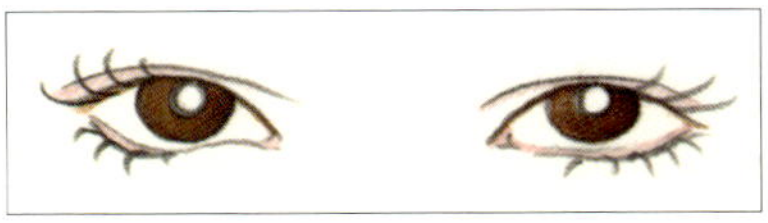

2 髪は顔に比べて色が強いため、濃くな黒目の部分を濃淡をつけながら塗ります。

3 瞳を黒く塗ります。

4 瞳と黒目の部分に瞳に向かって放射線状に白く光を入れて仕上げます。

4 水彩でのメークは、自然な仕上がり感がポイント。頬紅はチークの場所により、ひとまわり大きく水を引いてぼかしながらなじむように塗ります。このとき、水を引いた際まで広がると乾いたときシミになるので注意します。影となる上唇は濃く塗り、下唇は艶を出すため白く残して光沢感を出します。

使用画材［ガッシュ・固形水彩ケーキカラー（乾）・アルシュ紙（細目）］

ミディアムヘアを描く／口を描く

1 濃淡をつけながら肌を塗ります。

2 肌色が充分に乾いた後、濃淡をつけながら髪を塗ります。

3 全体の調子を見ながらウエーブにそって濃淡をつけます。このとき、髪が重くなり過ぎないように根元は濃く毛先は軽く描きます。

4 深い影が出る顔の側面から首元に向かって濃く描き加えます。

5 水彩で仕上げるメイクはむらになりやすいため、パウダー状のパステル、チーク、アイシャドーなどメイク道具で仕上げると簡単で効果的。細かい部分は擦筆（サッピツ）でこすってていねいに仕上げます。

1 輪郭を描きます。

2 唇の輪郭に沿って濃く塗ります。

3 口紅の光沢感を残しながらぼかし立体感を出します。

使用画材［ガッシュ・固形水彩ケーキカラー（乾）・アルシュ紙〔細目)］

ロングヘアを描く

■ストレート

1 ストレートヘアを描く時は毛先が重くならないように注意します。

2 最初に肌色を明るく均一に塗ります。

3 光沢部分を白く残しながら薄く塗り、髪の流れに沿って濃淡をつけます。

4 充分に乾いた後、明るい色で光沢部分を塗り重ねます。

5 最後にメークをして仕上げます。

■ウエーブ

1 ウエーブのかかったロングヘアは、髪の流れがどの部分から流れているかに注意しながら肌色を明るく均一に塗ります。

2 ウエーブのボリュームがある部分を白く残しながら薄く塗ります。

3 ウエーブに沿って影の部分を濃く塗ります。

4 最後にメイクを描き入れます。ここではメイク用具のチークで仕上げています。

使用画材［ガッシュ・固形水彩ケーキカラー（乾）・アルシュ紙（中目）］

単色で立体感を出す

不透明水彩でしっかり彩色する基本の地塗りです。光の方向を意識して影の部分は濃く、光の方向は薄く塗り、濃・中・淡で立体感を出します。

1 最初に薄く肌色を塗ります。

重心がかかっている方の腰位置が高くなり布地が引っ張られます

2 薄地の素材感はガッシュに水をたっぷり含ませて、淡く塗ることで軽さを出します。

3 髪はブラウスの色を塗ったあとに塗ります。

4 ドレープの重なりを確認しながら、影の部分を濃く塗ります。

5 身頃のドレープ部分は自然光を意識し片側を濃く濃・中・淡で強弱を出して塗ります。

6 裾のレース部分はブラウスと同じように薄く塗り充分に乾いた後レースの柄を面相筆で入れます。

ヘアは重くならないように軽めに塗るのがコツです

透明水彩のように薄く塗り乾いた後にもう一度、少し濃い色で髪の流れに沿い塗り重ねます

布地の重なっている部分は濃く塗ります

陰の部分を少し暗めの色で重ね塗りします

ハイライトを入れることでツヤ感と立体感が出ます

裾のレース部分はブラウスと同じ様に薄く塗り充分に乾いた後、レースの柄を面相筆で入れます

中心部分を明るく表現することで丸みのある立体感が表現できます

最後に白の色鉛筆でドレープのハイライトを入れて仕上げる。

Q & A

濃くなり過ぎて立体感や形が出なくなった場合は？

1 たっぷり水を含ませた筆で色を浮き上がらせる。

2 浮き上がった色をペーパータオルで拭き取り充分に乾かす。

3 再度、色を塗り白の色鉛筆で仕上げる。

使用画材［ガッシュ・色鉛筆・アルシュ紙（細目）］

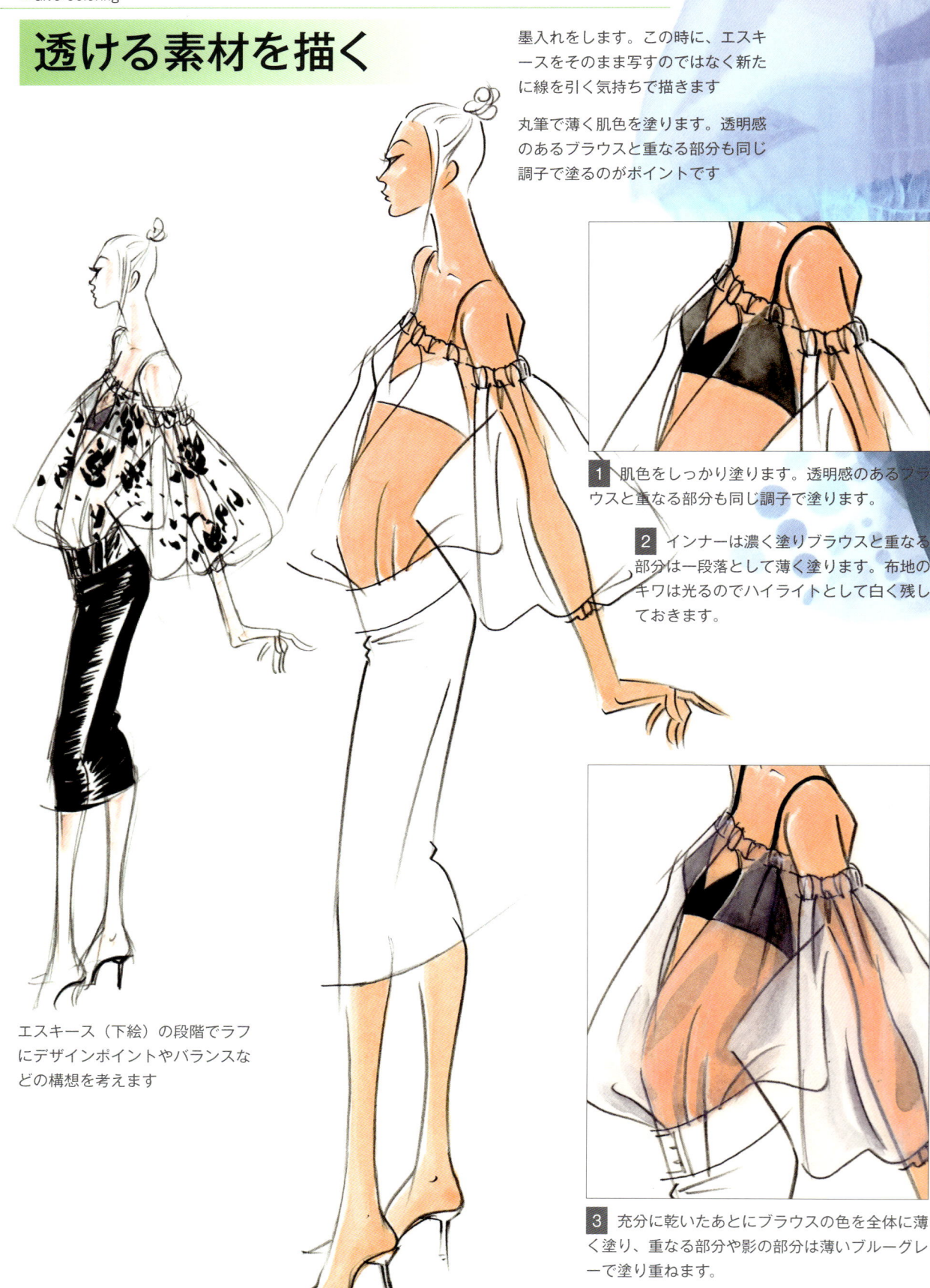

透ける素材を描く

墨入れをします。この時に、エスキースをそのまま写すのではなく新たに線を引く気持ちで描きます

丸筆で薄く肌色を塗ります。透明感のあるブラウスと重なる部分も同じ調子で塗るのがポイントです

エスキース（下絵）の段階でラフにデザインポイントやバランスなどの構想を考えます

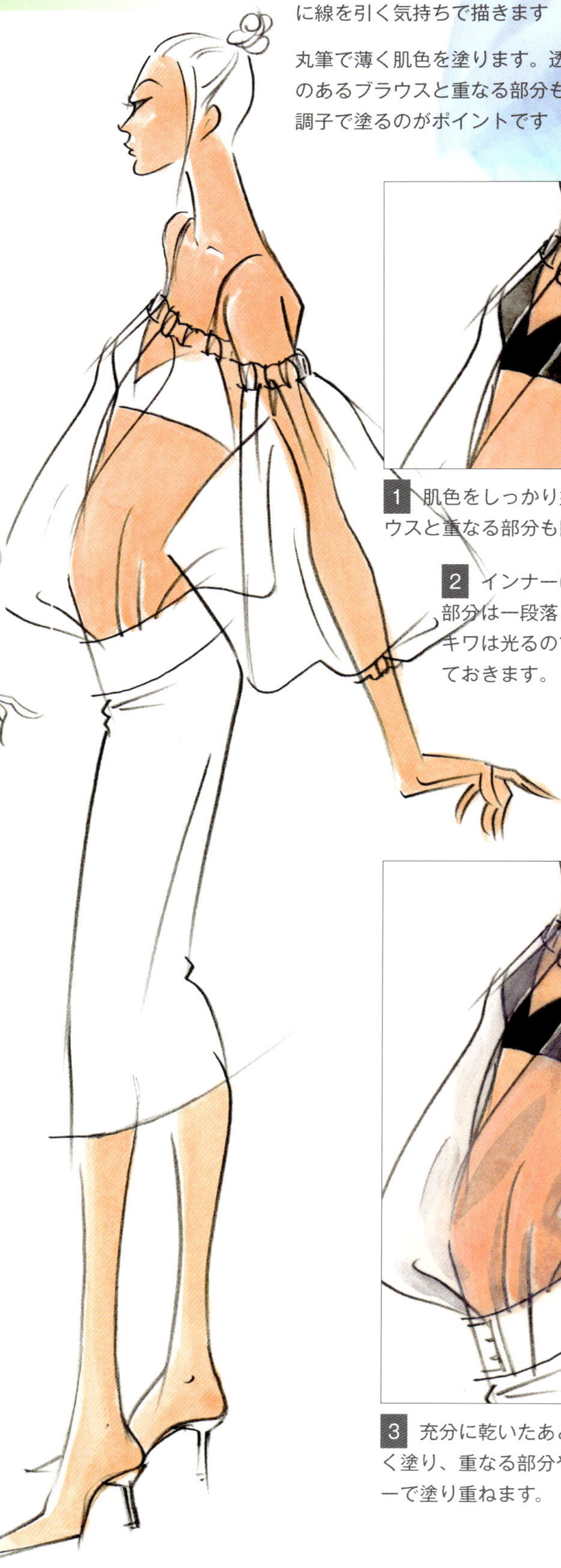

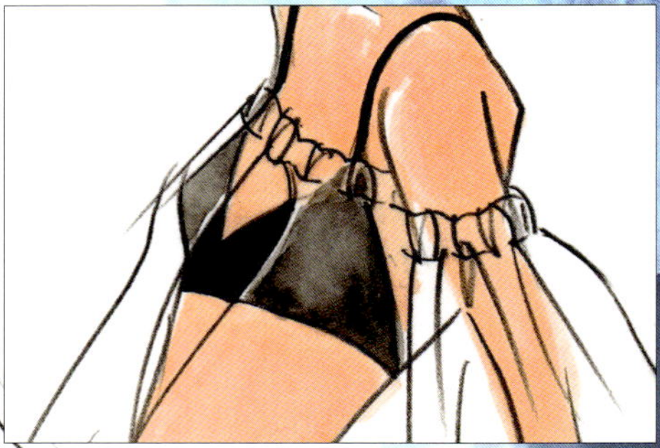

1 肌色をしっかり塗ります。透明感のあるブラウスと重なる部分も同じ調子で塗ります。

2 インナーは濃く塗りブラウスと重なる部分は一段落として薄く塗ります。布地のキワは光るのでハイライトとして白く残しておきます。

3 充分に乾いたあとにブラウスの色を全体に薄く塗り、重なる部分や影の部分は薄いブルーグレーで塗り重ねます。

4 丸筆で強弱をつけながら絵柄を描きます。

5 柄の奥行きは色の濃淡で表現します。

6 最後に面相筆を使って影の部分を少し濃く塗り、白のガッシュでハイライトを入れて仕上げます。

使用画材［ガッシュ・色鉛筆・アルシュ紙（細目）］

モアレ模様を描く

※足の動きに沿ってドレープを描き量感を出します

1 斜め上からの自然光を意識して肌色を塗ります。

2 白地に柄を入れるときは、あとから影を入れると色が溶けて画面が汚れてしまいます。初めにブルーグレーで軽く影を入れておきます。

3 丸筆で強弱をつけながらモアレ模様を薄く描きます。

4 ボディ部分を中心に模様を描き入れます。

5 最初に入れた影の部分を、一段濃い色で重ねて塗ることで立体感が出ます。

6 広がった裾のドレープ部分は薄く残しておくことで量感はあっても軽やかさが出ます。

使用画材［ガッシュ・色鉛筆・アルシュ紙（細目）］

エナメルを描く

1 光沢素材は光と影の色の差が大きいため、光の当たる部分を白く抜きながらエナメル独特のぬめり感が出るように不規則に塗ります。複雑で汚い仕上がりになりがちですが、構造線のキワに沿って塗るとくっきりとした立体感のあるラインが出ます。

2 水を含ませた筆で溶かすように塗ります。

3 均一に塗るのではなくランダムなタッチを生かして、なじませたり残したりしながら塗ります。

4 最後に白のガッシュでハイライトを入れて仕上げます。

5 パンツは斜めからの自然光を意識して、光の当たる部分は薄く。影の部分を濃く、濃・中・淡で立体的に仕上げます。

使用画材［ガッシュ・色鉛筆・アルシュ紙（細目）］

ヘリンボーンを描く

1　布地の方向性に注意しながら目安となる縦線を軽く引きます。

2　杉綾の幅に縦線を描きます。

3 平筆を斜めに持ちランダムに斜線（杉綾）を入れます。この時に縦線からはみ出すくらいの気持ちで描くと織の表情がでます。

4 平筆を斜め逆に持ち替えて、縦線の間をハの字のように描きます。

5 描いた後でもう少し影の部分を濃くしたい場合は薄いグレーマーカーで塗り足します。

使用画材［ガッシュ・色鉛筆・アルシュ紙（細目）］

ラメ素材を描く

1 明るい色を中心にドレス全体を濃淡で地塗りします。ベルベットのような重厚な光沢感を意識して仕上げるのがコツです。

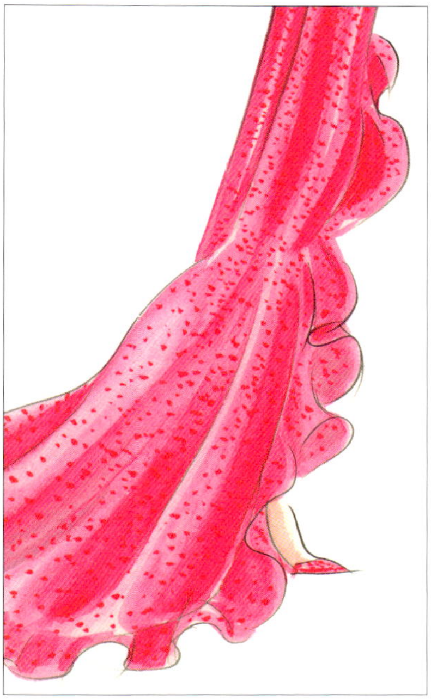

2 面相筆で全体に地塗りの色と同色でラメの部分を描き入れます（軽く不規則に）。

3 地の色より一段濃い色でラメを描き加えて深みを出します。

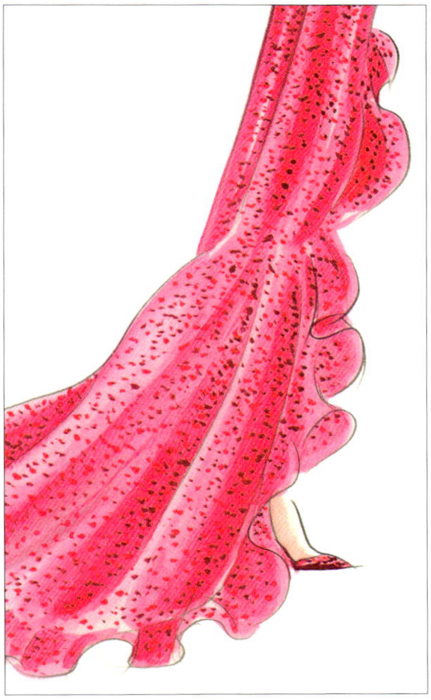

4 白のガッシュで軽く不規則にラメの光を描き込みます。

5 最後にダイヤモンド・ダストを入れて仕上げます。

使用画材［ガッシュ・色鉛筆・アルシュ紙〈細目〉］

千鳥格子を描く

千鳥格子 I

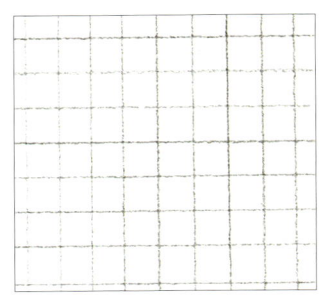

1 格子の大きさに合わせて鉛筆で軽く目安となる縦線と横線を引きます。

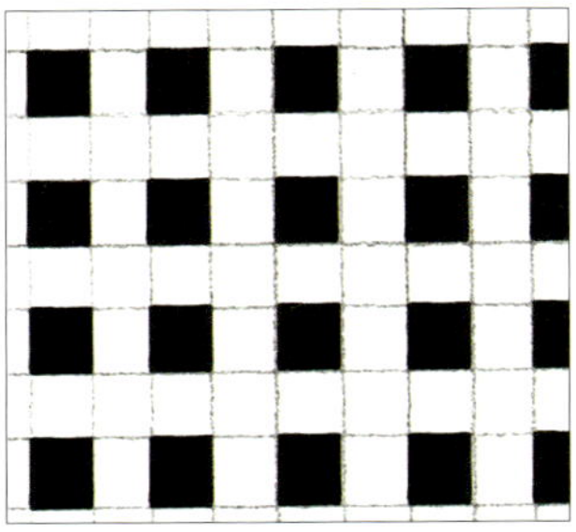

2 ひと目おきに格子を塗ります。（ナイロン平筆を使うとエッジが効くので簡単）

3 平筆を斜めに持ち牙の部分を描きます。

4 同じように右上の牙の部分を描きます。

5 格子の間に斜線を入れて仕上げます。

千鳥格子 II

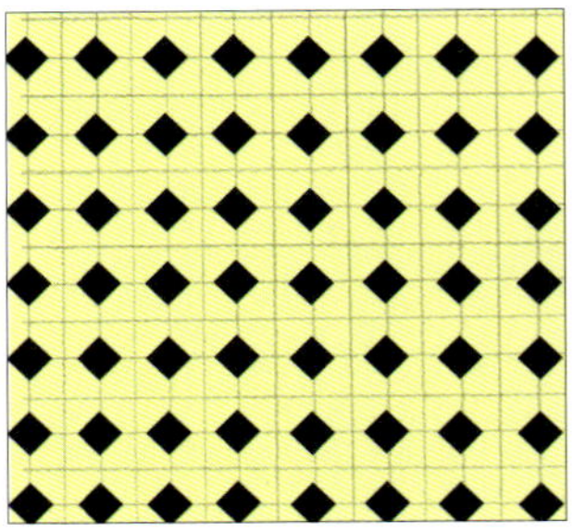

1 地塗りが充分に乾いた後、鉛筆で軽く目安となる縦線と横線を引きます。平筆を斜めに持ち、ひと目おきにダイヤ柄を入れます。

2 平筆を斜めに持ったまま右上に斜線を入れます。

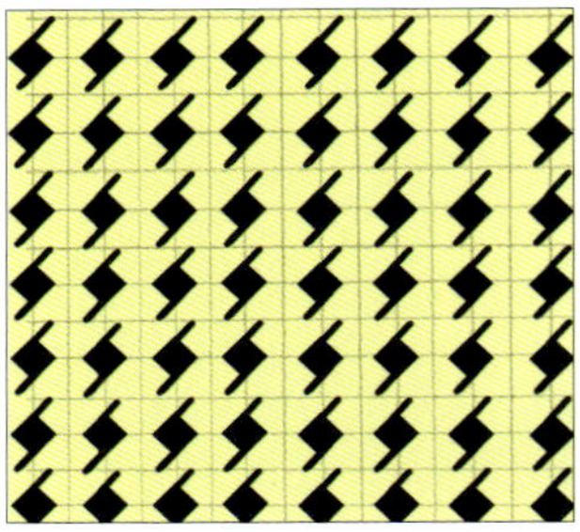

3 次ぎに左下に斜線を入れます。

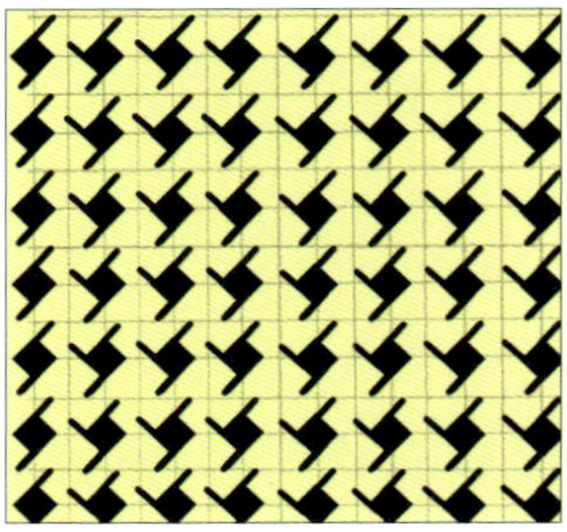

4 平筆を持ち替えて同じように左上に斜線を入れます。

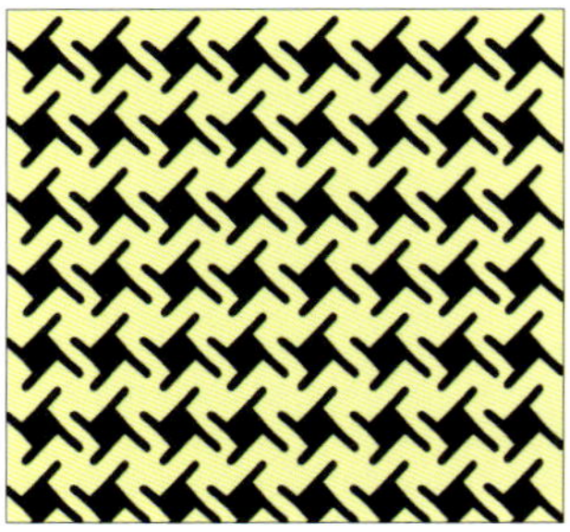

5 右下に斜線を入れて仕上げます。

1 千鳥格子の大きさに併せて鉛筆で軽く目安となる縦線と横線を引きます。

2 エッジの利くナイロン平筆で、ひと目おきに格子を塗ります。

3 ナイロン平筆を斜に持ちランダムに斜線を入れます。

使用画材［ガッシュ・色鉛筆・アルシュ紙（細目）］

ファーを描く

1 ファーはたっぷりとボリューム感のあるシルエットで描き、アウトラインは毛足が感じられるように軽く描きます。

2 インナーのセーターとパンツの色を先に着色します。ファーの毛足が重なる部分は少し薄く塗ります。

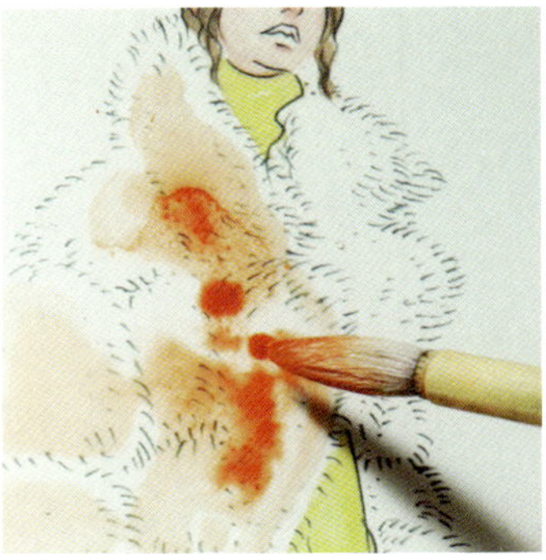

3 たっぷりの水を引き丸筆で先に明るい色をたらし込み、次に濃い色でぼかしながら濃淡をつけます。

4 ファーの地塗りはフラットにならないようにします。ぼかすことで毛足の微妙な動きによる光り方を感じさせます。

応用表現

ムートンやボア素材もアウトラインを変えて地塗りはぼかします。充分に乾いたあとに同色のパステルで塗り足すと深みのあるムートンになります。ボアの場合はファーと同じように毛足を描き足します。

5 極細の面相筆を使い、明るい色の部分は同色の濃淡で毛足を描きます。

6 濃い色の部分も同色の濃淡で毛足を描き根気よく丁寧に描くことでファーのゴージャス感が表現できます

7 最後に白で毛足の光沢を描き入れて仕上げます。白はジンクホワイトでは強すぎて毛足が硬くなりやすいためパールホワイトを混ぜて柔らかさを出します。

ぼかしの地塗りと毛足の描き込みの相乗効果で微妙な動きと光を感じさせます。

重なる部分を表現することで分量感が出ます。

同色の色鉛筆でデニムの綾織りを斜線で入れます。

使用画材［ガッシュ・色鉛筆・アルシュ紙（細目）］

marker

マーカーで描く

マーカーについて

　速乾性で濁りのない鮮明な発色が美しく、透明度が高いので色を重ねて混色しても彩度が下がらずスピード感あるタッチに仕上げることができます。また他のさまざまな画材と組み合わせて使えるため、幅広く活用できます。

❶
❷
❸
❹
❺
COLOR MASTER
triart

マーカーの種類

❶アルコール系油性マーカー
ペン先が太めのフェルトペンで紙への浸透が早く、カラーインクに近い濁りのない発色、重ね塗りしても下の色が透けます。混色はできないため、色鉛筆などと同じく色数が必要です。
＊カラーレスブレンダーで、ある程度グラデーション、ぼかしを表現することが可能です。
❷水性顔料マーカー
油性マーカーのようににじむことなく描け、ストライプや細かい柄を描くのに適しています。ムラになりやすいので広い面を塗るのには適していません。
❸ドローイングペン
耐水性で美しい筆跡が特徴です。0.03ミリ～1.0ミリまでと筆跡幅もあり、アウトラインを入れるのに適しています。濃度も高く、乾燥性にもすぐれています。
❹筆ペン
墨を摺ることなく毛筆で強弱のある線が描けます。にじみ・かすれ等の工夫により、独特の味わいを持ったイラストを描くことができます。水彩と併せて使用する場合は、乾くと耐水性になるものを選びます。
❺水性顔料系ゲルインク
鮮やかで濃くにじまないのでストライプやチェック等の細かい柄を描くのに便利です。

●コピックスケッチ（ニブの形状）スーパーブラシ＆ミディアムブロード
ここで紹介しているのは穂先に腰があり使い勝手の良いスーパーブラシと角のあるミディアムブロードの組合わせですが、ニブの形状は他にも数種類あります。

ドローイングペンの筆跡幅
0.03mm
0.05mm
0.1mm
0.3mm
0.5mm
0.8mm
1.0mm

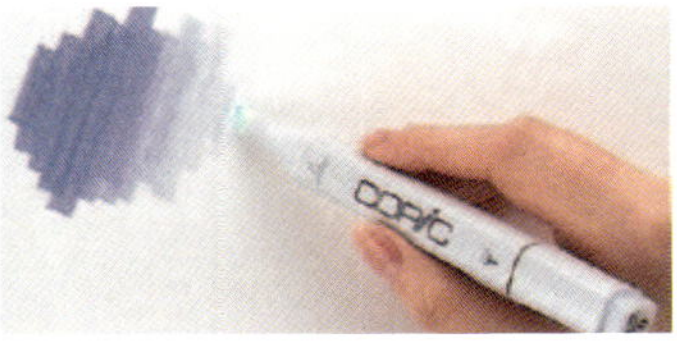
COPIC

カラーレスブレンダー
無色のインクが入っている溶剤マーカーで、ある程度グラデーションやぼかしを表現することが可能です。

注意）速乾性のためムラになりやすい
重ね塗りすることである程度ムラを抑えられますが、重ねるごとに色が濃くなります。重ねることを考えて、イメージより1段薄い色で塗ると良く、イメージの色、イメージより1段薄い色、イメージより1段濃い色と3本用意することでムラなく立体感のある塗り方ができます。用紙の種類や色によってムラになりやすいものがあるので、必ず、同じ用紙で試し塗りをします。

濃・中・淡で立体感を出す

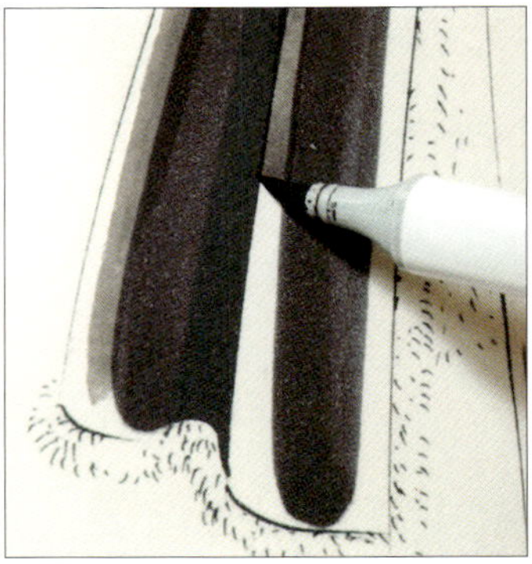

3 一番明るい部分を残しながら一段明るくした中間の色で塗ります。

1 肌を塗る時は頬紅を先に濃い色で塗り、薄い肌色で上から何回か塗り重ねると肌になじんで自然な感じに仕上がります。

2 濃い色でコートの影になる部分を塗ります。

4 薄い色のスーパーブラシで何回かなじませるように塗り重ねて全体を塗ります。

5 透けた素材が重なる部分は一段落とした薄い色で塗ります。

6 軽いタッチでスカーフを着色します。

7 最後に面相筆を使って白のガッシュでスカーフの柄とハイライトを入れて仕上げます。

8 ファーは毛足の流れや方向に沿って着色します。

9 ブーツは濃淡を強調して描くことで硬質感を表現します。

使用画材［ドローイングペン・油性マーカー・色鉛筆・ファブリアーノ紙（細目）］

色を重ねてニットを描く

1 リブの編み地を意識しながらアウトラインを描きます。

3 一段薄い色でなじませながら塗り重ねます。

2 光の当たる部分を白く残して地の色を塗ります。

4 太軸のエッジを使ってニットの編み柄を描きます。（甘いエッジがニットの編み感を表現）

パンツのストライプ柄は布の地の目を意識しながら描きます。

5 面相筆を使い白のガッシュで柄を描き入れます。

6 濃いグレーで影を入れます。

7 白の色鉛筆で仕上げます。

使用画材［ドローイングペン・油性マーカー・水性顔料マーカー・色鉛筆・ファブリアーノ紙（細目）］

Various Painting Tools

いろいろな画材で描く

いろいろな画材

　スモーキーな透明感を出すなら水彩よりパステルの方が適し、クリアーな透明感なら水彩が適しているように、それぞれの持っている画材の特徴を知り、生かしながら組み合わせることで多様な表現が広がります。

　ここで紹介されている画材以外の物も多くあり、また画材として扱われていない物の中にも意外な効果が得られることもあるので、失敗を恐れず試してほしいと思います。逆に失敗から新たな可能性が広がることがよくあります。

画材

絵を描くのに使用する画材は数限りなくあり、ここで紹介する画材はそのごく一部に過ぎませんが、いずれも身近で使いやすくデザイン、構造、色や柄、素材等を簡単に表現できるものが中心になっています。

❶パステル

指で塗るだけの基本的な技法が簡単で手軽に扱え、豊かな色数と軽快で繊細なタッチから深みのあるタッチまで幅広い表現ができます。ソフト、セミハード、ハード、の3タイプがありハードパステルは硬くて彩度が低く大胆に描くのに適し、逆にソフトは彩度が高く、もろいが伸びが良く繊細に描けます。

❷色鉛筆

いつも使い慣れている鉛筆と、同じ感覚で手軽に扱える色鉛筆は、色が豊富で細かいところまで描け、他の画材とのなじみも良く、筆圧や方向、スピードを変えることで、バリエーションも広がり、また色を混ぜることによって多様な混色を楽しむことができます。

❸水彩色鉛筆

普通に描いて、その上から水をつけた筆でなするとすぐに溶けだし水彩画のような感じになります。淡い水彩画の表現ができます。水につけなければ普通の色鉛筆と同じです。

❹インク

濁りのない鮮明な発色性と抜群の透明性が特徴。水で薄めたり、混色することも可能で完全乾燥後に耐水性になるので、パステルや色鉛筆との相性も良く、組み合わせて描くことで深みが出ます。

❺ドローイングペン

水性顔料インクで乾くと耐水性になりインク濃度も高く、ムラのないスムーズな筆跡はアウトラインを入れるのに適しています。

❻ボールペンゲルインク

絵の具の上から上塗りできるので細かい柄やシルバージップ、ゴールドボタンなどに使うと効果的です。

❼筆ペン

強弱が簡単につけられる筆ペンは、仕上げのスミ入れやラフな柄入れが手軽にできる。

❽擦筆

パステル画などを擦ってぼかすのに使用します。特に細かい部分を塗る時に必要です。

ウォーム素材を描く

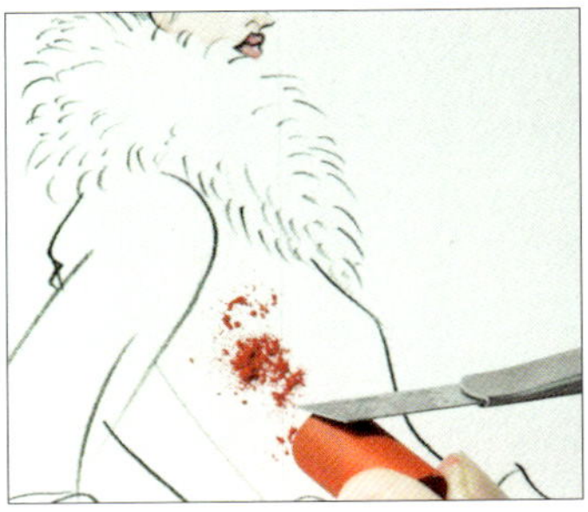

1 はじめに肌の色を塗り、充分に乾いてから、カッターナイフでソフトパステルの粉を一番濃くなるところに落とします。

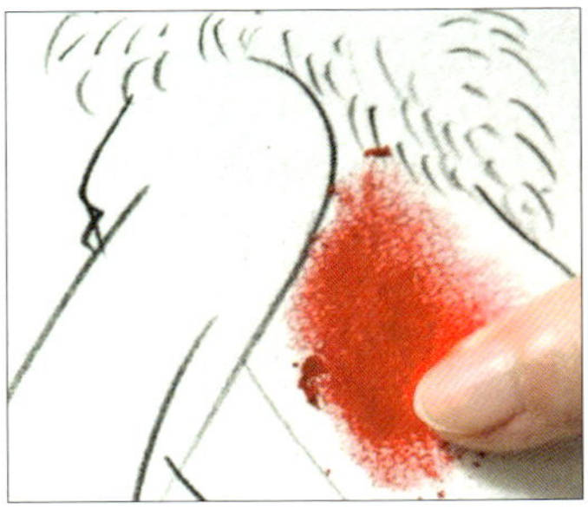

2 パステルの粉を指で擦りながらのばします。

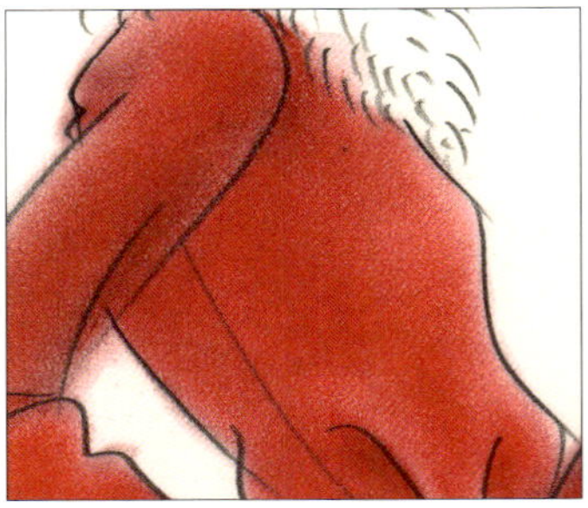

3 濃くしたいところは強く、薄くしたいところは軽く調子をとりながら立体感を表現します。

パステルの粉が飛び散ると画面が汚れてしまうため、少しずつ調子を見ながら粉を落としていきます。塗った後の余分な粉は息を吹きかけて取り、はみ出した部分は練り消しゴムで拭き取ります。

フィクサチーフ（定着液）
パステルは手を触れると簡単に落ちてしまいます。このため完成後にフィクサチーフでパステルを定着させます。いきなり勢いよくかけると、しみになったり粉が吹き飛んで画面が汚れてしまうので、30cm位はなして全体に薄く均一に吹き付けましょう。
●色に深みを出したいときは、一度フィクサチーフで定着させ乾いたあとに再度塗り重ねます。

4 鉛筆パステルを使って毛足を描き、深みを出すため2色使いにします。

5 擦筆（サッピツ）を使って内から外に毛の流れに沿ってこすりながらぼかします。

6 白の色鉛筆で毛足のハイライトを描いて衿を仕上げます。

7 最後に白の鉛筆でハイライトを入れて仕上げます。

8 パンツは黒と茶色の２色を直接塗り重ねます。

使用画材［ソフトパステル・鉛筆パステル・色鉛筆・ファブリアーノ紙（細目）］

レザーを描く

1 エスキースで確認します。

2 線を整理して墨入れし肌色を塗ります。

3 鉛筆パステルで影になる濃い部分を塗ります。

4 光の当たる部分を残しながら擦筆（さっぴつ）で布地の方向に沿ってこすりなじませます。

5 全体の調子を見ながら足りないところを塗り足して素材感を強調します。

6 明るい部分を練り消しゴムを使って、色を抜き取ります。

7 練り消しゴムの先を細くして光沢感を強調したい部分をさらに拭き取ります。

8 顔料インクのシルバーペンでファスナーを描きます。

9 最後に白の色鉛筆で仕上げます。

Q & A

濃くなりすぎて立体感が出なくなってしまった場合は？

練り消しゴムで拭き取り、白のパステルで光の当たる部分を描き擦筆で擦る。白の色鉛筆で仕上げる。

シャイニング素材を描く

マーカーは重ねて塗ると色が濃くなるため、肌色は薄めの色を選び、調子を見ながら塗り重ねます
影は濃く、光の当たる部分は薄く強弱をつけます
光の当たる部分を多く表現することで軽さと光沢感を出します
ポーズによる布地の動きに合わせて影を深く塗ります
手軽なボールペン型の顔料インクで軽く滑るようにクロスハッチングを加えます

1　ドローイングペンで墨入れするときは、線が硬くならないように軽く滑るように描きます。

2　反射する光の強弱が複雑に出る光沢素材は、明暗をはっきりつけて地塗りします。

3　薄めの色で地塗りを加え顔料インクのボールペンで繊細な織感を描きます。

求める光沢具合によって白の顔料インクのボールペンでクロスハッチングを加えて表現します

使用画材［マーカー・ゲルインクボールペン・アルシュ紙（細目）］

4 極細の面相筆を使い、白のガッシュでさらに織感を描き加えて織り糸の輝きを出します。

5 不透明なジンクホワイトで複雑な輝きを表現し、最後にダイヤモンド・ダストを入れて仕上げます。

さまざまな画材の組み合わせ

■アストラカン

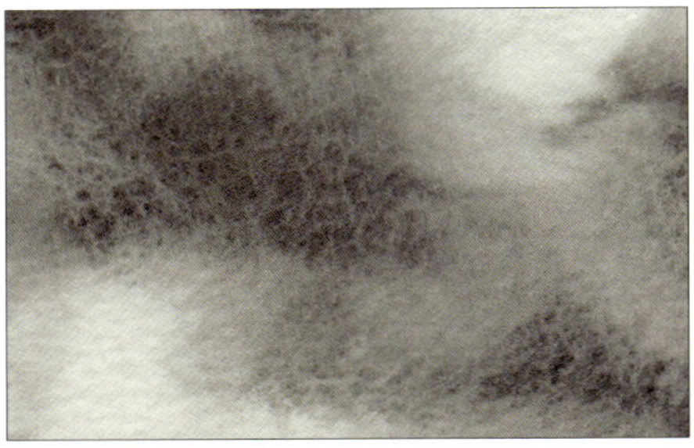

1 たっぷりの水を引き丸筆で色をたらし、ゆっくりにじませます。

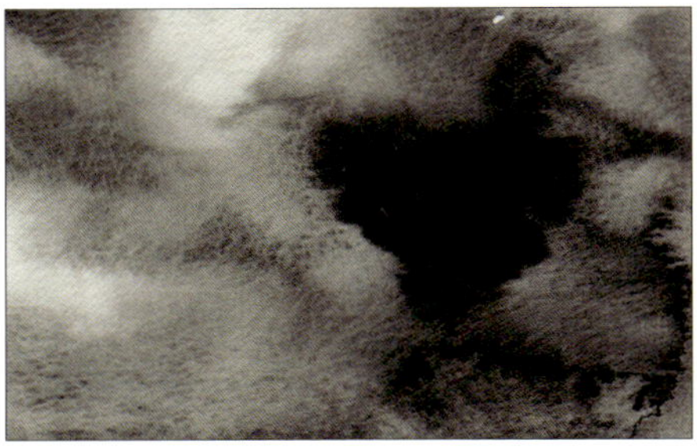

2 部分的に濃い色をおいて濃淡をつけます。

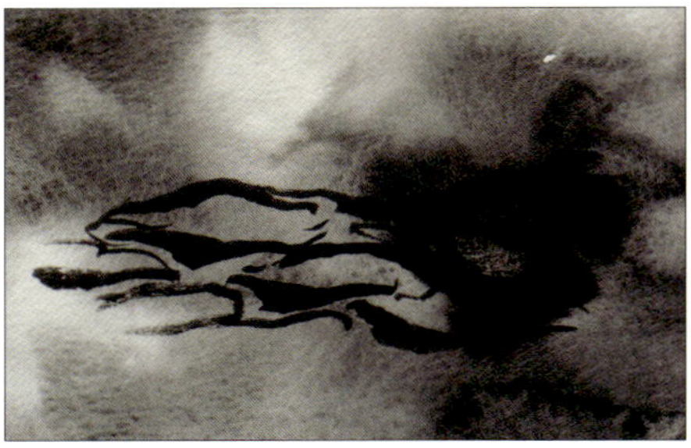

3 よく乾いたあと地塗りに添って濃淡を付けながらアストラカンまだら模様を描きます。

4 同色のパステルで毛羽立ち感を描き加えて仕上げます。

■クロコダイル

1 目安となる型押しの線を軽く引きます。

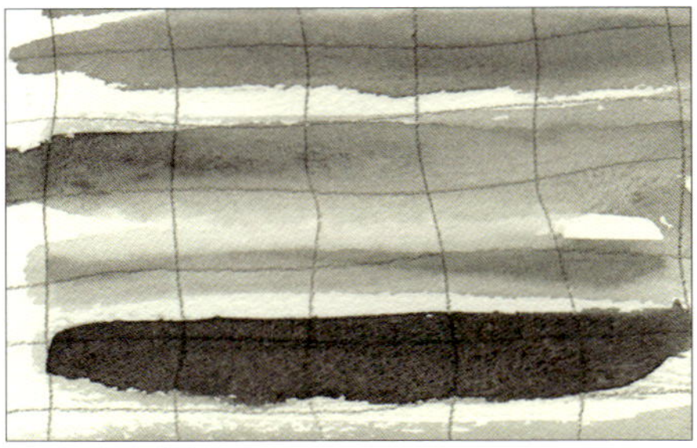

2 光っているところを残して濃淡をつけます。

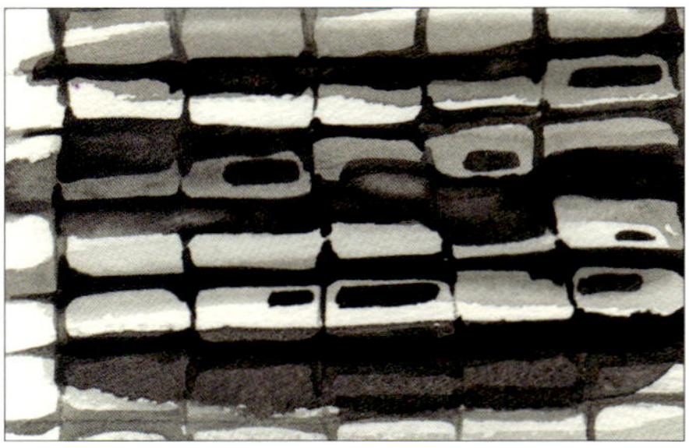

3 クロコダイルのスケールを強調するように影の部分を濃く塗ります。

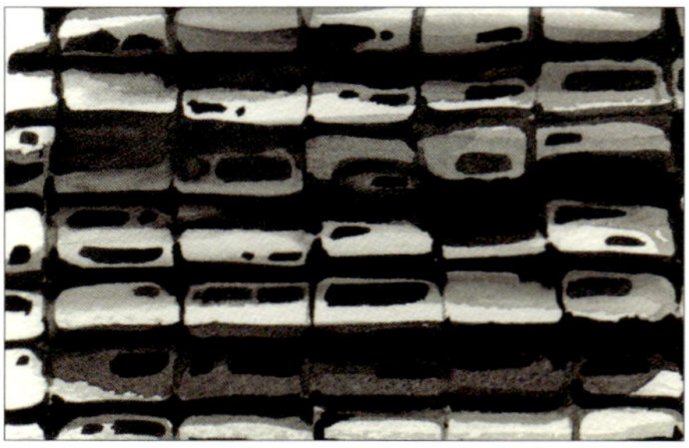

4 全体のバランスを見ながら光沢、スケールの陰影を描いて仕上げます。

■ニット

1 ガッシュで濃いめにしっかりと地塗りをします。

2 色鉛筆を寝かせて軽く浮かせるように斜線を描きます。

3 全体の調子を見ながら強弱をつけて描き加えます。ざらざらした表面感が一度編んだ糸をほどき再度編み立てたニット デ ニットの素材感を引き出します。

コートのアウトラインは薄く軽く描きます

厚みのあるコートを描く場合通常の素材よりボリュームが出るため、考えているより分量感をタップリもたせ丸みのあるラインで描きます

使用画材［ガッシュ・油性マーカー・ソフトパステル・色鉛筆・マーメイド紙（細目）］

ギャラリー・1

使用画材［割り箸・刷毛・墨汁・ガッシュ］

ギャラリー・2

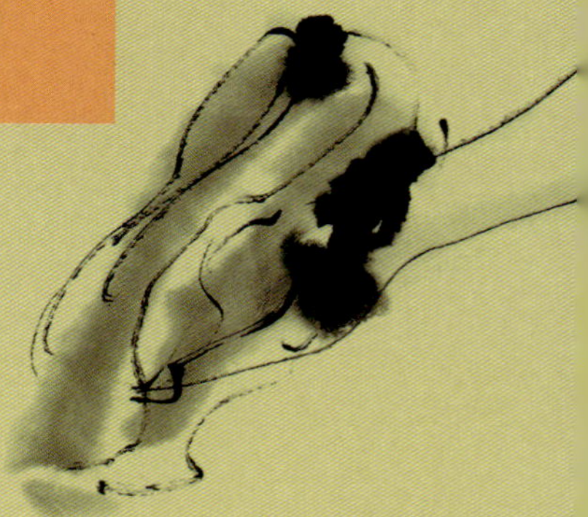

使用画材［割り箸・刷毛・墨汁・ガッシュ］

第4章

フォトショップで描く
（CD-ROM付き）

ファッションビジネスの現場で
データでのプレゼンテーションが
常識となっている現在
デザイン提案や個性的な企画書を作成するには
Photoshopは欠かすことのできないツールです。
この章では実際にCD-ROMを使って
素材表現やデザイン画、企画マップなど
実践的な作品作りで多彩な技術を習得し
Photoshopの基本をマスターします。

色について

❶RGBカラーとCMYKカラー

モニターなどに見られる色光の三原色は、R（レッド）G（グリーン）B（ブルーバイオレット）による色を混ぜれば混ぜるほど明度が上がり、白に近づくので加法混色と言われています。

対して印刷などに見られる色料の三原色は、シアン（Cyan）マゼンタ（Magenta）イエロー（Yellow）による、混ぜれば混ぜるほど明度が下がり黒に近づくので減法混色と言われています。プロセスカラー印刷では、黒の部分を引き締めるためにブラック（Black）を追加してCMYKの4色で最終的な色を表現しています。

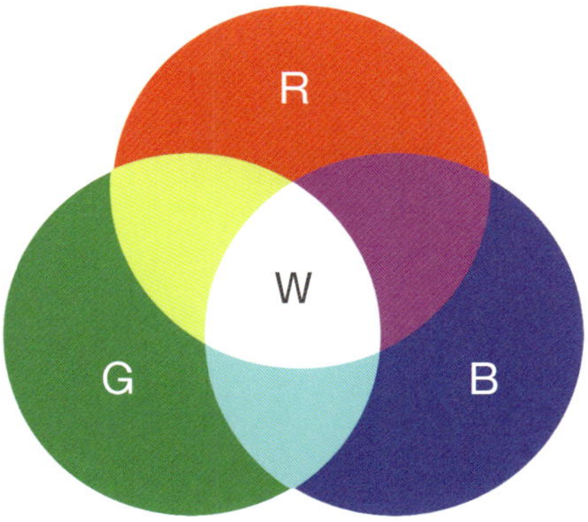

加法混色

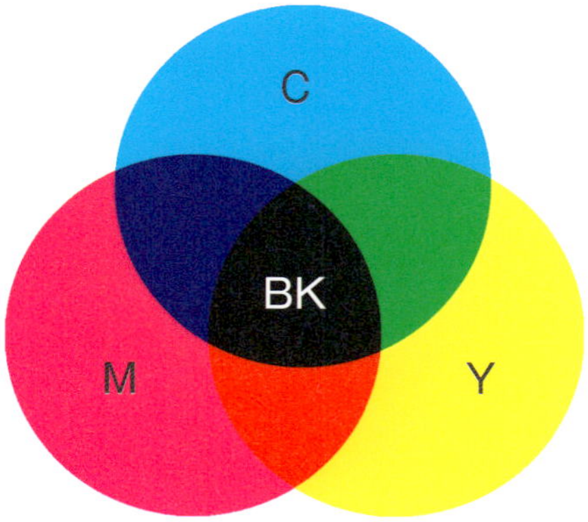

減法混色

❷CMYKの12色相環をベースに色をつくる

CMYKのうち、1色または2色をそれぞれ100%ずつまたは、片方を50%混ぜた色だけで12個の色相環ができます。これらはプロセスカラーの原理上、それぞれの色相において最も彩度が高い色（純色）となります。

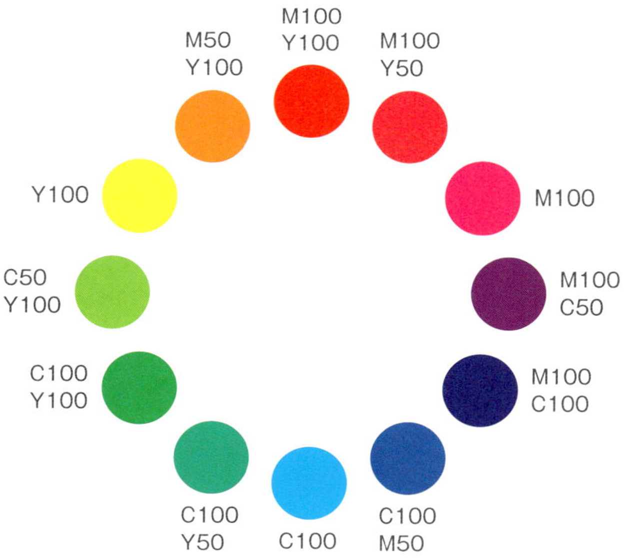

色を決めていくとき、まず純色での色味を選び「明るさ」「彩度」の順に操作すると複雑な色も出しやすくなります。明るさは各色の%を下げれば明るく、上げれば暗くなり、彩度はCMYのうち、各要素に入っていない色を足すことで色が濁ります。

❶Photoshopでカラーを選択する方法

色の選択方法はいくつかあります。スポイトツール、カラーパネル、スウォッチパネルまたはカラーピッカーを使用して、新しい描画色や背景色を指定することができます。

❶ツールパネルの描画色と背景色のカラー選択ボックス

A. 描画色と背景色を初期設定に戻すアイコン
B. 描画色と背景色を入れ替えアイコン
C. 描画色カラー選択ボックス
D. 背景色カラー選択ボックス

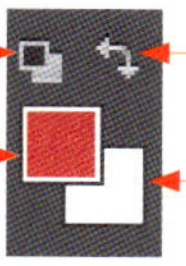
A. 描画色と背景色を初期設定に戻すアイコン
B. 描画色と背景色を入れ替えアイコン
C. 描画色カラー選択ボックス
D. 背景色カラー選択ボックス

❷スポイトツールによるカラーの選択スポイトツールは、カラーをサンプルして新しい描画色または背景色を指定します。カラーは、アクティブな画像または画面上の任意の場所からサンプルすることができます。

スポイトツール

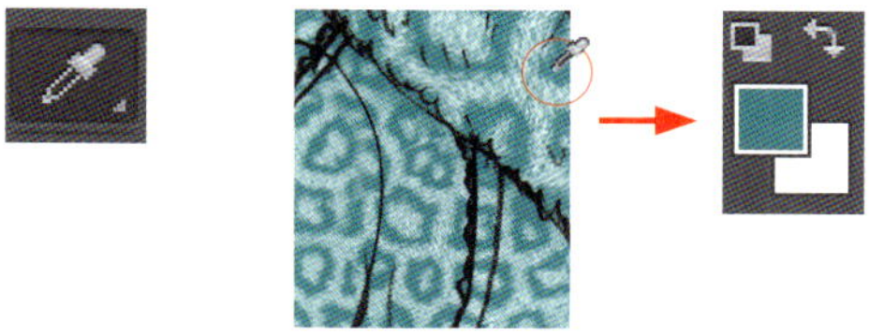

スポイトの先を抽出したいカラーの上でクリックすると描画色に反映される。

❸カラーピッカーによるカラーの選択

描画色をクリックするとカラーピッカーが表示されます。「HSB」「RGB」および「Lab」テキストボックスにカラー値を入力するか、カラースライダーまたはカラーフィールドを使用することによって、カラーを選択できます。カラースライダーとカラーフィールドを使用してカラーを選択するには、カラースライダー内をクリックするか、カラースライダーの三角形を動かして、カラーの構成要素の1つを設定します。

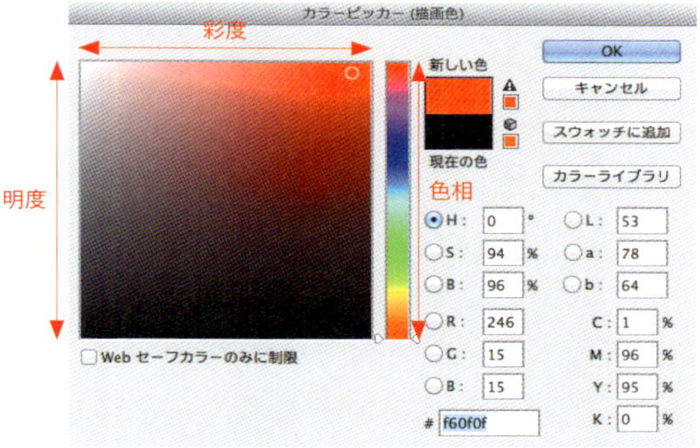
カラーピッカー（描画色）
彩度
明度
色相
新しい色
現在の色
OK
キャンセル
スウォッチに追加
カラーライブラリ
H: 0 °
S: 94 %
B: 96 %
R: 246
G: 15
B: 15
L: 53
a: 78
b: 64
C: 1 %
M: 96 %
Y: 95 %
K: 0 %
f60f0f
Webセーフカラーのみに制限

Photoshopのカラーピッカー。色相と明度、彩度の3つの属性をそれぞれ独立して操作することで色を決めることができます。

❹スウォッチパネルによるカラーの選択と追加および削除

カーソルをスウォッチパネル上に移動させるとスポイトツールになります。選択したいカラーの上にスポイトの先を合わせてクリックすると描画色に反映されます。

スウォッチパネルで追加または削除することができます。カラースウォッチは「スウォッチに追加」ボタンをクリックして、新規の色を追加することもできます。追加したスウォッチの削除は、削除 🗑 アイコンにドラッグします。

スウォッチパネル

カラー　スウォッチ

スウォッチパネルへのカラーの追加
1. 追加するカラーを指定し、描画色にします。
2. 次のいずれかの操作を行います。
スウォッチパネルの新規スウォッチボタンをクリックします。または、スウォッチパネルメニューから「新規スウォッチ」を選択します。スウォッチパネルの下にある空のスペースにポインターを置いて（ポインターが塗りつぶしツールに変わります）、クリックしてカラーを追加します。

❺カラーパネルによるカラーの選択

カラーパネル（ウィンドウ／カラー）には、現在の描画色および背景色のカラー値が表示されます。カラーパネルのスライダーを使用して、異なるカラーモデルで描画色および背景色を編集できます。また、パネル下部のカラーランプに表示されているカラースペクトルから描画色と背景色を選択することもできます。

カラーパネル

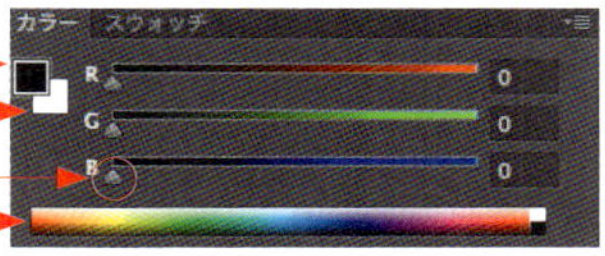
描画色
背景色
スライダー
カラーランプ
カラー　スウォッチ
R 0
G 0
B 0

カラーの選択時に次の警告がカラーパネルに表示される場合もあります。
- CMYKインキを使用して印刷できないカラーを選択すると、カラーランプの左側の上に、三角形の警告アイコンが表示されます。
- Webセーフカラーではないカラーを選択すると、カラーランプの左側の上に四角形のアイコンが表示されます。

Photoshopのツールボックス

ツールボックスは画像を加工するためのさまざまなツールを選択するための特殊なウィンドのことです。ツールボックスに表示されているアイコンをクリックすると、ツールを選択することができます。

選択範囲ツール
四角形や楕円形など、ある決まった形の選択範囲を作成するときに使います。四角形、楕円形、一行などの各選択ツールが納められています。

長方形選択ツール M
楕円形選択ツール M
一行選択ツール
一列選択ツール

自動選択ツール
クリックしたピクセルの近似色を判断して自動的に選択範囲を作成します。

クイック選択ツール W
自動選択ツール W

スポイトツール
クリックした位置の色の情報を取得します。

スポイトツール I
3D マテリアルスポイトツール I
カラーサンプラーツール I
ものさしツール I
注釈ツール I
123カウントツール I

ブラシツール
選択している描画色で画像上をドラッグして描画します。鉛筆ツールはより細かい描画に使用します。

ブラシツール B
鉛筆ツール B
色の置き換えツール B
混合ブラシツール B

ヒストリーブラシツール
ヒストリー機能で得られた画像をブラシにします。

ヒストリーブラシツール Y
アートヒストリーブラシツール Y

グラデーションツール
グラデーションを描画します。ここから全体を一色で塗りつぶす塗りつぶしツールも選べます。

グラデーションツール G
塗りつぶしツール G
3D マテリアルドロップツール G

覆い焼きツール
ドラッグした部分を明るします。暗くする焼きこみツールと彩度を調整するスポンジツールも収められています。

覆い焼きツール O
焼き込みツール O
スポンジツール O

テキストツール
フォント・サイズ・カラーなどの書式設定を行うことができます。

横書き文字ツール T
縦書き文字ツール T
横書き文字マスクツール T
縦書き文字マスクツール T

長方形ツール
長方形や楕円形などの図形描画ツールは総称して「ベクトルシェイプツール」または「シェイプツール」と呼ばれています。シェイプは、シェイプツールで作成された図形で、Illustratorでいうところの「パス」で作成された図形です。

長方形ツール U
角丸長方形ツール U
楕円形ツール U
多角形ツール U
ラインツール U
カスタムシェイプツール U

ズームツール
画像の表示倍率を変更します。

クイックマスクモード
画像の描画モードを指定します。クイックマスクでは、画像に一時的なマスクができます。

移動ツール（ショートカット：V）
選択範囲やレイヤーをドラッグして移動するときに使います。

なげなわツール
自由な形の選択範囲や、輪郭検出できる選択機能を利用したいときに使います。多角形選択ツール、マグネット選択ツールも収められています。

なげなわツール L
多角形選択ツール L
マグネット選択ツール L

切り抜きツール
画像の一部だけを、四角く切り抜くことができます。

切り抜きツール C
遠近法の切り抜きツール C
スライスツール C
スライス選択ツール C

修復ブラシツール／パッチツール
しわやゴミなどを自動的に消したり、きれいにしてくれるツールです。

スポット修復ブラシツール J
修復ブラシツール J
パッチツール J
コンテンツに応じた移動ツール J
赤目修正ツール J

スタンプツール
背景の調子を整えたい時などに、指定したコピー元からコピー先へと、画像をコピーするときに使います。

コピースタンプツール S
パターンスタンプツール S

消しゴムツール
画像を消したいときはこの消しゴムツールでドラッグします。

消しゴムツール E
背景消しゴムツール E
マジック消しゴムツール E

ぼかしツール
ドラッグした部分をぼかします。ほかに、画像をシャープにするシャープツールや、画像をなじませる指先ツールがあります。

ぼかしツール
シャープツール
指先ツール

ペンツール
「パスオブジェクト」や「シェイプ」を描くためのツールです。

ペンツール P
フリーフォームペンツール P
アンカーポイントの追加ツール
アンカーポイントの削除ツール
アンカーポイントの切り替えツール

パスコンポーネント選択ツール
パスで構成された図形をワンクリックで選択し移動や削除などの編集をすばやく行います。

パスコンポーネント選択ツール A
パス選択ツール A

手のひらツール
画像をドラッグして、ドキュメントウィンドウに表示されていない範囲を表示します。

手のひらツール H
回転ビューツール R

描画色と背景色
描画色（左）背景色（右）を指定します。右上の矢印で描画色と背景色を入れ替え、左上の黒白四角で初期化（描画色：黒、背景色：白）にします。

スクリーンモード
Photoshopの作業エリアの表示状態を切り替えます。

標準スクリーンモード F
メニュー付きフルスクリーンモード F
メニューなしフルスクリーンモード F

Photoshopのパネル

画像の修正や変更、確認を行う時に操作します。パネルは必要に応じて小さくしたり、隠したり、他のパネルとまとめて整理することもできます。

カラーパネル
描画色および背景色のカラー値が表示されます。カラーパネルのスライダーを使用して、異なるカラーモデルで描画色および背景色を編集できます。

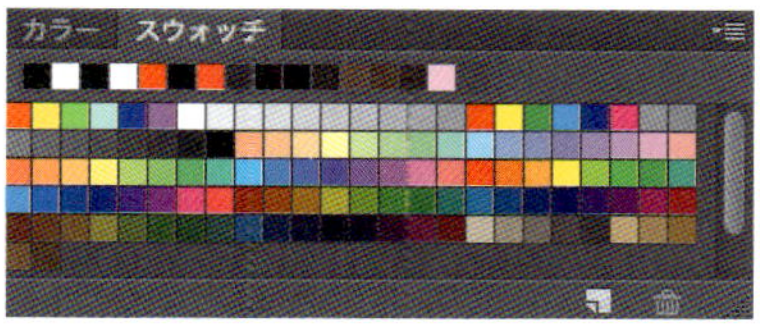

スウォッチパネル
スウォッチとは、カラーや濃度（色合い）、グラデーション、パターンに名前を付けたものです。よく使用するカラーを格納します。スウォッチパネルでは、カラーを追加または削除したり、プロジェクト別に異なるカラーのライブラリを表示することができます。

色調補正パネル
元の画像を壊すことなく画像補正ができます。トーンカーブ、レベル補正、色彩・彩度などさまざまな色調補正が1つのインターフェイスから編集可能ですべての編集が自動的に調整レイヤーとして適用されます。

スタイルパネル
ドロップシャドウやベベルなどの視覚効果をレイヤー上のオブジェクトに適用する「レイヤースタイル」を、文字やシェイプ、画像のレイヤーに適用することができます。レイヤースタイルを使用すると、視覚効果をすばやくオブジェクト全体に適用することができます。

ブラシ／ブラシプリセット
ブラシのプリセットは、サイズ、シェイプ、硬さなどの特性が定義された保存済みのブラシ先端です。プリセットブラシは、よく使用する特性と共に保存することができます。オプションバーのツールプリセットメニューから選択できるブラシツールのツールプリセットも保存できます。プリセットブラシのサイズ、シェイプまたは硬さを変更しても、その変更は一時的なものです。

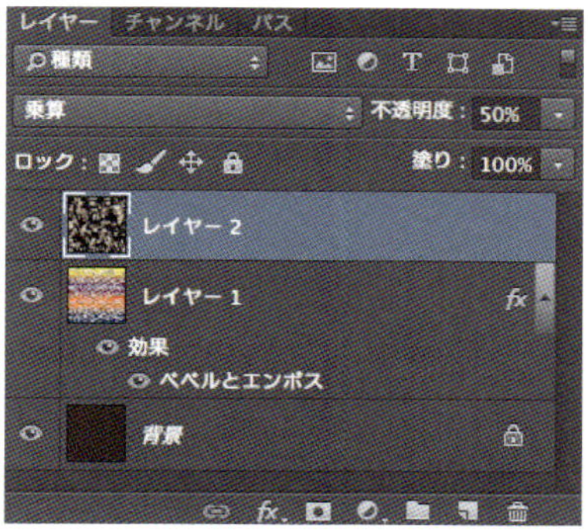

レイヤーパネル
Photoshopのレイヤーは、積み重ねられた透明フィルムのようなものです。レイヤーの透明部分では、下のレイヤーが透けて見えます。レイヤーは、透明フィルムをスライドさせるように動かして、レイヤーのコンテンツを希望の位置に配置することができます。また、レイヤーの不透明度を変更して、コンテンツを部分的に透明にすることもできます。

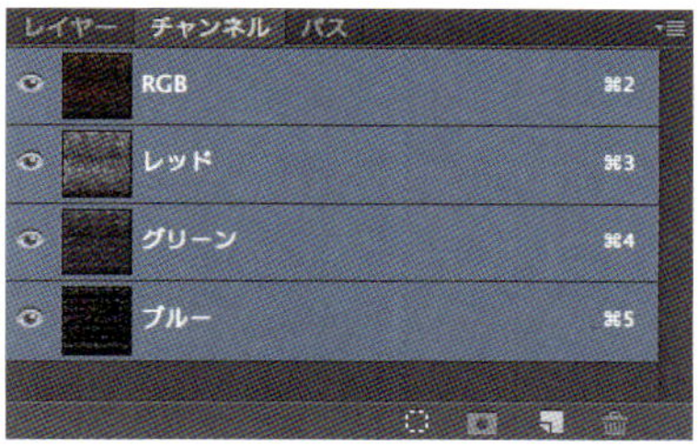

チャンネル／パス
チャンネルは、さまざまな種類の情報を保存するグレースケール画像です。カラー情報チャンネルは、新規画像を開くと自動的に作成され、画像のカラーモードによって、作成されるカラーチャンネル数が決まります。

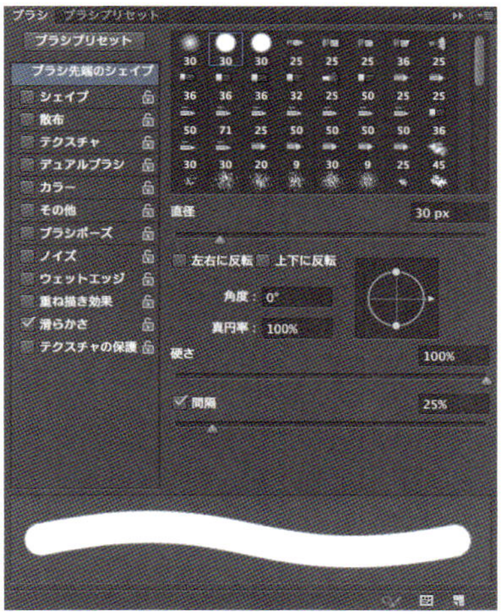

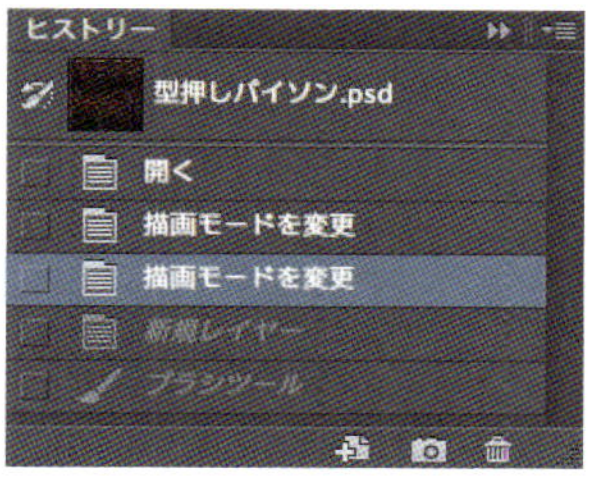

ヒストリーパネル
操作の取り消しや、やり直しをすることができます。画像のピクセルに変更を加えるたびに、その画像の新規のヒストリー画像がヒストリーパネルに追加されます。それぞれの処理を行った後の状態が別々のヒストリー画像としてパネルに表示されます。パネルからいずれかのヒストリー画像を選択すると、選択内容に応じて適用した時点の状態に復帰するので、その状態から作業をやり直すことができます。

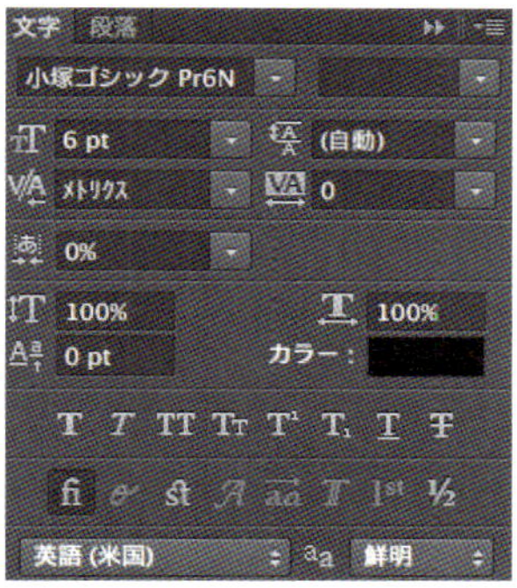

文字パネル
カーニング、字送り、ベースラインシフトおよびテキストのスケールを行うことができます。文字を入力する前に文字属性を設定したり、既存のテキストのスタイルや書式を再設定できます。

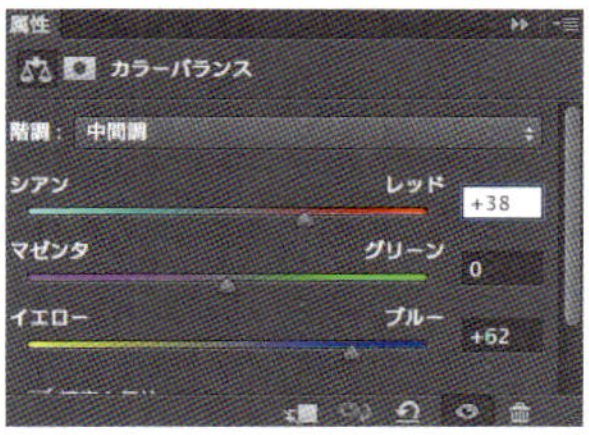

属性
各種レイヤーに設定された「属性」を表示するパネルです。3Dレイヤーを筆頭に、調整レイヤーや、レイヤーマスク、ベクトルマスク、シェイプレイヤーなどの、特殊なレイヤーを作成、または選択すると、それぞれに応じた内容を表示し、編集できるようになります。

Photoshopの画面と名称

❶ツールボックスとパネル

Photoshopの新規画像を開くとこのような画面になっています。各種メニューを納めた「メニューバー」が一番上にあり、二段目に各ツール機能のオプションが表示される「オプションバー」があります。右端にはパネル類、左端に作業に使うツール類がまとめられた「ツールボックス」があります。基本の名称と機能を覚えておきましょう。

メニューバー
「ファイルを開く」「補正機能を呼び出す」など各種の機能を呼び出す一覧です。

ツールオプションバー
ツールボックスで選んでいるツールに合わせて表示が変わりツールごとの詳細な設定（オプション項目）を変更できます。

ヒストリー
操作の内容を記録し、簡単に操作を前の状態に戻して途中から再度やり直すことができます。

Photoshop ファイル 編集 イメージ レイヤー 書式 選択範囲 フィルター 3D 表示 ウィンドウ ヘルプ
Adobe Photoshop CC

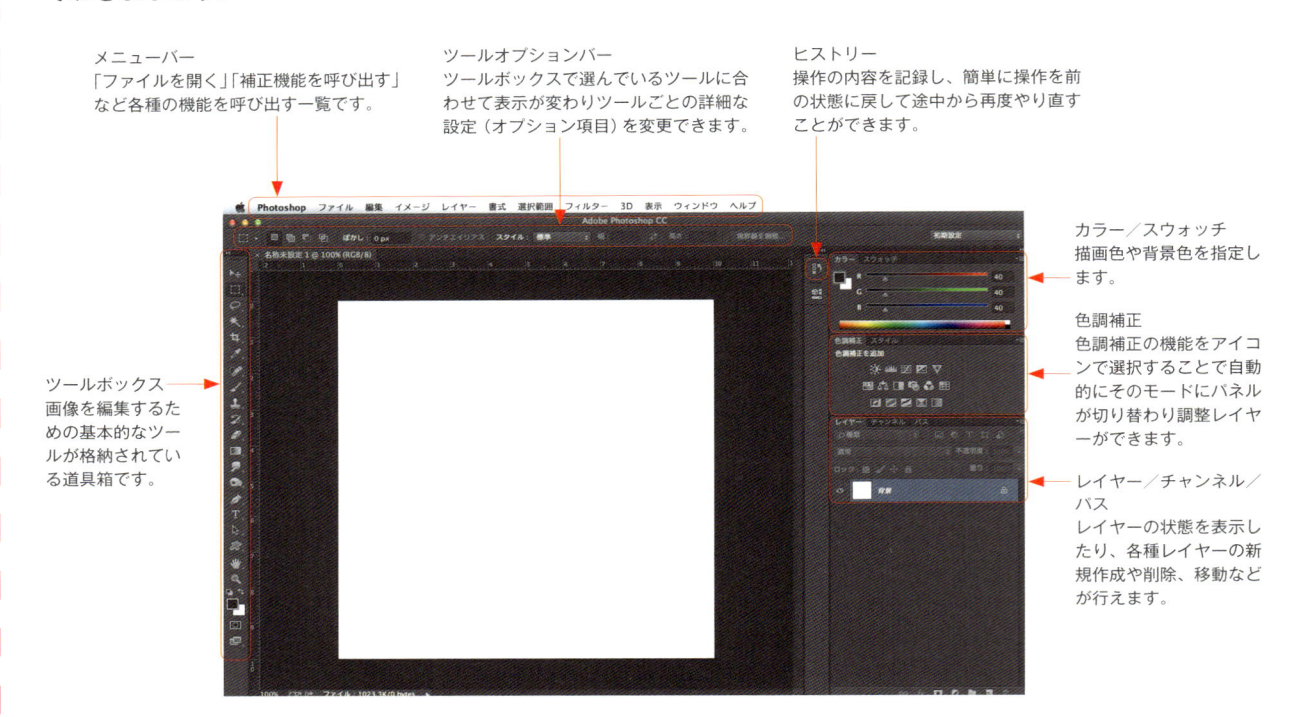

ツールボックス
画像を編集するための基本的なツールが格納されている道具箱です。

カラー／スウォッチ
描画色や背景色を指定します。

色調補正
色調補正の機能をアイコンで選択することで自動的にそのモードにパネルが切り替わり調整レイヤーができます。

レイヤー／チャンネル／パス
レイヤーの状態を表示したり、各種レイヤーの新規作成や削除、移動などが行えます。

❷新規書類

メニューバー「ファイル」から「新規」を実行すると「ダイヤログボックス」が表示されます。ここで「ファイル名」「用紙のサイズ（幅、高さ）」「解像度」「画像モード」「初期表示内容」などを指示します。

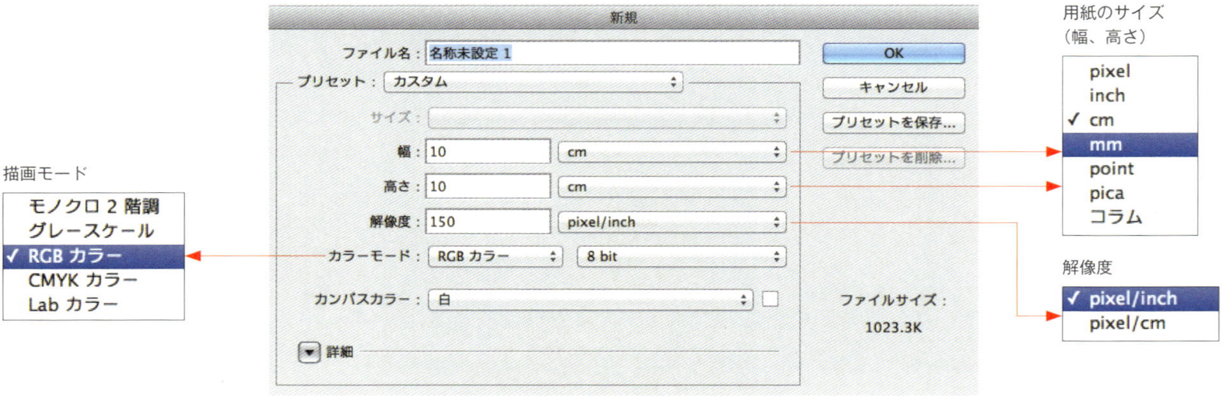
新規
ファイル名：名称未設定 1
OK
プリセット：カスタム
キャンセル
サイズ：
プリセットを保存...
幅：10 cm
プリセットを削除...
高さ：10 cm
解像度：150 pixel/inch
カラーモード：RGB カラー 8 bit
カンバスカラー：白
ファイルサイズ：
1023.3K
詳細
描画モード
モノクロ 2 階調
グレースケール
✓ RGB カラー
CMYK カラー
Lab カラー
用紙のサイズ
（幅、高さ）
pixel
inch
✓ cm
mm
point
pica
コラム
解像度
✓ pixel/inch
pixel/cm

フィルターで素材づくり

フィルターで作る凹凸素材とウオッシュデニム

フィルターは、画像にさまざまな効果を与えるために使われます。画像を絵画的にしたり、変形したり逆光を描画するなど数多くあります。またフィルターを組み合わせることで、複雑な効果を得ることもできます。

❶ワッフル調やブークレ、バスケット織など凹凸のある素材

色の選択方法はいくつかあります。スポイトツール、カラーパネル、スウォッチパネルまたはカラーピッカーを使用して、新しい描画色や背景色を指定することができます。

❶メニューバー「ファイル」から「新規」を選択し新規書類を作成します。
◆「ファイル名」をダブルクリックし、名前を記入します。
◆書類のサイズ／幅10㎝×高さ10㎝
◆解像度／72pixel/inch
◆描画モード／RGBカラー
◆初期表示内容／白

❷メニューバー「フィルター」から「フィルターギャラリー」を選択します。

❸「フィルターギャラリー」の「テクスチャー」「クラッキング」を選択し、オプションからプレビュー画面で確認しながら数値設定します。
◆溝の間隔／30
◆溝の深さ／5
◆溝の明るさ／6
「OK」ボタンをクリックで完成です。

❹「フィルターギャラリー」の「テクスチャー」「モザイクタイル」を選択し、オプションからプレビュー画面で確認しながら数値設定します。
◆タイルサイズ／23
◆溝の幅／3
◆溝の明るさ／6
「OK」ボタンをクリックで完成です。

フィルターギャラリー「テクスチャ」から他にも「テクスチャライザー」や「パッチワーク」などイメージに合わせて試してみましょう。

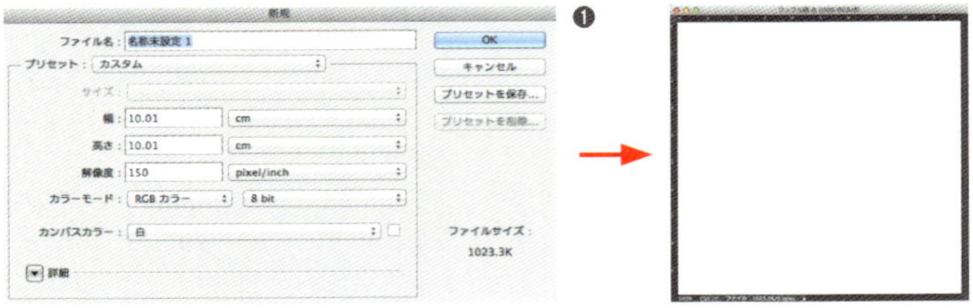

❶

❷メニューバー「フィルター」から「フィルターギャラリー」を選択

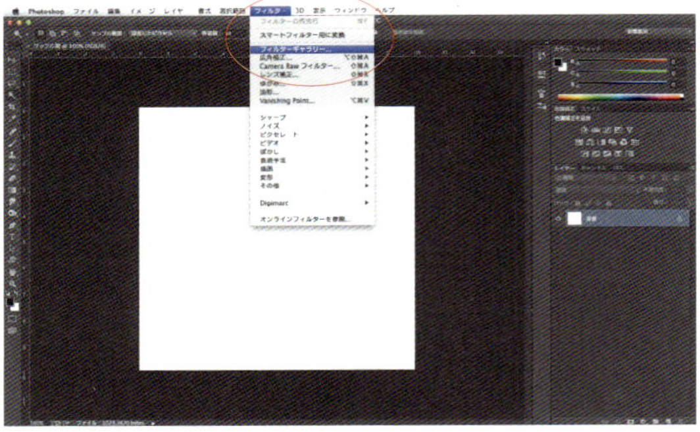

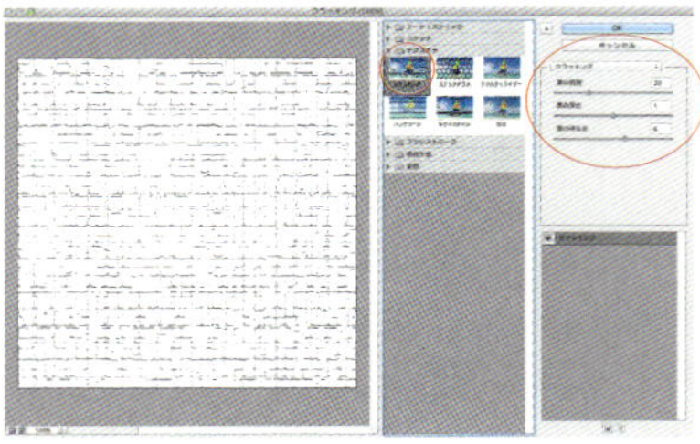

❸「クラッキング」

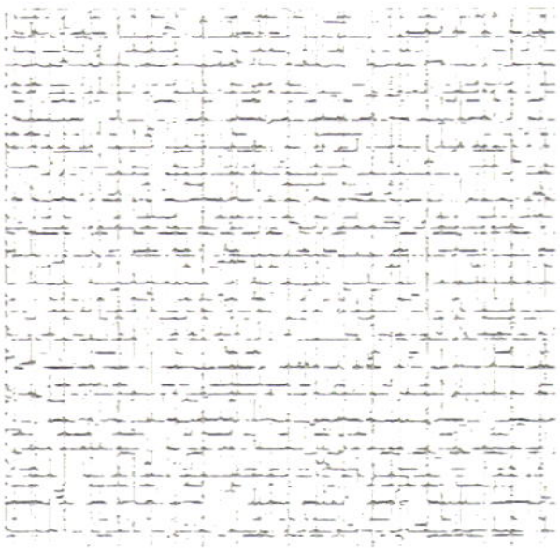

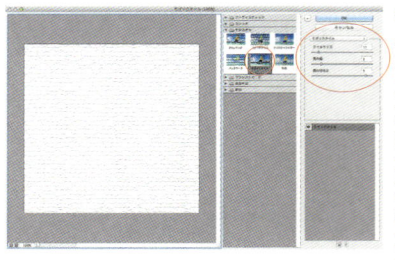

❹「モザイクタイル」

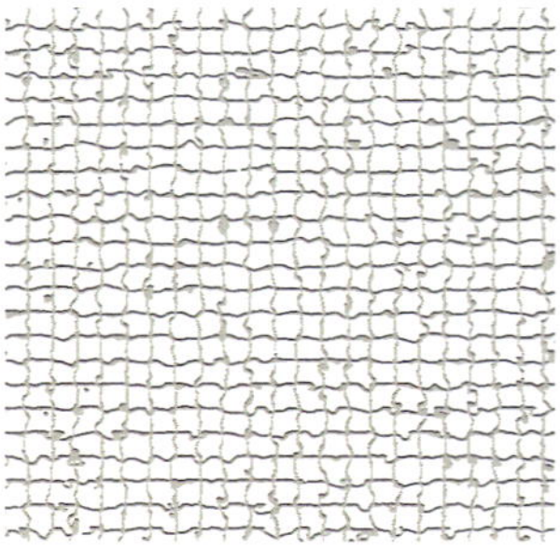

❷デニム調素材

❶ツールボックス「描画色」の色を選びます。（色の選択はP145を参照）

❷ツールボックス「塗りつぶしツール」を選択し画面の上でクリックして、描画色で塗りつぶします。

❸メニューバー「フィルター」から「ノイズ」→「ノイズを加える」を選びます。
◆量／26
◆分布方法／均等に分布
◆「グレースケールノイズ」にチェック

❹「フィルターギャラリー」の「アーティスティック」から「粗いパステル画」を選択しオプションでプレビュー画面で確認しながら数値設定します。
◆ストロークの長さ／40
◆ストロークの正確さ／20
◆テクスチャー／カンバス
◆拡大縮小／200%
◆レリーフ／50
◆照射方向／下へ
「OK」ボタンをクリックで完成です。

※数値によって表情が大きく変化します。イメージに合わせて数値を変えてみて下さい。

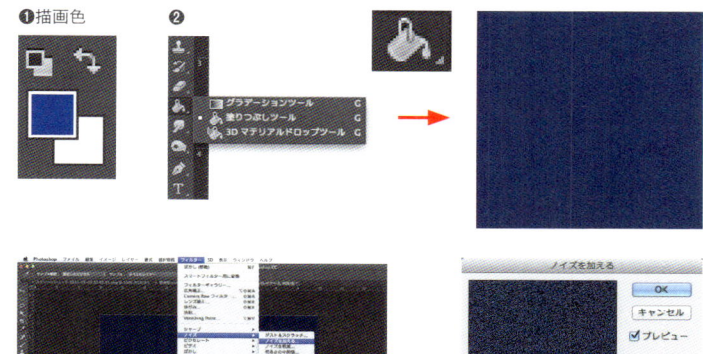

❶描画色

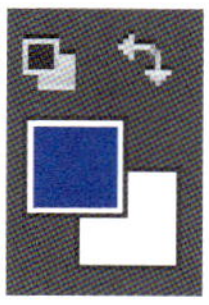

❷

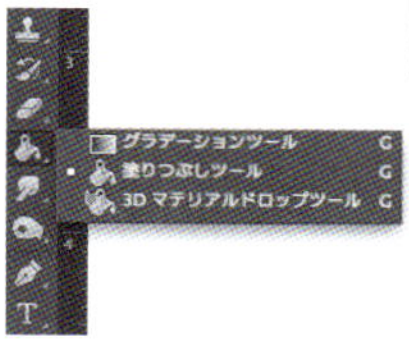

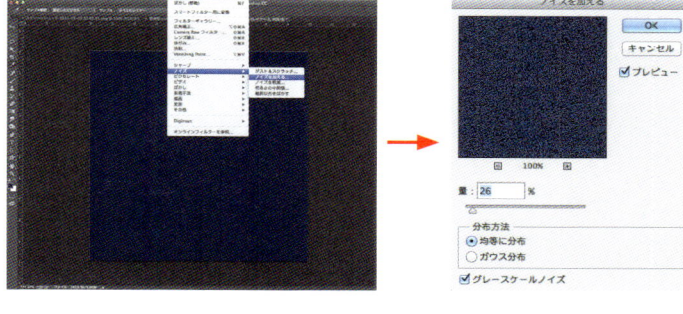

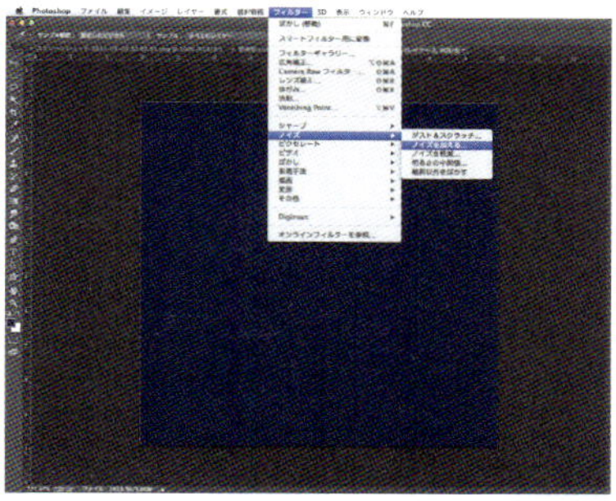

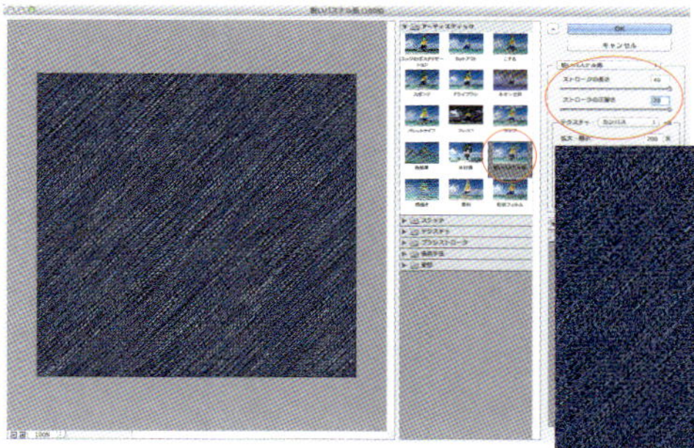

◆ストロークの長さ／19
◆ストロークの正確さ／6

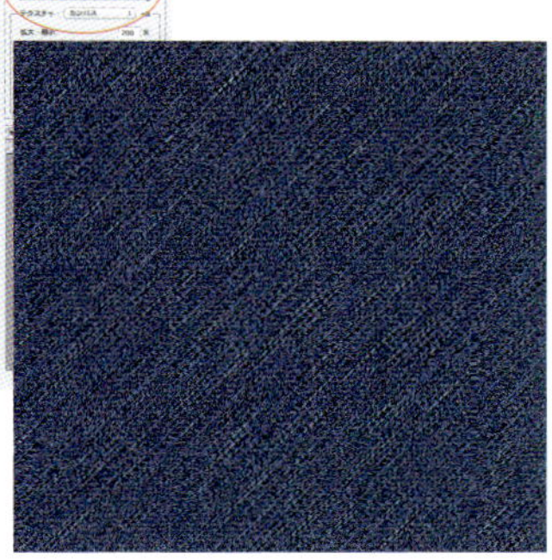

❷ウオッシュ感のあるデニム

❶ツールボックス「描画色」の色を選びます。

❷メニューバー「フィルター」から「描画」→「雲模様1」を選択します。

◆「背景色」にも色が入ると描画色と背景色との混色で雲模様が表現されます。

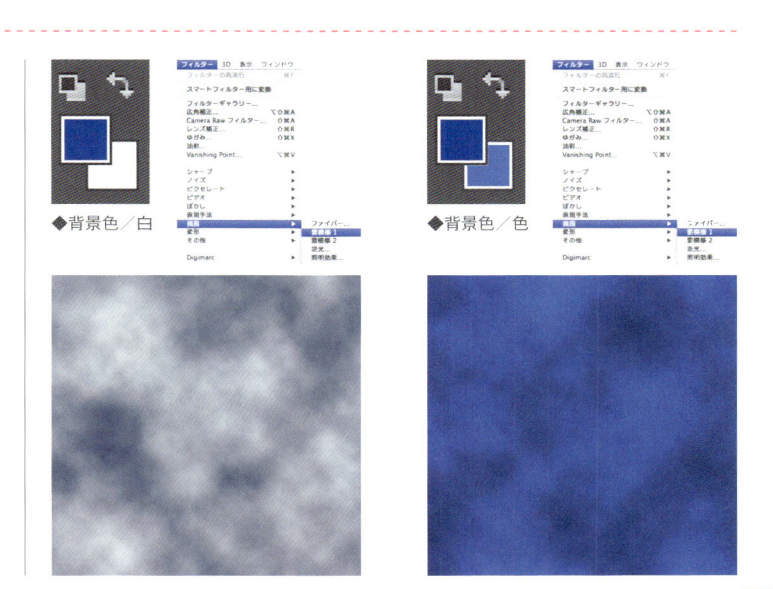

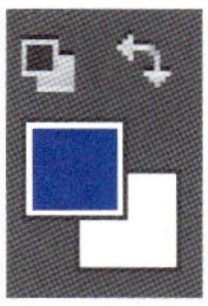

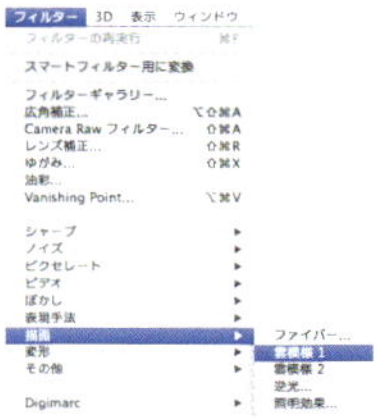

◆背景色／白

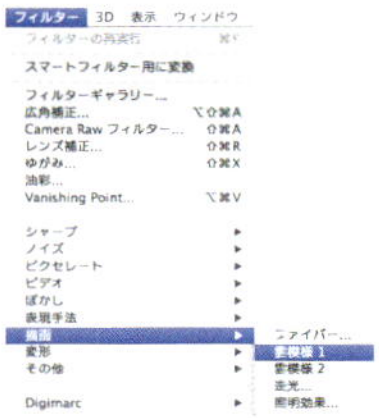

◆背景色／色

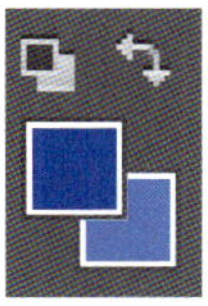

フィルターで作るボーダー、ストライプ、チェック

❶ハーフトーンパターンでボーダーを作る

❶メニューバー「ファイル」から「新規」を選択し新規書類を作成します。

❷「ツールパレット」で描画色を選択します。「カラー」R（レッド）／255

❸メニューバー「フィルターギャラリー」を開き「スケッチ」→「ハーフトーンパターン」を選びます。

❹「ハーフトーンパターン」のオプションで数値設定します。
◆サイズ／9
◆コントラスト／50
◆ハーフトーンパターン／線
「OK」ボタンクリックでボーダー完成です。

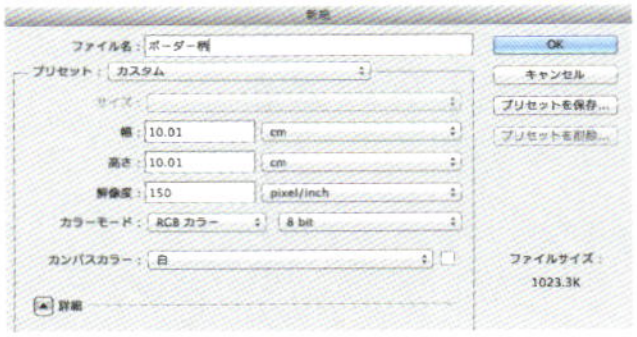

❶
◆ファイル名記入
◆書類のサイズ／幅10cm×高さ10cm
◆解像度／72pixel/inch
◆描画モード／RGBカラー
◆初期表示内容／白

❷

❸

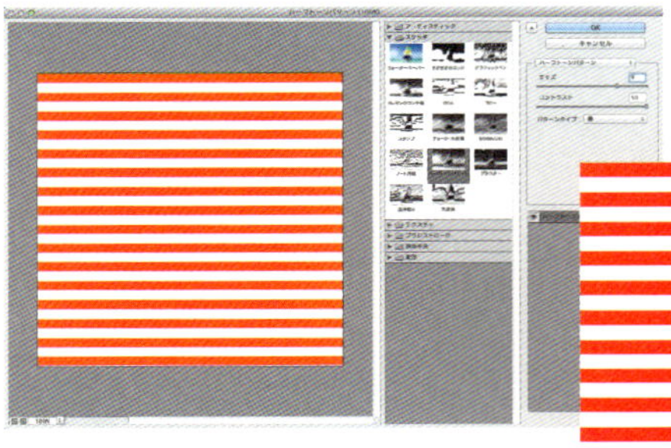

❹
◆サイズ／
◆コントラスト／50
◆ハーフトーンパターン／線

❷２色ボーダー

❶ツールボックス「描画色／背景色」の色を選択します。

❷メニューバー「フィルターギャラリー」を開き「スケッチ」→「ハーフトーンパターン」を選びます。

❸「ハーフトーンパターン」のオプションで数値設定します。
◆サイズ／9
◆コントラスト／0
◆ハーフトーンパターン／線

❹オプションの数値のサイズを「1」に設定でピンストライプボーダーになります。

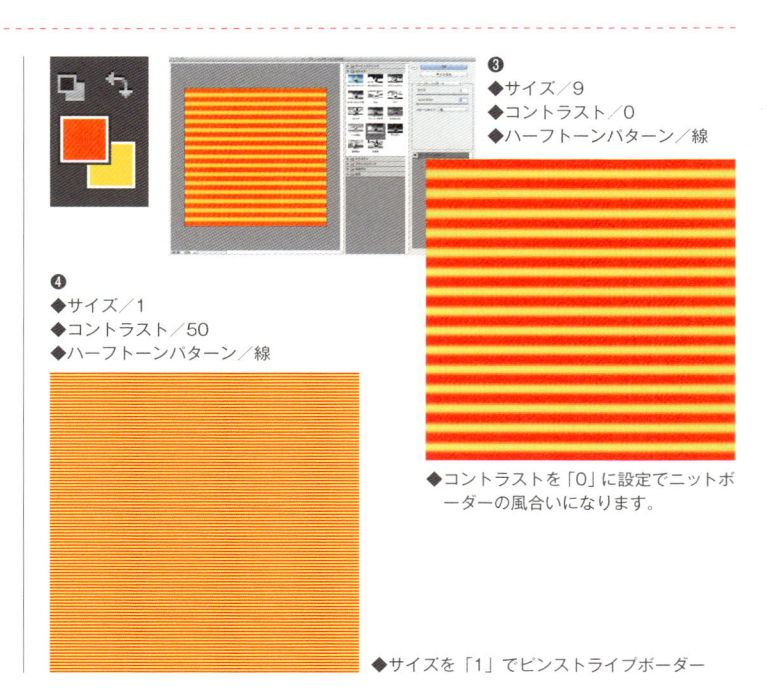

❸
◆サイズ／9
◆コントラスト／0
◆ハーフトーンパターン／線

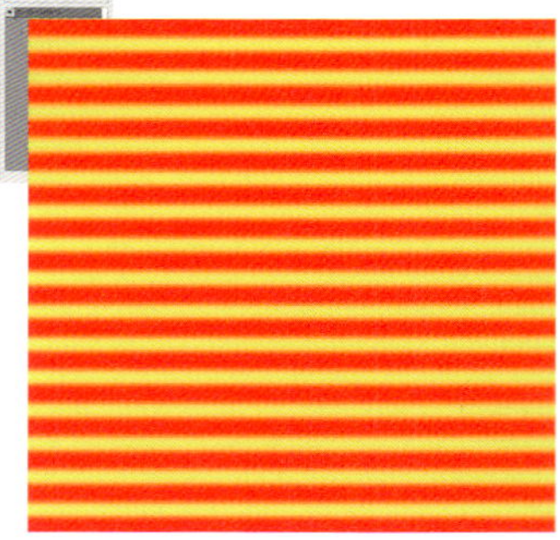

◆コントラストを「0」に設定でニットボーダーの風合いになります。

❹
◆サイズ／1
◆コントラスト／50
◆ハーフトーンパターン／線

◆サイズを「1」でピンストライプボーダー

❷ハーフトーンパターンチェッカーフラッグ（市松模様）を作る

❺「ハーフトーンパターン」の「パターンタイプ」を「点」に設定します。
◆サイズ／12
◆コントラスト／50
◆ハーフトーンパターン／点
OKボタンクリックで市松模様（チェッカーフラッグ）の完成です。

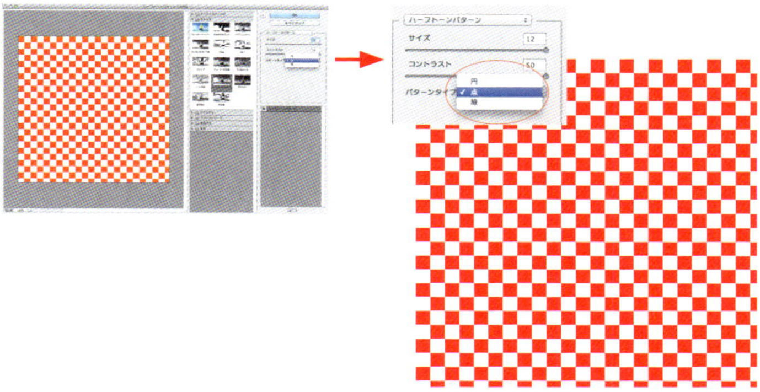

❷ハーフトーンパターン・レイヤー・描画モードでギンガムチェックを作る

❶ハーフトーンパターンでボーダーを作成します。

❷「レイヤーパレット」の「背景」レイヤーを右下の「新規レイヤー作成」へドラッグします。

❸「背景のニピー」レイヤーをメニューバー「編集」から「変形」「90度回転」を選択し、回転させます。

❹「レイヤーパレッ ヽ」の「不透明度」を60%に設定します。
ギンガムチェックのイメージに合わせて「不透明度」の数値を設定します。

❺フィルター「フィルターギャラリー」の「テクスチャー」「モザイクタイル」で凹凸のあるシアサッカータイプのテクスチャーになります。

❶

❷「新規レイヤー」へドラッグし[背景コピー]を作成

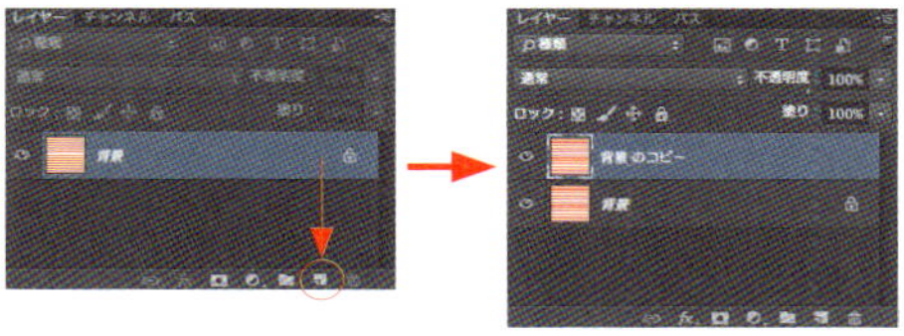

❸「編集」から「変形」「90度回転」でストライプ完成

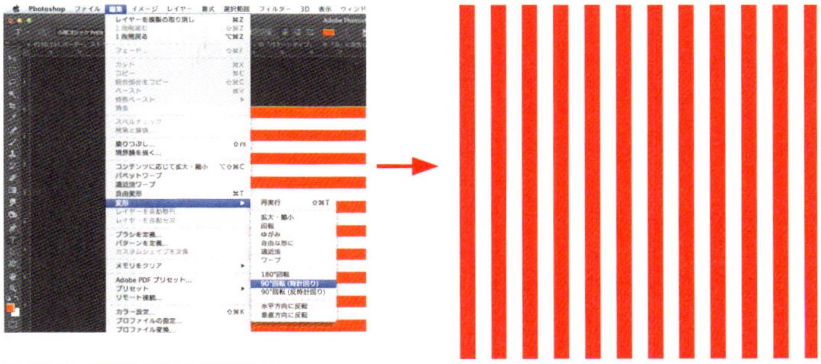

不透明度：60

回転させたレイヤー

❹不透明度の設定でギンガムチェック完成

❺フィルタで凹凸のあるシアサッカー素材

フィルターと「グラデーション」で作る型押しパイソン

❶パイソン

❶メニューバー「ファイル」から「新規」を選択し新規書類を作成します。

❷描画色を選択しメニューバー「編集」から「塗りつぶし」を選びます。

❸レイヤーパレット「新規レイヤー作成」ボタンをクリックして「レイヤー１」を作成します。

❹ツールボックス「グラデーションツール」を選択します。

❺オプションバー▼印をクリックして「グラデーションプリセット」を表示し、「イエロー、紫、オレンジ、青」を選択します。

❻グラデーションタイプの中から「線形グラデーションツール」を選びます。

❼上から下に向かってドラッグします。

❽メニューバー「フィルター→ステンドグラス」を選択します。
◆セルの大きさ／12
◆境界線の太さ／6
◆明るさの強さ／0
※数値によってサイズが大きく変わるのでイメージに合わせて設定して下さい。

❾ツールボックス「自動選択ツール」で線の部分を選択します。
（境界線の太さによって全ての線が選択されない場合、メニューバー「選択範囲→近似色を選択」で線の部分が全て選択されます。）

❿deleteキーを押して選択部分を消去します。

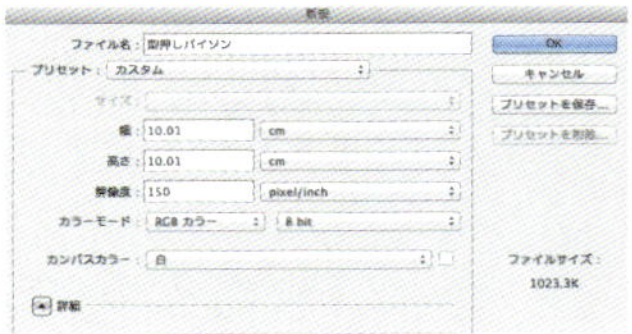

❶
◆ファイル名記入
◆書類のサイズ／幅10cm×高さ10cm
◆解像度／72pixel/inch
◆描画モード／RGBカラー
◆初期表示内容／白

❷描画色を選び「編集→塗りつぶし」で描画された背景

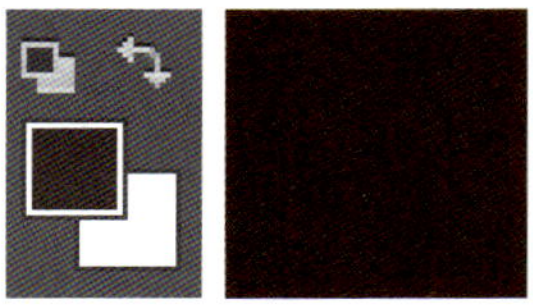

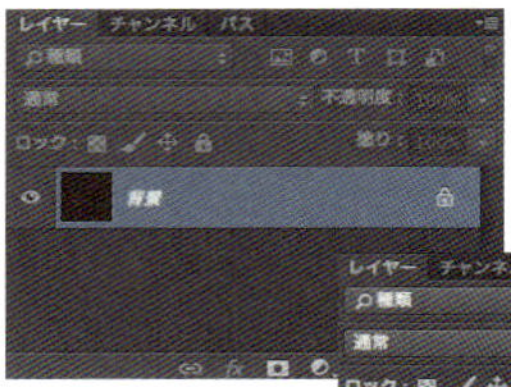

❸「新規レイヤー作成」をクリック

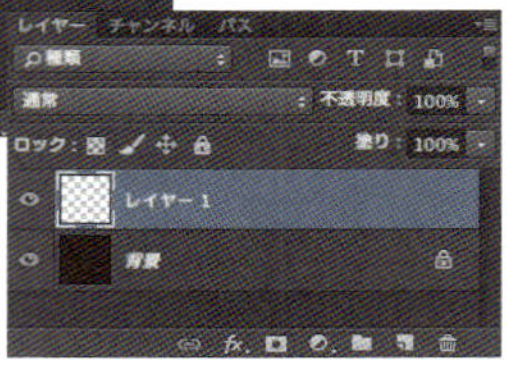

❹グラデーションツールを選択

❺▼印をクリックしてカラーパレットを表示
「イエロー、紫、オレンジ、青」を選択

❻線形グラデーションツールを選択

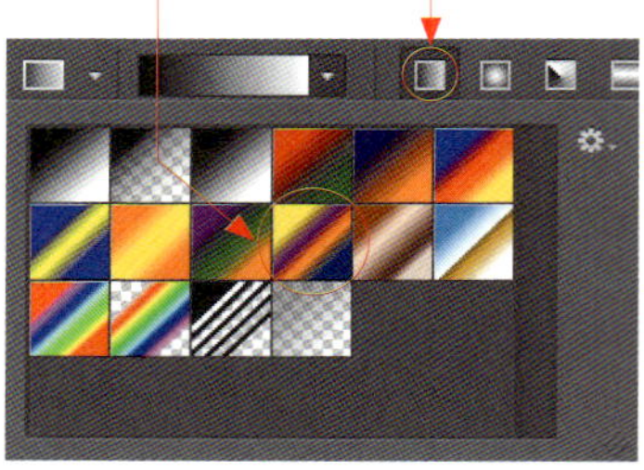

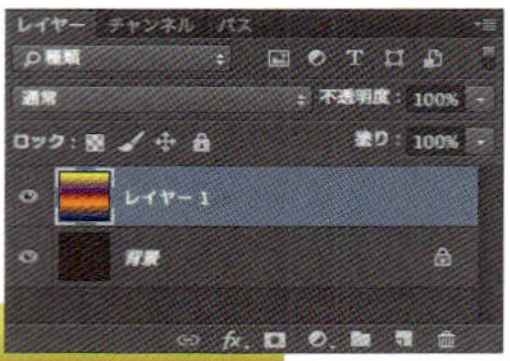

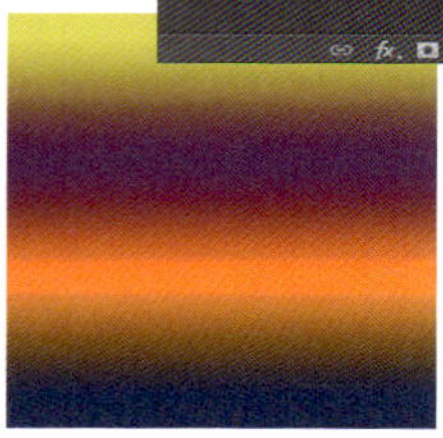

❼上から下にドラッグで描画

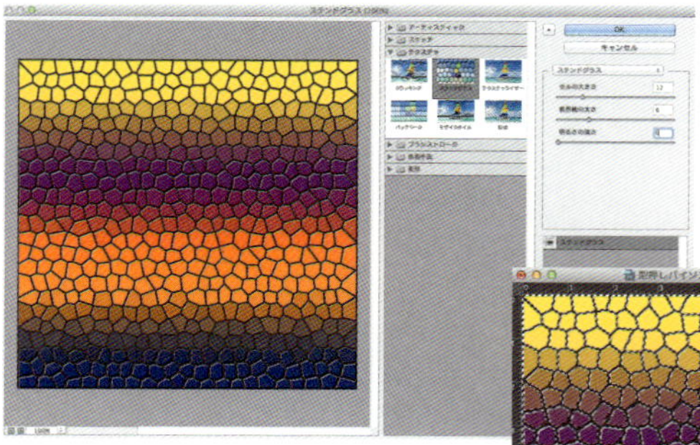

❽ステンドグラス
◆セルの大きさ／12
◆境界線の太さ／6
◆明るさの強さ／0

❾自動選択ツール

⑪メニューバー「レイヤー→レイヤースタイル→ベベルとエンボス」を選びます。

⑫レイヤーパレットの「描画モード」を「オーバーレイ」に設定します。

⑬レイヤーパレット「新規レイヤー作成」ボタンをクリックして「レイヤー2」を作成します。

⑭フィルターから「ノイズ→ノイズを加える」を選択し「グレースケールノイズ」にチェックを入れます。
◆量／90%

⑮フィルター「ピクセレート→水晶」を選びます。
◆セルの大きさ／42

⑯フィルター「ぼかし→ぼかし（ガウス）」を選びます。
◆半径／6pixel

⑰「描画モード」を「乗算」に設定します。

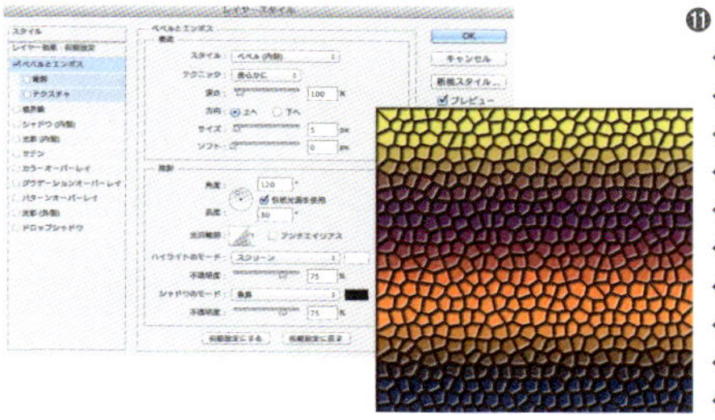

⑪
◆ベベル／内側
◆テクニック／滑らかに
◆深さ／100
◆方向／上へ
◆サイズ／5pixel
◆方角／120
◆高度／30
◆ハイライトのモード／スクリーン
◆シャドウモード／乗算
◆不透明度／75

⑫描画モードを「オーバーレイ」に設定

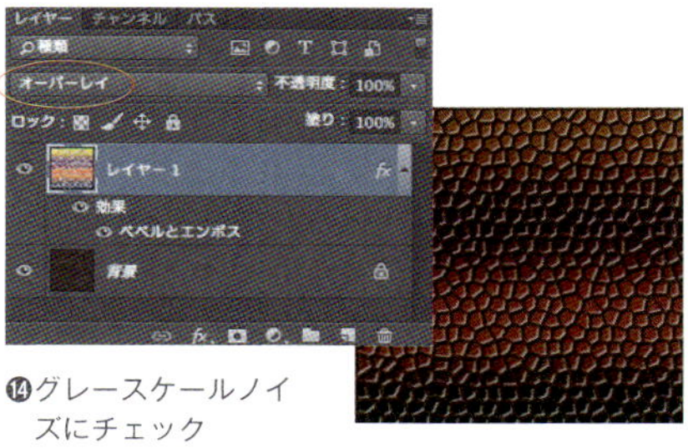

⑬「新規レイヤー作成」をクリック

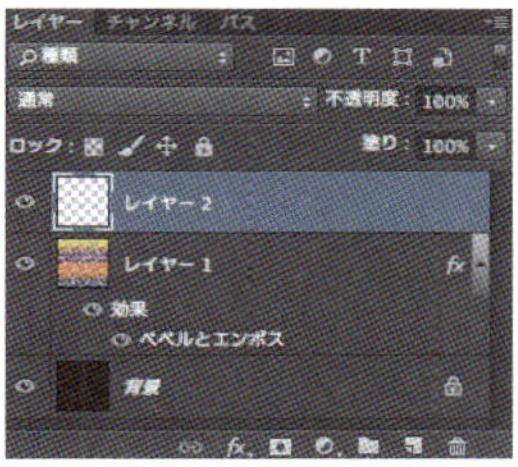

⑭グレースケールノイズにチェック

⑮水晶

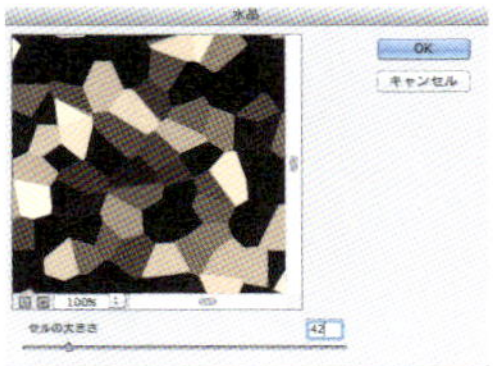

⑯ぼかし（ガウス）

⑰描画モードを「乗算」に設定して完成

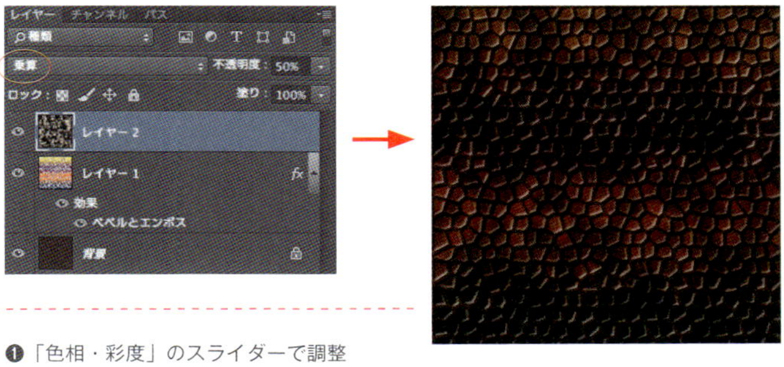

❷色を変える

❶「レイヤー→画像の統合」でレイヤーを結合します。

❷メニューバー「イメージ→色調補正→色相・彩度」を選択します。

❸プレビューで確認しながら「色相．再度」のスライダーを動かしてイメージに近づけます。

※「色相」は色あいを、「彩度」は鮮やかさを、「明度」は明るさ暗さを調整します。

❶「色相・彩度」のスライダーで調整

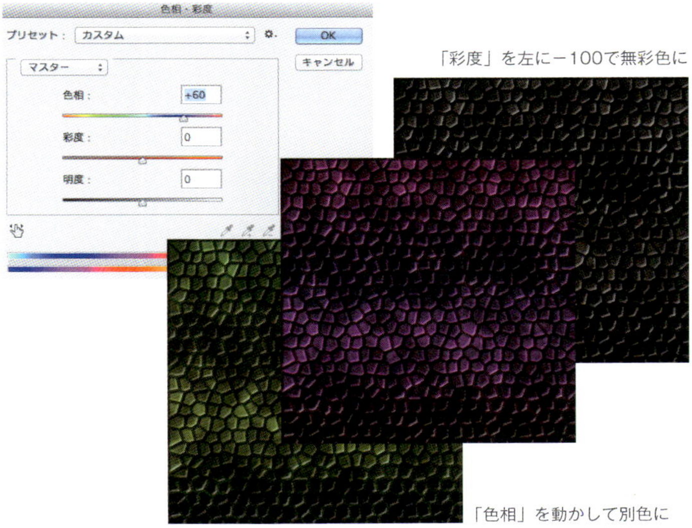

「彩度」を左に−100で無彩色に

「色相」を動かして別色に

フィルターと「カスタムシェイプ」で作るラバープリント

❶ラバープリント

❶メニューバー「ファイル」から「新規」を選択し新規書類を作成します。

❷描画色を選びます。

❸メニューバー「フィルター→描画→雲模様1」を選択します。

❹「テキストツール」で文字を入力します。
◆フォント／Cooper Std：Black

❺メニューバー「編集→変形→拡大・縮小」でイメージのサイズに拡大します。

❻レイヤーパレット「スタイル」右上ボタンをクリックし、新規スタイルの中から「ボタン」を選択します。

❼ダイヤログの「OK」又は「追加」をクリックします。

❽新規スタイル「ボタン」に置き換えられた中から「クリアエンボス」のアイコンをクリックします。

❾スタイルのアイコンをクリックで「レイヤースタイル」が適用されます。

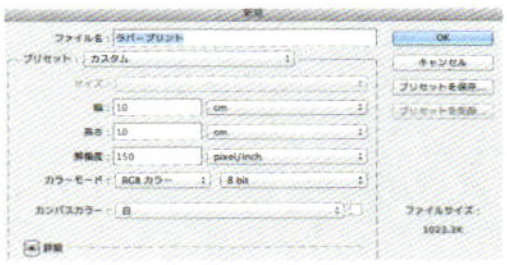

❶
◆ファイル名を記入
◆書類のサイズ／幅10cm×高さ10cm
◆解像度／72pixel/inch
◆描画モード／RGBカラー
◆初期表示内容／白

❷「描画色」を選ぶ

❸雲模様1

◆テキストツールのオプションバーで「フォント」を選択

❹テキストツールで文字を入力

❺「拡大・縮小」で文字を拡大

「スタイル」パレットの右上をクリック

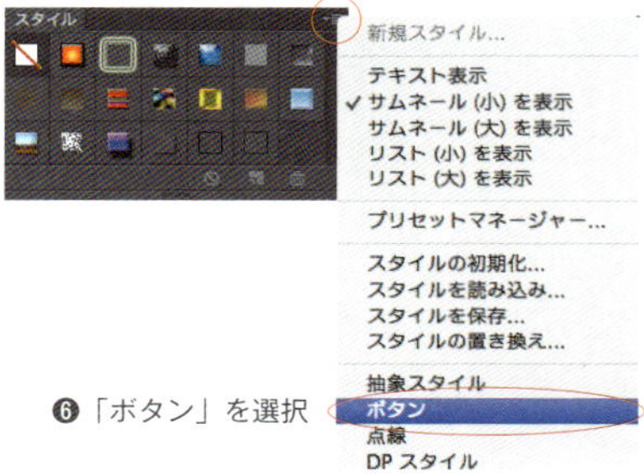

❻「ボタン」を選択

❼「OK」をクリック

❽「クリアエンボス」のアイコンをクリック

アイコンをダブルクリックでスタイル名が表示

注）クリックのみで適用されるので元に戻る時はヒストリーパレットで戻るかあらかじめテキストレイヤーをコピーして試す

❾適用されたレイヤースタイルが表示

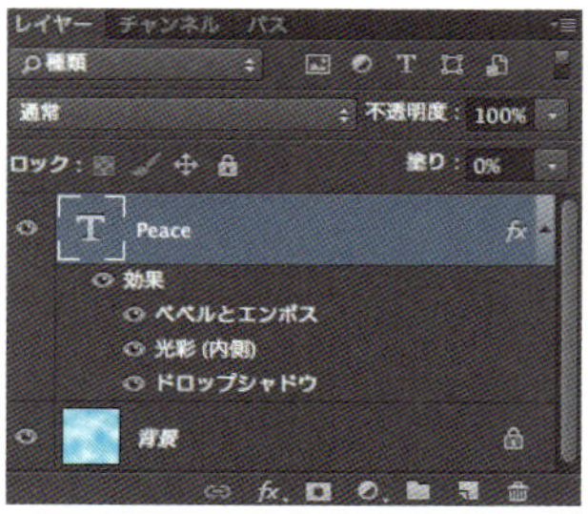

※レイヤースタイル「クリアエンボス」適用

❷カスタムシェイプ

❶ツールボックス「カスタムシェイプツール」を選択します。

❷オプションバー「シェイプ」のアイコンまたは▼印をクリックするとさまざまな種類のカスタムシェイプが表示されます。

❸ダイヤログ右上のボタンをクリックし「動物」のシェイプを選択します。

❹「動物」のシェイプに置き換えられた中から鳩のアイコンを選択します。

❺左上から右下にかけてドラッグすると自動的に「シェイプ１」レイヤーが作成されます。

❻パレット「スタイル→クリアエンボス」のアイコンをクリックして完成です。

❼「移動ツール」で動かしながら微調整します。

※スタイルパレットの右下にあるボタンの左から
◆スタイルを消去
◆新規スタイルを作成
◆スタイルを削除

◆他にもさまざまなシェイプがあり、パレット上で任意のスタイルのアイコンをクリックして試しましょう。クリックに応じて画面が変化するのがわかります。

❺ドラッグで自動的にシェイプ作成

❻「クリアエンボス」のアイコンをクリックでラバーのぬめり感が完成

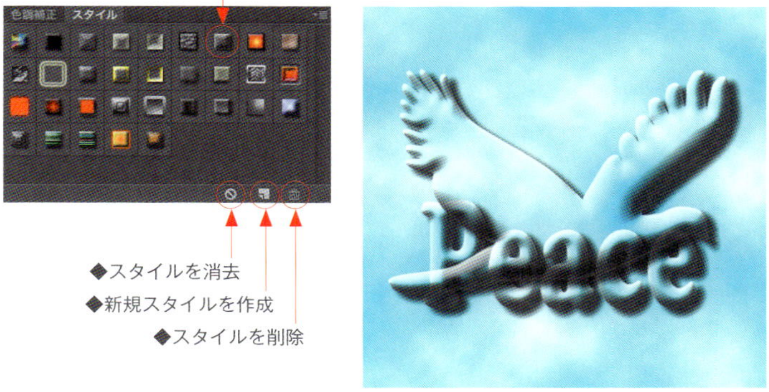

◆さまざまなシェイプ

赤い星

ベベル（マウスオーバー）

ダブルリング光彩

フィルターと「グラデーションマップ」で作るレオパード

❶レオパード

❶メニューバー「ファイル」から「新規」を選択し新規書類を作成します。

❷描画色を初期設定カラーにします。

❸メニューバー「フィルター」「フィルターギャラリー」から「テクスチャ→ステンドグラス」を選択します。

◆セルの大きさ／40

◆境界線の太さ／20

◆明るさの強さ／0

❹「フィルター」から「ピクセレート→水晶」を選択します。

◆セルの大きさ／16

❺「レイヤーパレット」の「背景」レイヤーを右下の「新規レイヤー作成」へドラッグし、「背景のコピー」レイヤーの不透明度を50%に設定します。

❻「フィルター」から「その他→明るさの最小値」を選択します。

◆半径／9ピクセル

❼再度「フィルター」から「ピクセレート→水晶」を選択します。

◆セルの大きさ／16

❽「レイヤーパレット」の右上ボタンを押して「表示レイヤーを結合」を選択し、2つのレイヤーを結合させます。

❾「フィルター」から「ぼかし→ぼかしガウス」を選択します。

◆半径／4pixel

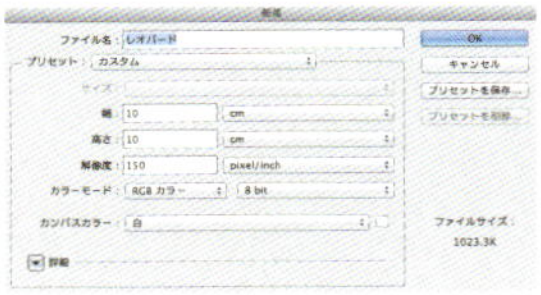

❶

●「ファイル名」を記入します。

●書類のサイズ／幅10㎝×高さ10㎝

●解像度／72pixel/inch

●描画モード／RGBカラー

●初期表示内容／白

❷「初期設定カラーを設定」ボタン

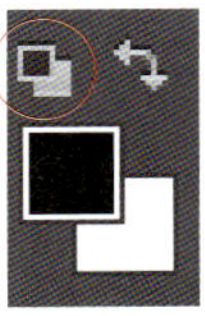

❸「ステンドグラス」

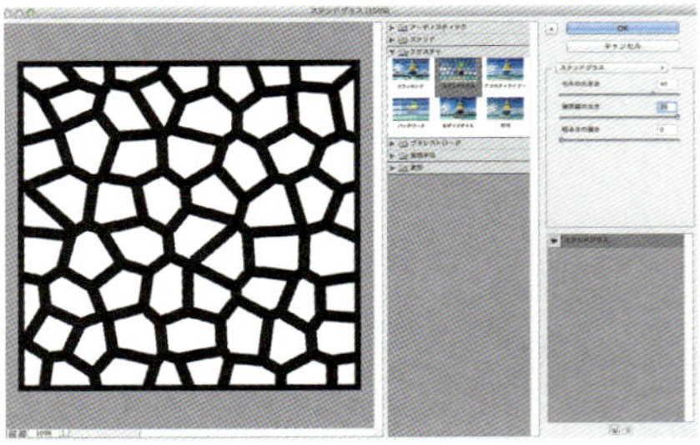

❹「水晶」

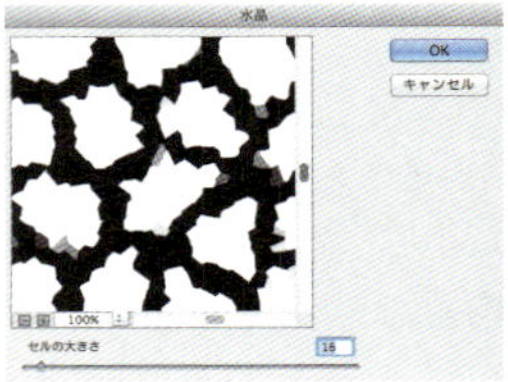

❺「背景」をドラッグし「背景のコピー」作成し不透明度を50%に設定

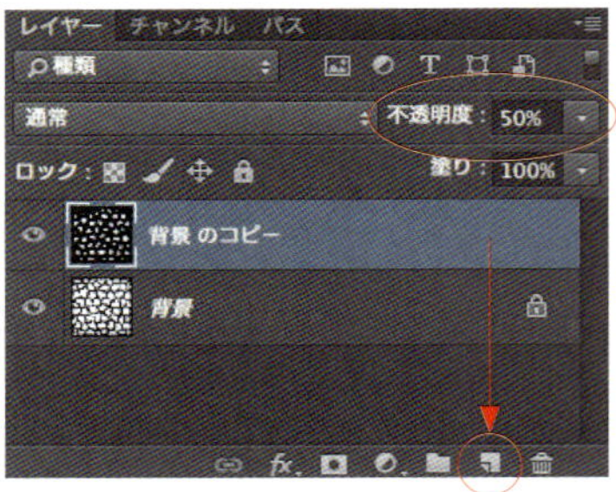

❻「明るさの最小値」

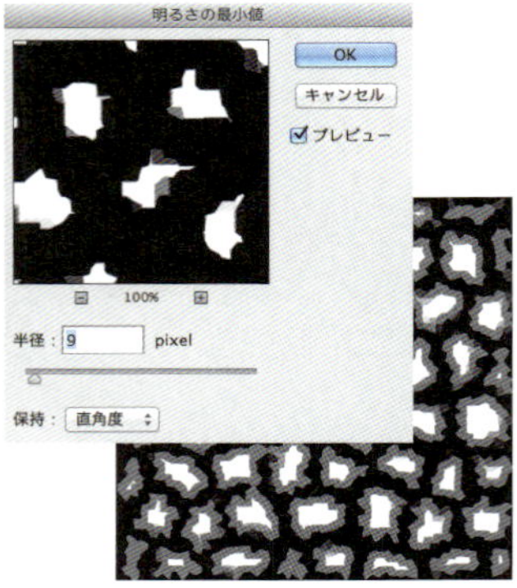

❼再度「水晶」

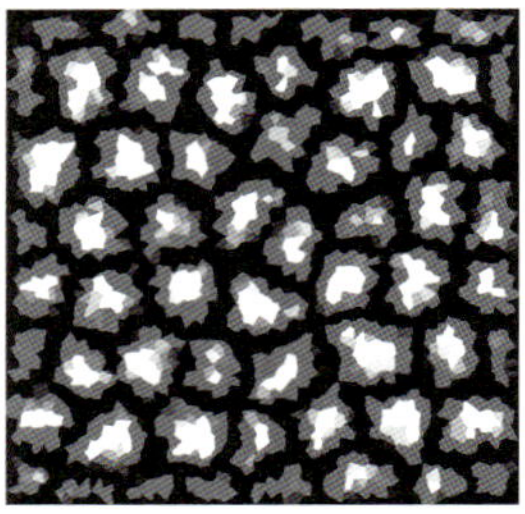

❽レイヤーパレットの右上ボタンを押し「表示レイヤーを結合」

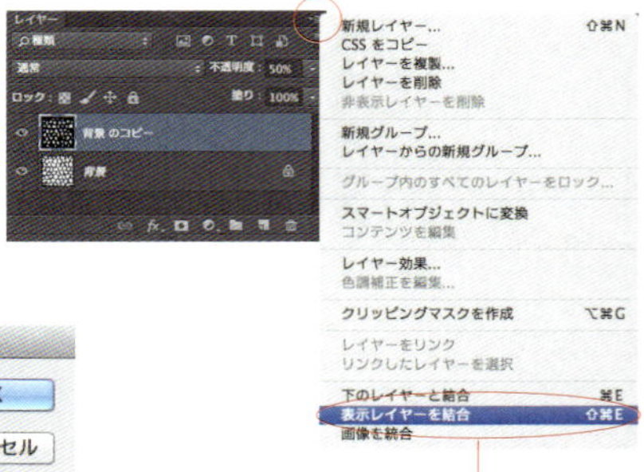

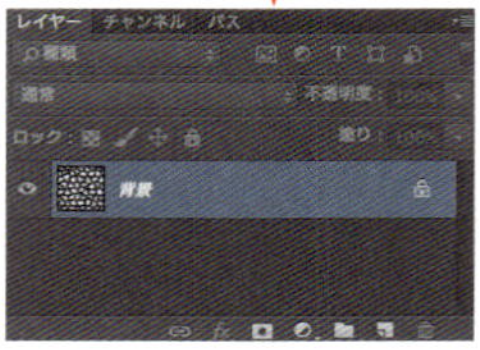

❾ぼかし（ガウス）

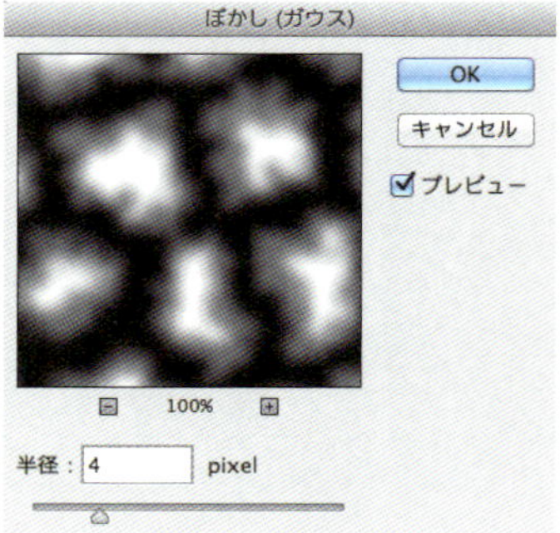

⑩メニューバー「イメージ→色調補正→グラデーションマップ」を選択し、「グラデーションマップ」部分をクリックして「グラデーションエディタ」を表示します。

⑪「開始点・分岐点・終了点」を順番にクリックしカラーを表示、表示部分をクリックでカラーピッカーを表示します。

⑫左から開始点、分岐点、終了点をダブルクリックし、「カラーピッカー」のカラーフィールドから、イメージの色をクリックしてカラー設定をします。
◆開始点／R/192、G/160、B/6
◆分岐点／R/48、G/15、B/2
◆終了点／R/209、G/160、B/2

⑬「新規グラデーション」をクリックで新規の設定カラーをプリセットに保存することができます。

⑭メニューバー「ファイル」から「新規→レイヤー」で「新規レイヤー」ダイヤログで設定します。
◆描画モード／オーバーレイ
◆不透明度／100
◆オーバーレイの中性色で塗りつぶす（50%グレー）にチェックを入れます。

⑮グレーで塗りつぶされたレイヤーが作成されますが「オーバーレイモード」に設定されているので見た目の変化はありません。

⑯フィルターから「ノイズ→ノイズを加える」を選択します。
◆量／120
◆「グレースケールノイズ」にチェック

⑰ツールボックス「長方形選択ツール」で適当な部分を選択します。

⑱フィルターから「変形→渦巻き」を選択します。
◆角度／190°

⑲画像を見ながら「長方形選択ツール」を移動して「変形→渦巻き」を繰り返します。

※同じ場所で繰り返したり、部分的に少なくしたりとランダムに適用することで、自然な毛足を感じさせることができます。

⑩グラデーション部分をクリックして「グラデーションエディタ」を表示

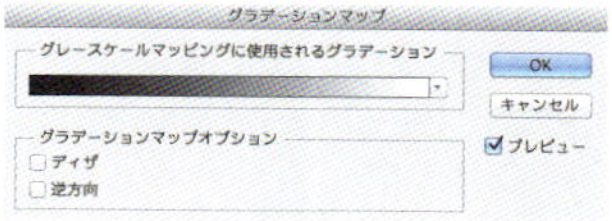

⑪「新規グラデーション」をクリックでプリセットに保存

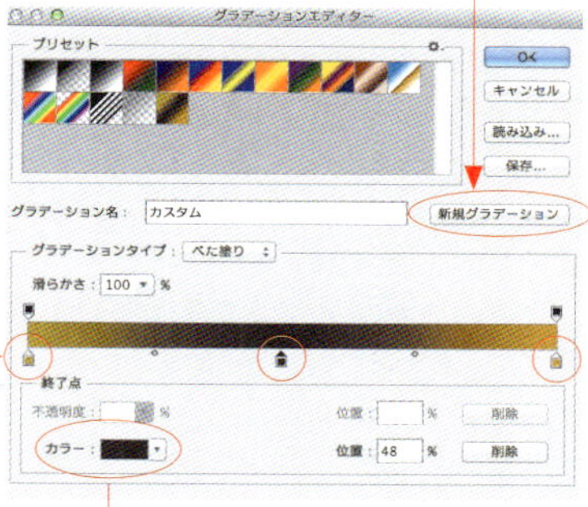

開始点、分岐点、終了点をクリック

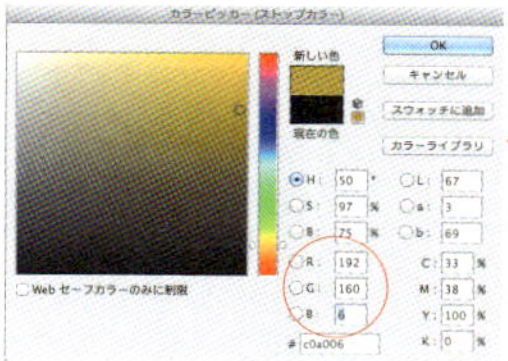

RGB
◆開始点／R/192、G/160、B/6
◆分岐点／R/48、G/15、B/2
◆終了点／R/209、G/160、B/2

⑫▼印をクリック「カラーピッカー」を表示

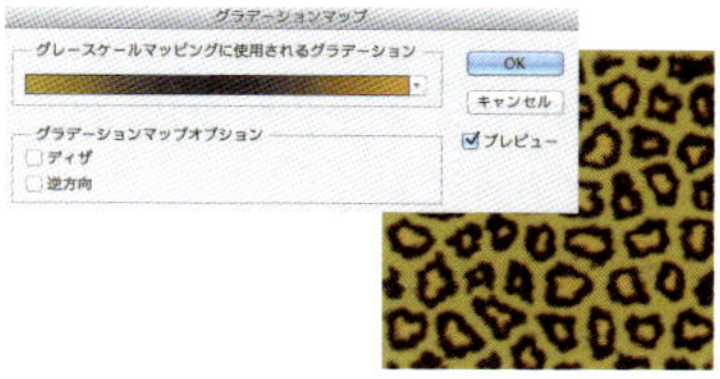

「OK」クリックで描画

⑬描画モードを「オーバーレイ」にして、「オーバーレイ中性色で塗りつぶす（50%グレー）」にチェックを入れます。

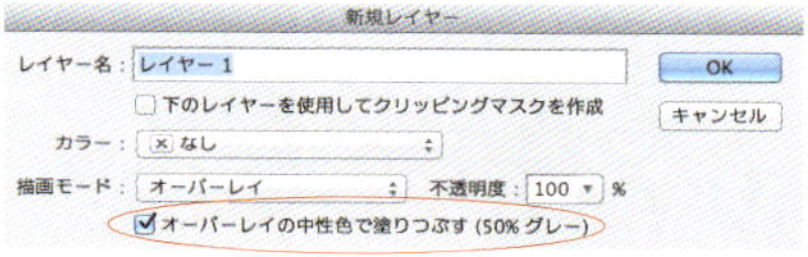

⑭「オーバーレイモード」に設定されたレイヤー

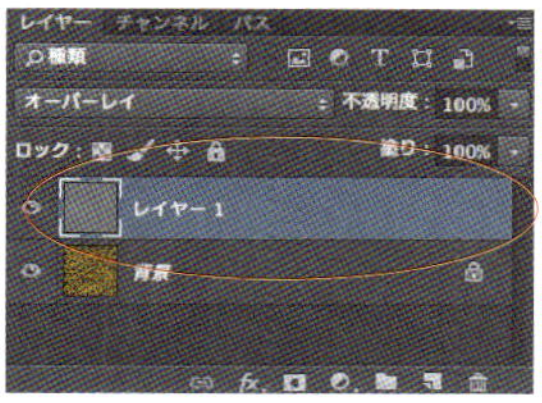

⑮グレースケールノイズにチェック

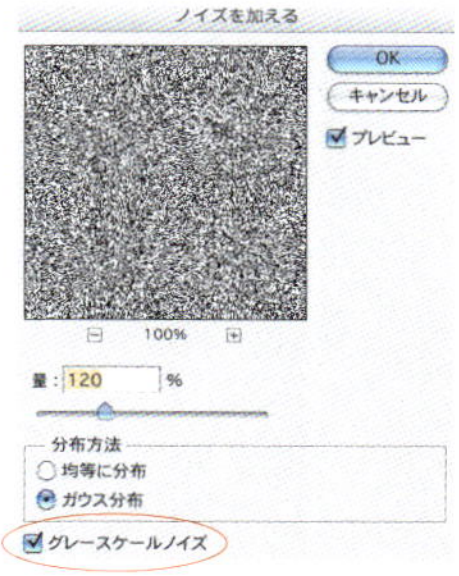

⑯「長方形選択ツール」で部分的に選択

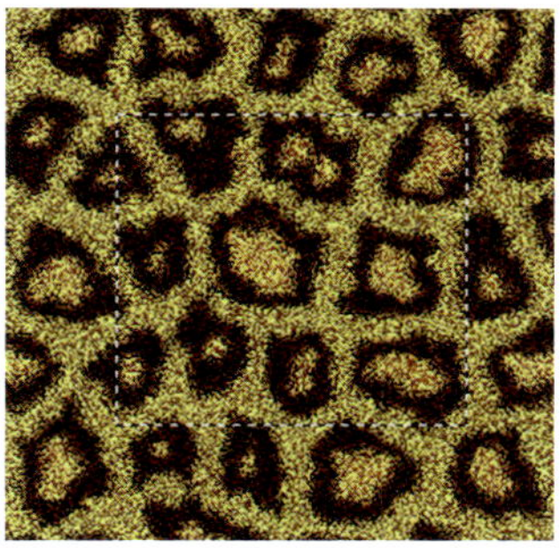

⑰「変形→渦巻き」

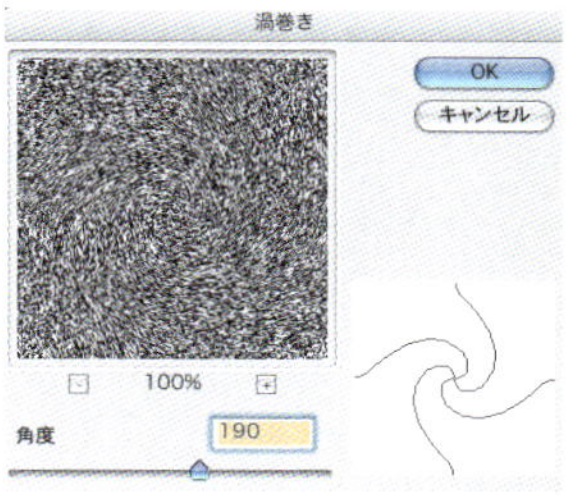

渦巻きをランダムに適用して自然な毛足を感じさせる

❷グラデーションマップ

※グラデーションマップとは画像の明暗を、設定したグラデーションの色に置き換える機能です。

❶「描画色」を選びメニューバー「色調補正→イメージ→グラデーションマップ」を選びます。

❷「グラデーションマップ→OK」で設定されます。

❸「グラデーションマップ」のグラデーション部分をクリックすると「グラデーションエディタ」が表示されます。

❹「プリセット」の「黒、白」をクリックすると黒と白の色調で描画されます。

❺「プリセット」の「スペクトル」をクリックするとスペクトルの色調で描画されます。

❻「グラデーションエディタ」ダイヤログボックスにはさまざまなプリセットが用意されており、プリセットの右上のボタンをクリックして読み込むことができます。

❼新規に読み込んだプリセット「ノイズサンプル」緑色系をクリックします。

❽グラデーションエディタ「カラーモデル」のスライダー「R/G/B」でカラー設定を変更することができます。

❾「新規グラデーション」のボタンをクリックで変更した「新規の色調」をプリセットに登録することができます。

❶描画色を選ぶ

❷描画色で描画される

❸グラデーション部分をクリック

❹「黒、白」をクリック

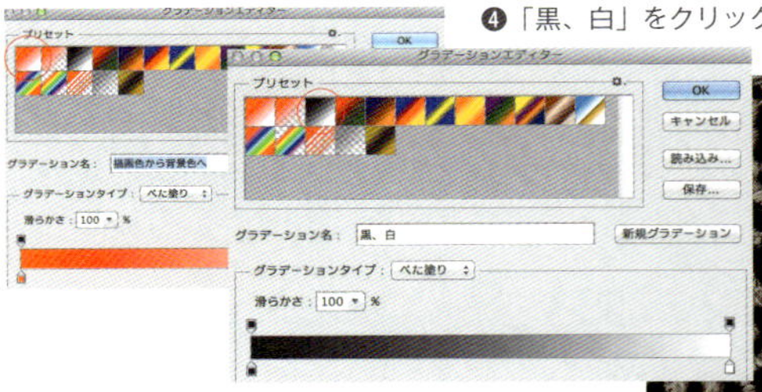

❺「スペクトル」

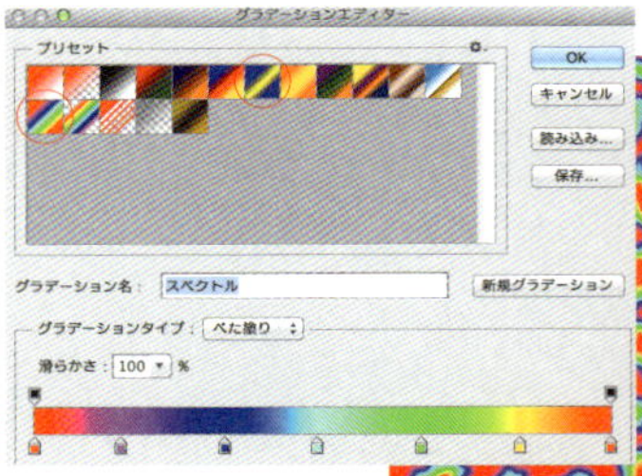

※「青、イエロー、青」

❻プリセット右上ボタンをクリックして読み込み

❼ノイズサンプル「暖色系」

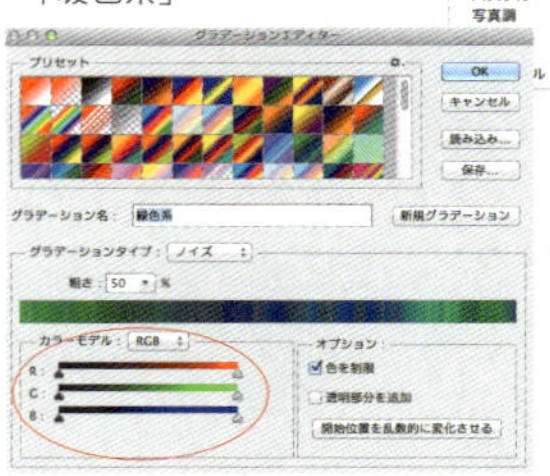

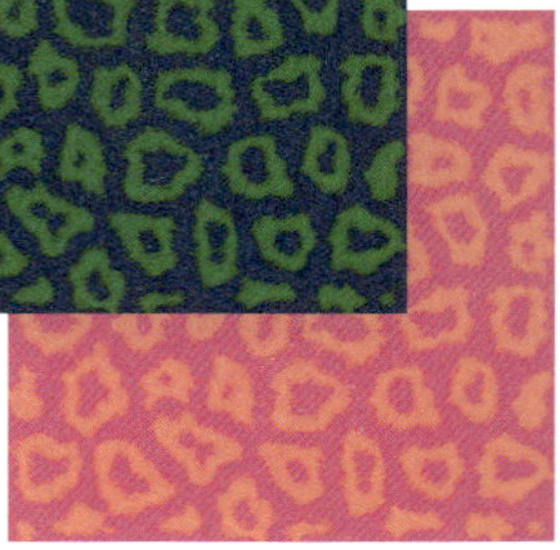

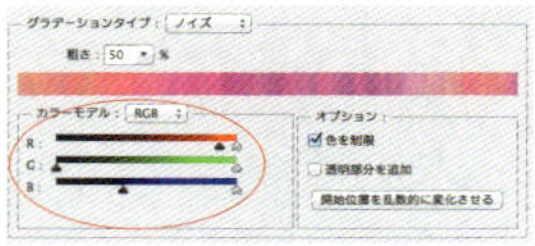

❽カラーモデルのスライダーで色の変更

❾ボタンをクリックで色の登録

2

素材をデザイン画にマッピング

「拡大・縮小」と「コピースタンプ」で素材をマッピング

❶素材をマッピングする

❶メニューバー「ファイル」から「開く」を選択「レオパードモデル1」とP159で完成させた「レオパード」を開きます。

❷ツールボックス「移動ツール」を選びます。

❸「レオパードファイル」をアクティブにして、「移動」ツールを「レオパードファイル」の上でクリックしたまま移動したいファイル上にドラッグします。

❹デザインに合わせてマッピングしやすいように「素材レイヤー」の不透明度を薄く設定（ここでは50%）しておきます。

❺メニューバー「編集→拡大・縮小」を選択するとバウンディングボックスが表示されます。ボックス部分をドラッグして縮小します。

❻「素材レイヤー」の不透明度を100%に戻します。

❼ツールボックス「スタンプツール」を選びます。

❽画像の複製を開始する場所（コピー元）を、Altキー（Windows）／ Option キー（Macintosh）を押しながら、マウスでクリックします。

❾複製したい場所でクリックしてコピーします。

※「調整あり」にチェックを入れるとペイント操作を中断して再開しても、複製した部分を続けてペイントすることができます。

❿ツールボックス「消しゴムツール」を選びます。毛足を感じさせるために、ブラシプリセットからブラシの先端を「はね」や「チョーク」のような先
端を選びます。

⓫外から内側に向かって消すと毛皮の毛羽立ち感が出やすくなります。

❶開く

❷移動させたオブジェクトは新規レイヤーになる

❸移動ツール

「リンク」をクリックで縦横の比率が同率

「×」は破棄「○」は拡大・縮小の実行が適用

❹薄くする

❺バウンディングボックスをドラッグ

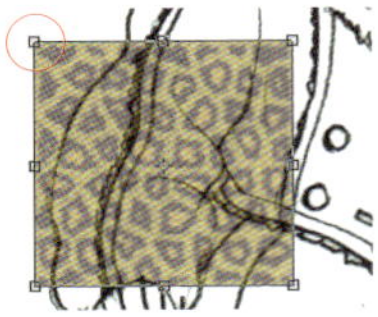

❻不透明度を100%に戻す

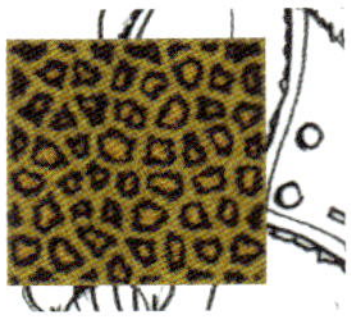

画像の同じ部分のコピーを複数の場所に適用する場合「調整あり」のチェックを外しておくとクリックの度、最初の複製ポイントから画像をペイントできます。

❼スタンプツールは指定した場所の画像をコピーして、別の場所にペイントする機能です。

❽コピー元をクリック

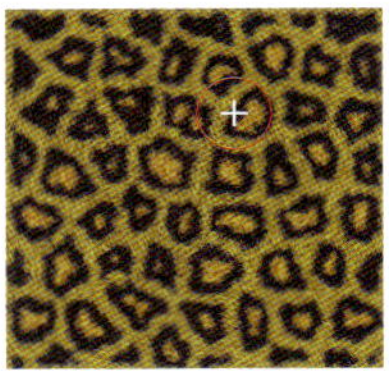

❾複製したいところをクリックしてコピー

❿消しゴムツール

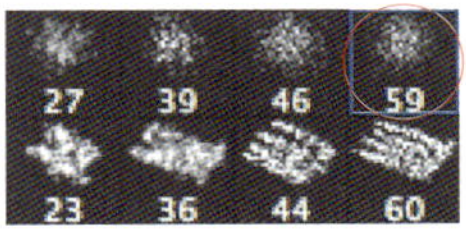
27
39
46
59
23
36
44
60

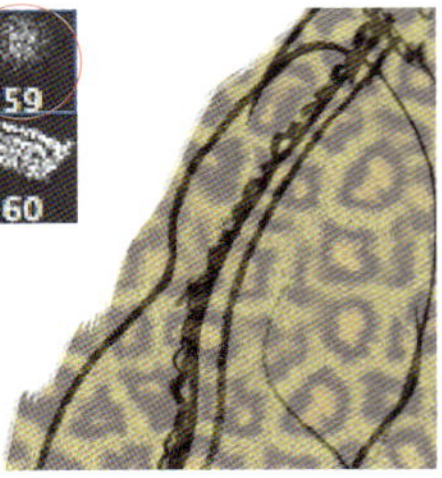

※薄くして消す部分を確認

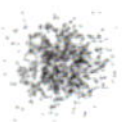

⓫毛皮のタッチが出るようにランダムなブラシの先端を選ぶ

衿の部分は大きく

⓬身頃と同じく「移動ツール」でドラッグしたレオパードを「拡大・縮小」で設定します。

⓭メニューバー「ファイル」から「開く」で「レオパードモデル」を開き、ドレスなどのレイヤーをドラッグして移動させせます。

⓮「グラデーションマップ」でドレスや小物の色に合わせて色を変更します。

⓯ツールボックス「スポイトツール」を選択します。

⓰色を抽出したいところでクリックします。

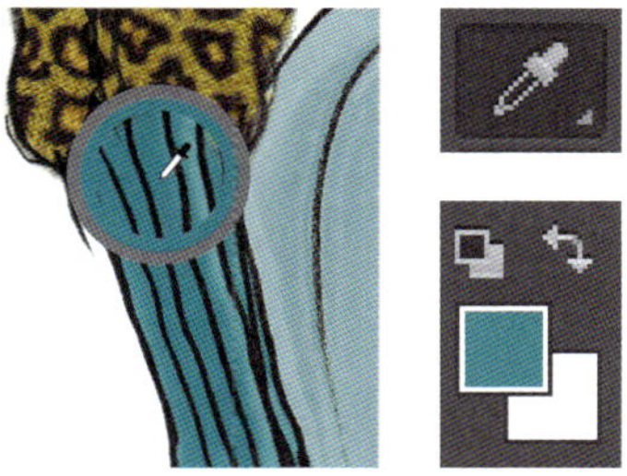

※スポイトツールはクリックした位置の色の情報を取得します。抽出した色は描画色に反映されます。

⓱メニューバー「イメージ→色調補正→グラデーションマップ」を選択します。

⓲「OK」ボタンをクリックでレオパードが「描画色」のグラデーションに置き換えられて完成です。

◆色をワンクリックで変更

「自動選択ツール」で選択「色相･彩度」で色を変える

❶「自動選択ツール」で選択し「雲模様」で塗りつぶす

❶メニューバー「ファイル」から「開く」を選択「雲模様モデル1」を開きます。

❷ツールボックス「自動選択ツール」を選びます。

※クリックした箇所と色が近い領域が自動的に選択されます。オプションバーでは許容値や隣接する領域かどうかの指定を行うことができます。

❸「背景」レイヤーをアクティブにして、ドレス部分をクリックして選択します。

❹「オプションバー」のアイコンをクリックして連続でドレス部分をすべて選択します。

※Shiftを押しながらクリックでも、選択されている範囲に新たな選択範囲を追加できます。

❶開く

❷自動選択ツール

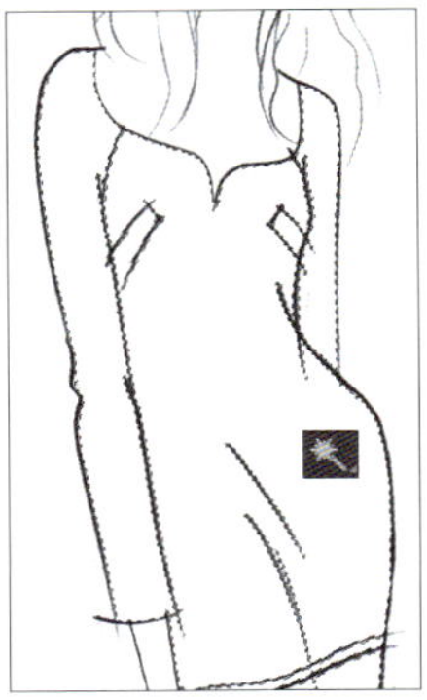

❸「背景レイヤー」をアクティブにし、選択したい部分でクリック

❹「自動選択ツール」オプション

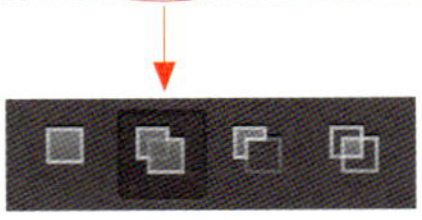

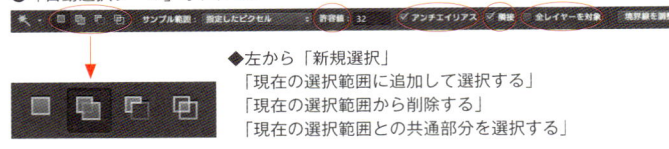

◆左から「新規選択」
「現在の選択範囲に追加して選択する」
「現在の選択範囲から削除する」
「現在の選択範囲との共通部分を選択する」

◆許容値：選択する色の近似許容範囲を指定する値を小さくすると選択される範囲が狭くなり、多くすると範囲が広くなる
◆アンチエイリアス：範囲選択する境界線を滑らかにしたい場合にチェック
◆隣接：チェックでクリックした位置に隣接した部分から同系色の範囲が選択され、チェックされない場合、画像全体から同系色の範囲が選択される
◆全レイヤー使用：全てのレイヤーから近似色を選択するか、選択された作業レイヤーだけ選択するか、全レイヤー使用をチェックオン／オフで選択

❶雲模様でいっきに彩色

❶描画色を選択します。

❷レイヤーパネルの「新規レイヤーを作成」ボタンをクリックし「レイヤー１」を作成します。

❸メニューバー「フィルター」から「描画→雲模様」を選択します。

❹いっきに描画色の雲模様でドレス部分が塗りつぶされます。

❺レイヤーの名前を変更します。

※名前を付けたいレイヤーの上でダブルクリックして名前を入力します。

※レイヤーをドラッグしてレイヤーの順序も簡単に変更することができます。

❶「描画色」

❷「新規レイヤーを作成」

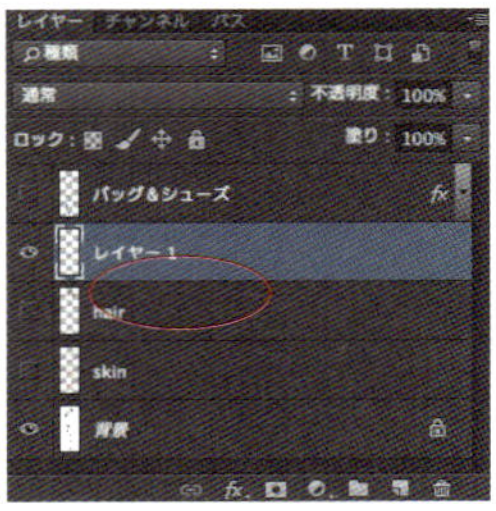

❸「雲模様」を選択

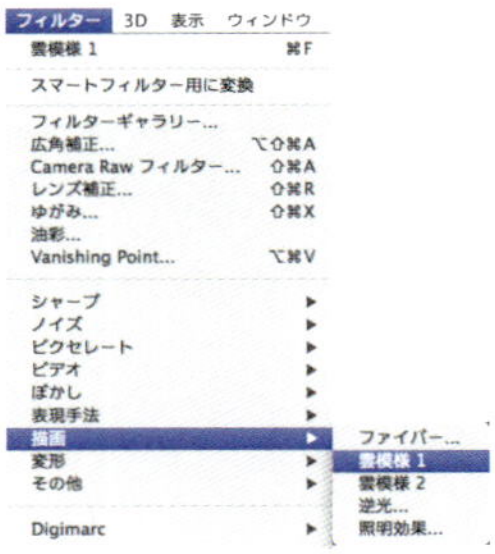

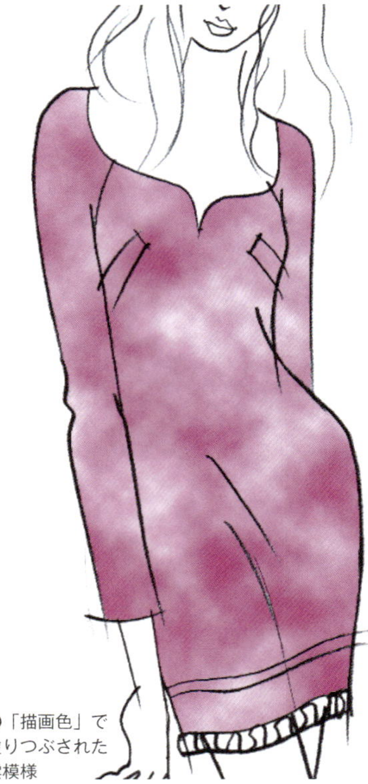

❹「描画色」で塗りつぶされた雲模様

❷色相・彩度で色を変える

❶レイヤーパネルの「ピンク」を「新規レイヤーを作成」ボタンにドラッグし「ピンク」のコピーを作成します。

❷レイヤー「ピンク」の「表示・非表示」のアイコンをクリックして非表示にし「ピンクのコピー」をアクティブにします。

❶レイヤー「ピンク」を「新規レイヤーを作成」ボタンにドラッグ

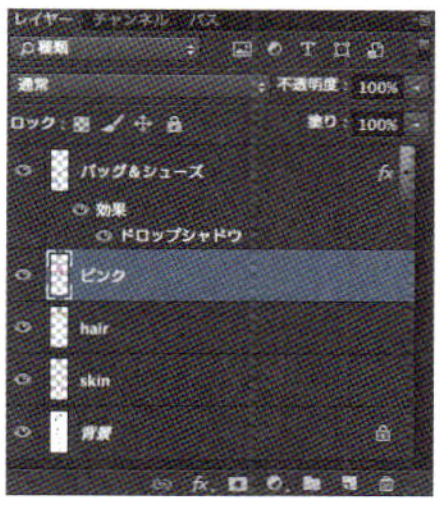

❷「ピンク」を非表示にし「ピンクのコピー」をアクティブにする

❸メニューバー「イメージ」から「色調補正→色相・彩度」を選択し、「色相」のスライダーを動かし色を変更します。

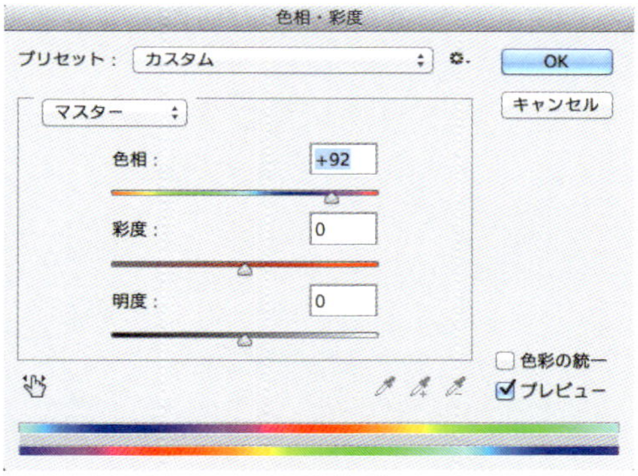

◆色相：色の属性の一つで、赤や青といった色味の違い
◆彩度：画像や映像などの鮮やかさの度合い
◆明度：色の属性のひとつで、その色の明暗の度合い
（明度が100%であれば白に、0%であれば黒になる）

❹メニューバー「ファイル」から「開く」を選択「雲模様モデル2」を開きます。

❺「バッグ」や「アクセサリー」を選択しドラッグ&ドロップで「雲模様モデル1」に加えて完成させます。

「パターンの定義」と「変形」でマッピング

❶保存したパターンで塗りつぶしてマッピング

❶メニューバー「ファイル」から「開く」を選択「チェックモデル2」と「ギンガムチェック」を開きます。

❷ツールボックス「長方形選択ツール」で柄の送りを考慮しながら選択します。

❸ファイル「編集→パターンを定義」でパターンとして登録します。

❹レイヤーパネル「新規レイヤーを作成」ボタンをクリックして新規レイヤーを作成します。

❺「新規レイヤー」でツールボックス「長方形選択ツール」でドラッグして選択範囲を確定します。

❻ファイル「編集→塗りつぶし」を選び、操作ウインドウの中から「パターン」を選択します。

❼「カスタムパターン」から先程、新規登録した「ギンガム」を選択します。

❶「チェックモデル」

❷「長方形選択ツール」でギンガムチェックを選択

❸「パターンを定義」で新規パターンとして登録

❹「新規レイヤーを作成」をクリックして「レイヤー2」を作成

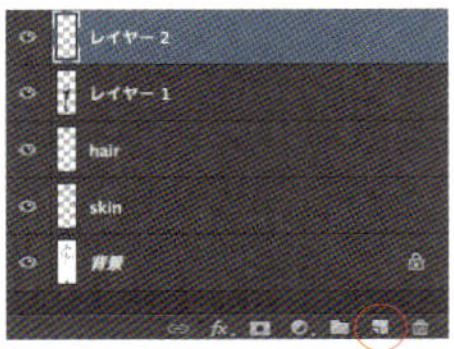

❺大きめに選択する

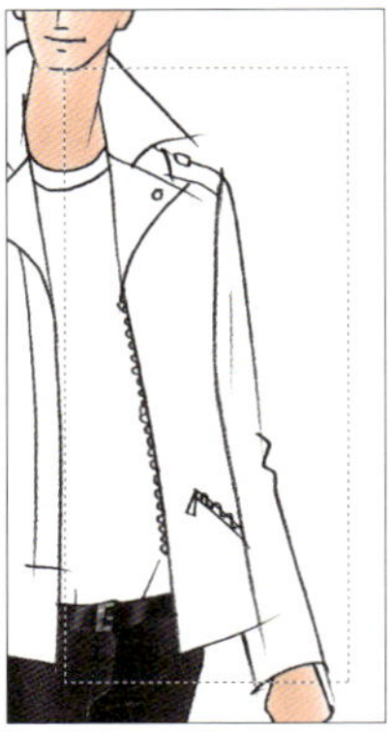

❻「塗りつぶし→パターン」を選択

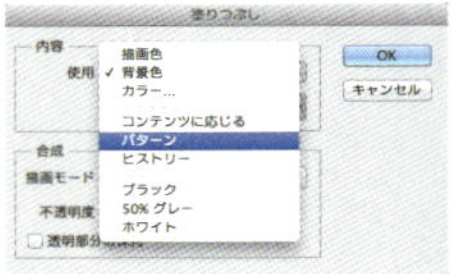

❼「カスタムパターン」から新規登録されたギンガムを選択する

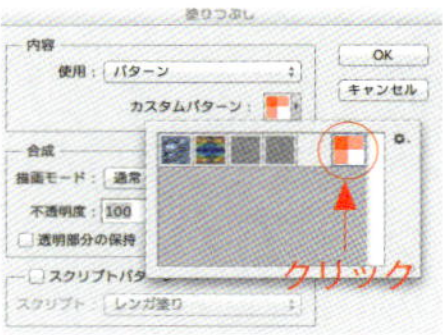

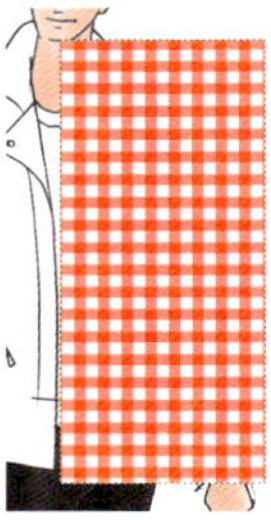

❽パターンで塗りつぶし

❷「変形→回転→ワープ」

❶メニューバー「編集→変形→回転」を選択し、矢印で回転させます。

❷次に「変形→ワープ」を選択と、ハンドルとは少し異なるメッシュが表示されます。

❸方向線の端の点を操作して、変形部分のカーブの度合いを、服に合わせて調整します。

❹ツールボックス「自動選択ツール」を選び「背景レイヤー」で選択したい部分をクリックします。

❺「ギンガムチェック」レイヤーを選びメニューバー「選択範囲→選択範囲の反転」を選びます。

❶変形→回転

❷変形→ワープ

❸「○」で確定

❹「背景」をアクティブにする

❺「自動選択ツール」でジャケット部分を選択し、反転させる

❸「選択の反転」でデリート

❶「delete」キーをクリックで選択範囲以外が消去されます。

❷他の部分もパターンで塗りつぶし、変形、反転、delete で仕上げます。

❷

❸「背景」に戻り「自動選択ツール」で袖や衿部分を選択しブラシで仕上げます。

❸「ブラシ」のオプション「流れる量」を30%くらいに設定すると柔らかく仕上がる

❹「レイヤー1」を「新規レイヤー作成」にドラッグしてコピーを作成します。

❹「レイヤー 1」のコピーを作成し「レイヤー1」は非表示にする

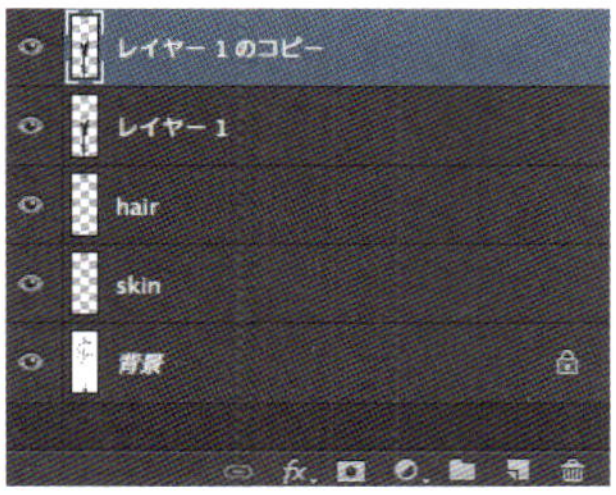

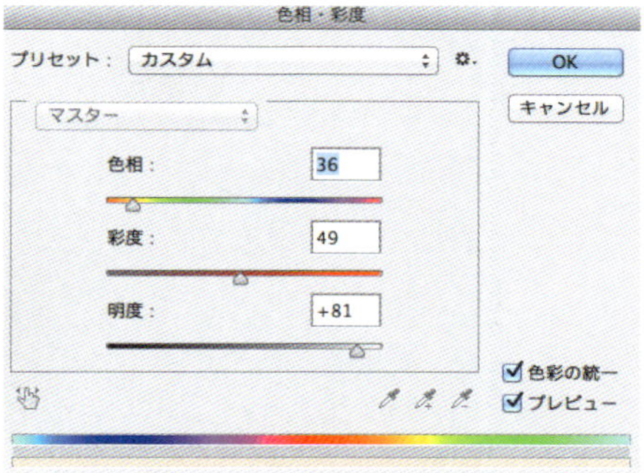

❺メニューバー「イメージ→色調補正→色相・彩度」でパンツの色を変更します。
※黒や白などの色味のない無彩色を変更する時は「色彩の統一」にチェックを入れます。

スキャン画像を「レベル補正」で調整

❶「レベル補正」で線を強調しデザインを補正する

❶メニューバー「ファイル」から「開く」を選択「レベル補正モデル下絵」を開きます。

❷「色調補正→レベル補正」のアイコンをクリックして「レベル補正パネル」を表示します。

❸画面のプレビューを確認しながら「ハイライト」を左に「シャドー」を右にスライダを移動します。

❹レイヤーパネルの右上のアイコンをクリックし「画像を統合」または「下のレイヤーと統合」を選んで「レベル補正1」を「背景」に統合します。

※部分的に修正したい時には、別に描いた修正部分を貼付けて補正が簡単にできます。ここではスカートのシルエットを補正します。

❺「背景」を「新規レイヤーを作製」ボタンにドラッグして「背景のコピー」を作製します。

❻「背景のコピー」の「塗り」の%を落して「なげなわツール」でスカート部分を囲みます。

❼「移動ツール」で囲ったスカートを移動します。

❽「消しゴムツール」で「背景」の修正したいスカート部分を消します。

❾「背景のコピー」の「塗り」を100%に戻し「モード」を乗算にして統合します。

❿「背景のコピー」を作製しモードを「乗算」にします。「背景」の表示は非表示にします。

⓫「背景のコピー」の下に「新規レイヤー」を作製し、クリックして名前を付けます。

⓬「背景のコピー」をアクティブにし「自動選択ツール」で肌の部分をクリックして選択します。

⓭肌レイヤーをアクティブにします。

❶「レベル補正モデル下絵」

❷アイコンをクリック

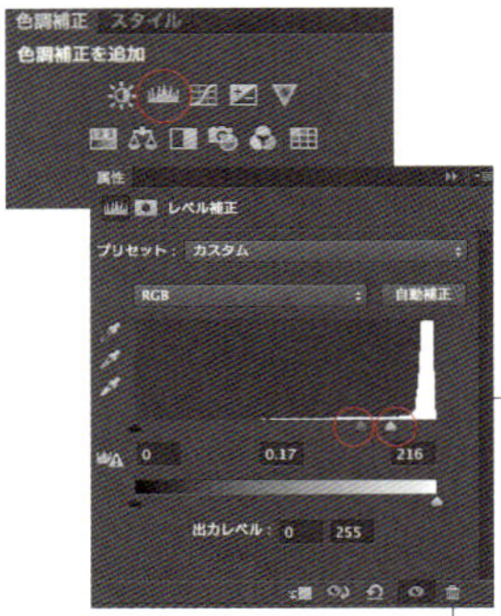

❸ハイライトのスライダを左に、シャドースライダを右に移動して画面を明るく線を強調する

❹レベル補正を背景に統合

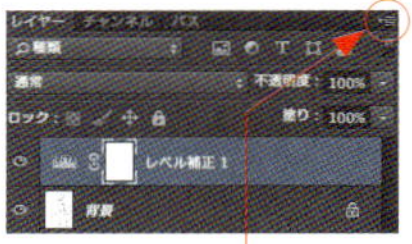

※クリック

❺背景をドラッグしてコピー

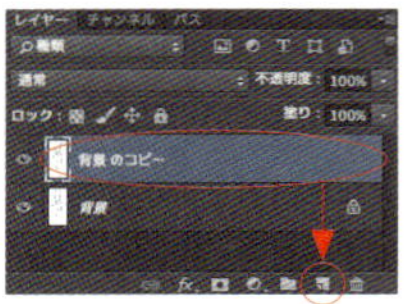

❻塗りの%を落してなげなわツールで囲む

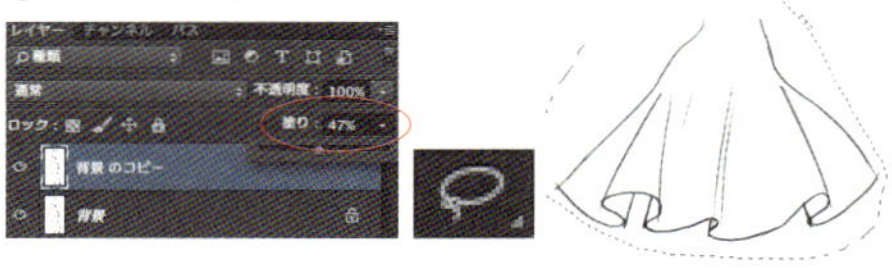

❼「移動ツール」で囲ったスカートを移動

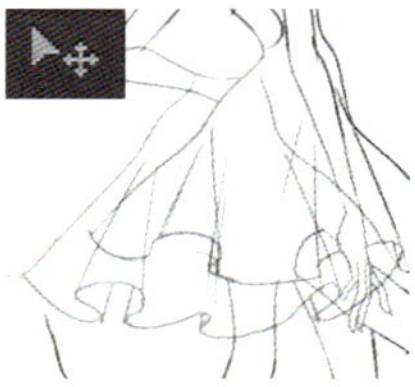

❽消しゴムツールで背景のスカートを消す

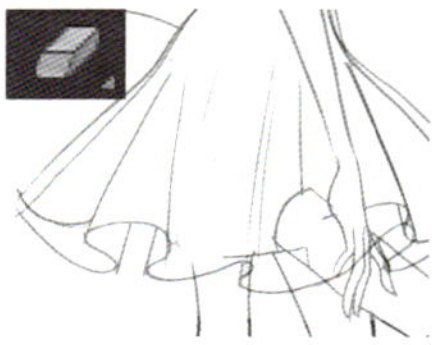

❾「塗り」を100%に戻しモードを「乗算」にして統合する

❿背景のコピーを作製しモードを乗算にする
⓫背景のコピーの下に新規レイヤーを作製

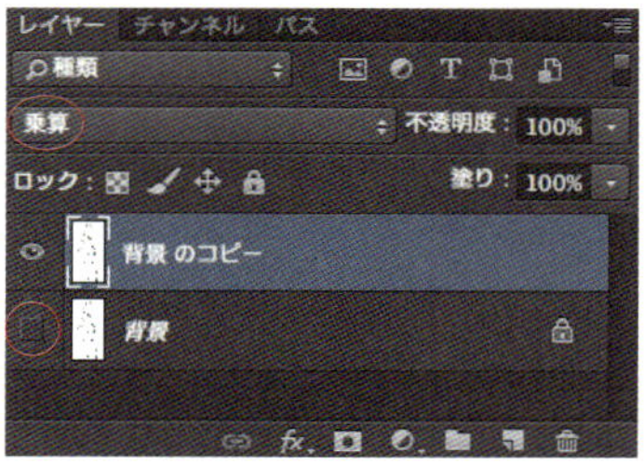

⓬「背景のコピー」をアクティブにし「自動選択ツール」で肌の部分を選択する

⓭肌レイヤーをアクティブにする

❶選択は「背景のコピー」で塗りは「レイヤー」で

❶「ブラシツール」のオプションからブラシの先端アイコンをクリックし「ソフト円ブラシの」を選択します。

❷「描画色」と「背景色」に肌色の濃淡を入れて入れ替えながら「流量」を30%程に調整しながら塗ります。

❶「ソフト円ブラシ」を選択

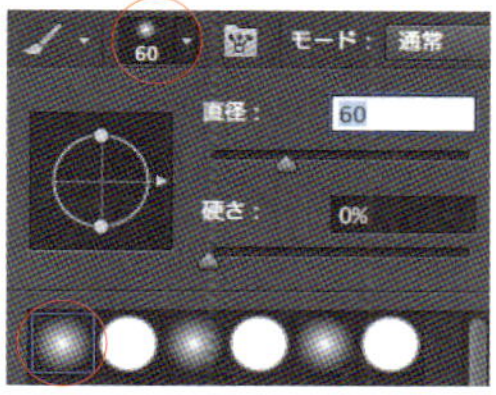

❷「描画色

❸「背景コピー」の下に「新規レイヤー」を作製し、髪やドレス、バッグの色を各レイヤーに分けて塗ります。

❸バッグに色を塗りメニューバー「フィルター→エンボス」を選び角度と高さを調整します。

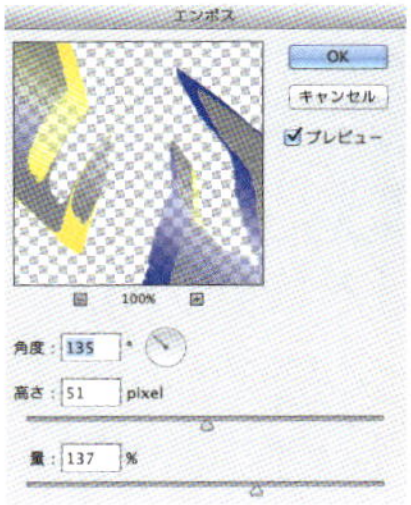

❹サングラスの「レイヤー」は「背景のコピー」の上にします。

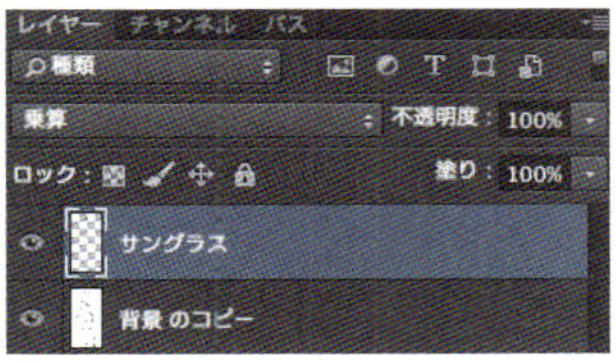

「ブラシプリセット」でプリント柄

「ブラシのプリセット」は、サイズ、シェイプ、硬さなどの特性が定義されたブラシ先端です。「ブラシ先端のシェイプ」タブでは、ブラシのサイズや硬さ、傾きの角度、立体感をだす真円率、間隔を設定できます。ブラシの設定をカスタマイズして、ライブラリに追加することも可能です。

❶「ブラシプリセット」

❶ アイコンをクリックで「ブラシプリセット」が表示されます。

❷ アイコンをクリックで「ブラシの先端シェイプ」が表示されます。

❸マスター「直径」でブラシサイズを一時的に変更します。スライダーをドラッグか、値を入力します。

❹「ブラシ先端のシェイプ」の「間隔」にチェックを入れて重ならないようにスライダーをドラッグするか、値を入力します。

※ブラシのサンプルで特定の形になっているものを選び、間隔を調整すると、ブレードやレースなどの縁飾りを簡単に描くことができます。

❺「ブラシプリセットパネル」の右上▼ボタンをクリックし、ブラシファイルの読み込みで追加します。

❻表示ダイアログで「OK」をクリックして現在のリストを置き換えるか、「追加」ボタンをクリックして現在のリストに追加します。

❶アイコンをクリックして「ブラシプリセット」を表示

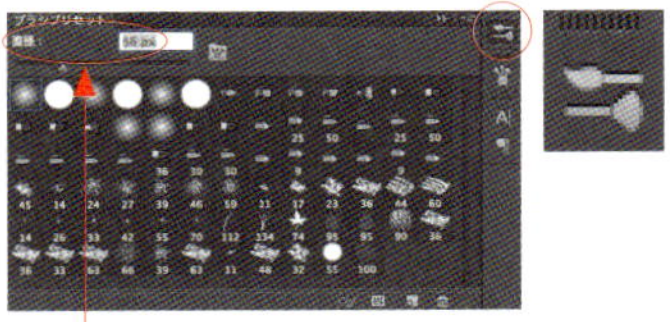

❷「ブラシ先端のシェイプ」を表示

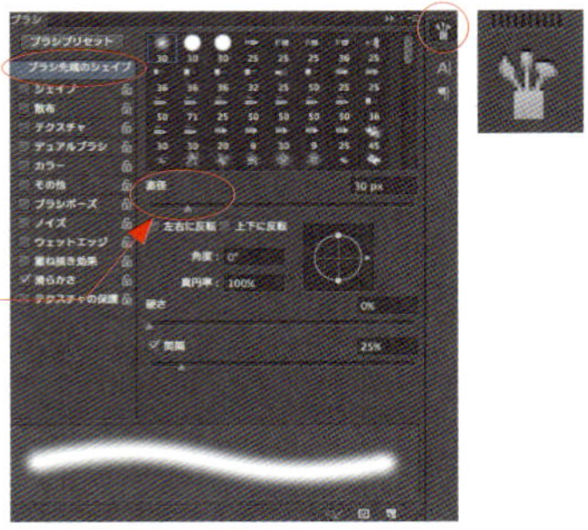

❸マスター「直径」の値かスライダーをドラッグでサイズを変更

❹「間隔」にチェックを入れ値かスライダーをドラッグして間隔を自由に変更

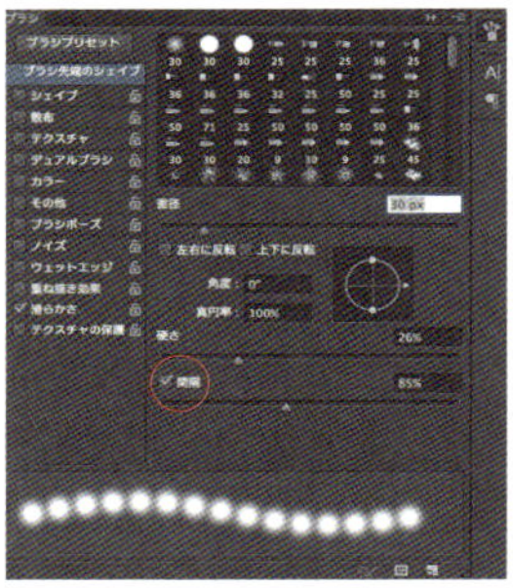

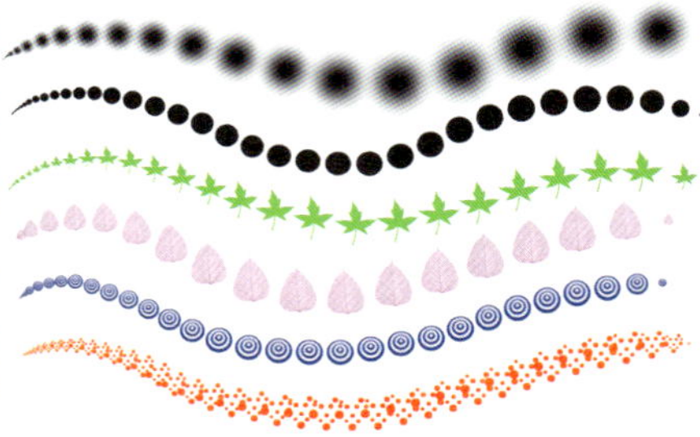

❺新規ブラシの読み込み

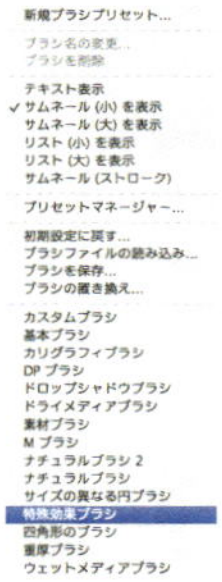

❻「追加」で新規ブラシを加える

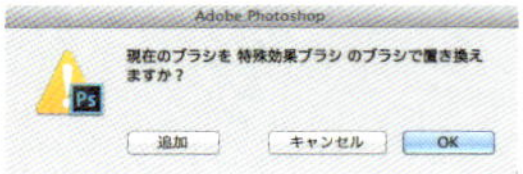

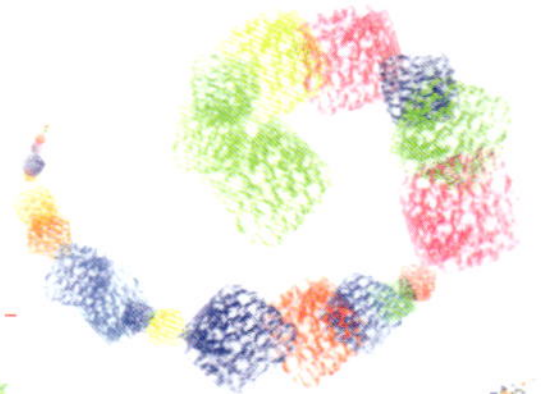

❷ブラシの機能拡張の追加

❶ブラシパネルには、変化する要素を追加してブラシ先端をプリセットするためのさまざまなオプションが用意されています。

❷「シェイプ」にチェックを入れコントロールの「フェード」の値を入れて描くと自然にフェードアウトします。他にも「散布」や「カラー」など、さまざまなブラシ機能を試してみましょう。

❶「ブラシ先端のシェイプ」のオプション

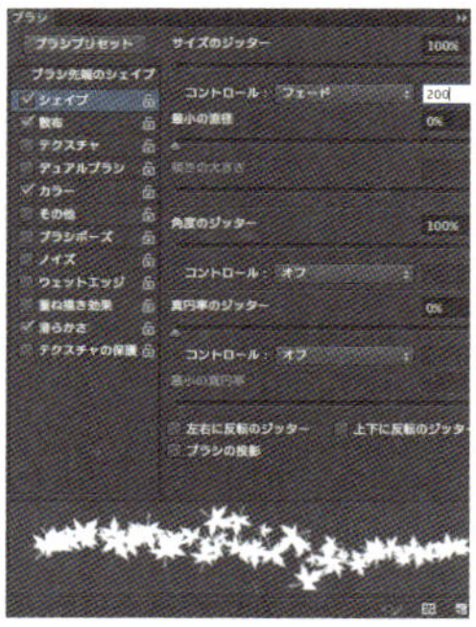

❷「フェード」

❶「フェード」でパネル柄

❶メニューバー「ファイル」から「開く」を選択し「ブラシモデル1」を開きます。

❷「シェイプ→コントロール：フェード」の値を設定、「カラー」に「描点ごとに適用」にチェックを入れ「色相のジッター」の値を設定します。

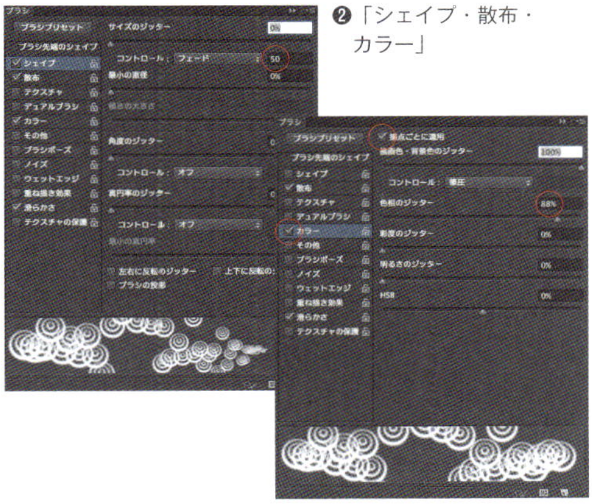

❷「シェイプ・散布・カラー」

❸「自動選択ツール」で「背景」のキャミソール部分を選択し「レイヤー1」で描画します。

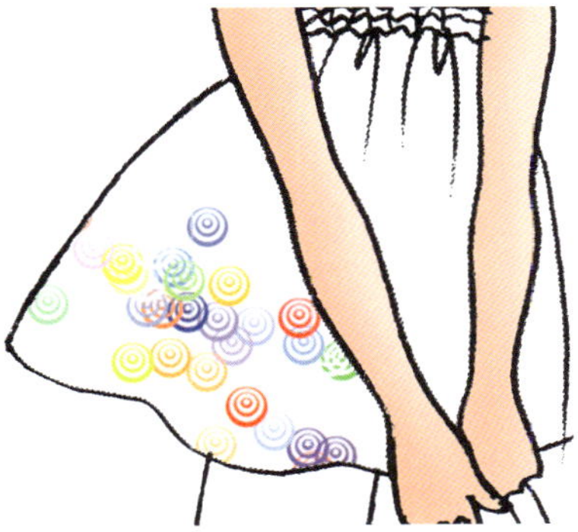

❹下から上に向かって描くとフェード効果でパネル柄のように表現できます。

❶開く

「レイヤーマスク」でマスキングする

「レイヤーマスク」は、レイヤーの画像を消去せず、一時的にレイヤーの一部を透明や半透明にできる特殊なマスクです。大きなプリント柄などの位置を決めるときに、不要な部分をマスクしてプリント柄の位置を変えたり、グラデーションで消すことができます。実際に画像を切り抜いている訳ではないので何度でもやり直しが可能で、デザインの変更が簡単にできます。

❶レイヤーマスクで柄位置を自由に変更

❶メニューバー「ファイル」から「開く」を選択「レイヤーマスクモデル1」と「プリント」を開きます。

❷「移動ツール」で「プリント」を「レイヤーマスクモデル」にドラッグして移動します。

❸移動した「レイヤー１」の「不透明度」の数値を下げて薄くするか、モードを「乗算」にして、「背景」のデザイン線が見えるようにします。

❹「背景レイヤー」をアクティブにします。

❺「自動選択ツール」で、プリントを表示させたい部分をクリックして選択範囲を作成します。

❻マスクをかけるレイヤーをアクティブにします。

❼「ベクトルマスクを追加」ボタンをクリックします。
※メニューバー「レイヤー→レイヤーマスク→選択範囲外をマスク」を選ぶ方法もあります。ただし「背景レイヤー」にはマスクをかけることができません。

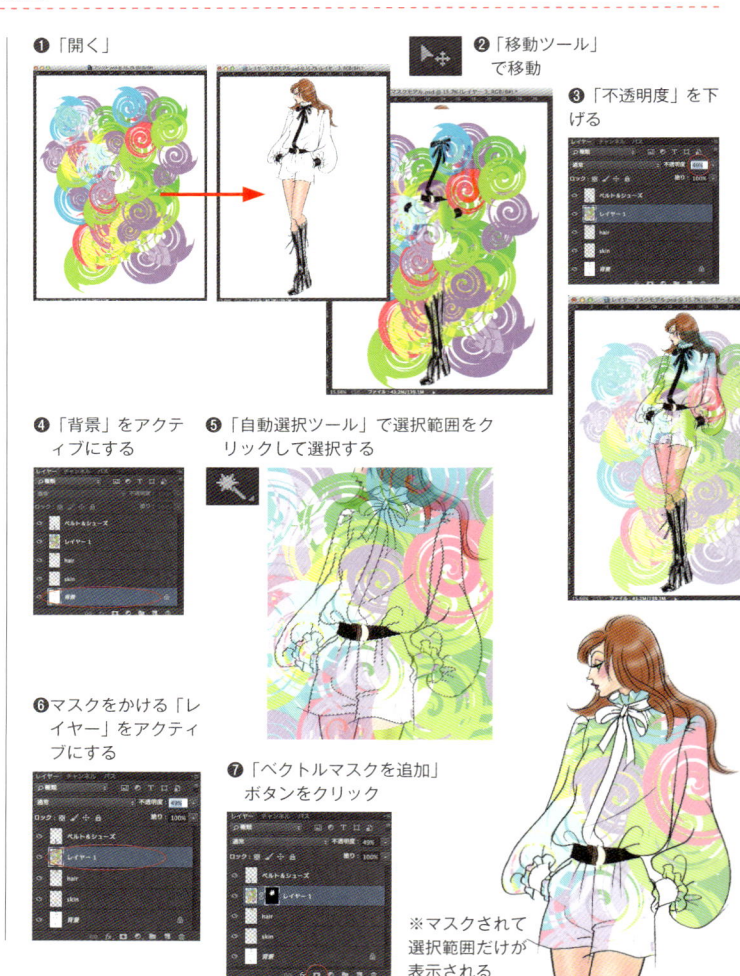

❶「開く」

❷「移動ツール」で移動

❸「不透明度」を下げる

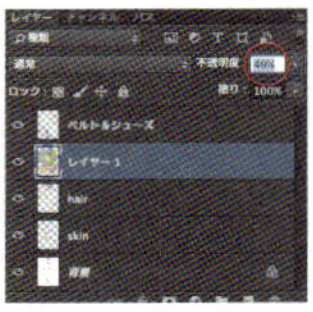

❹「背景」をアクティブにする

❺「自動選択ツール」で選択範囲をクリックして選択する

❻マスクをかける「レイヤー」をアクティブにする

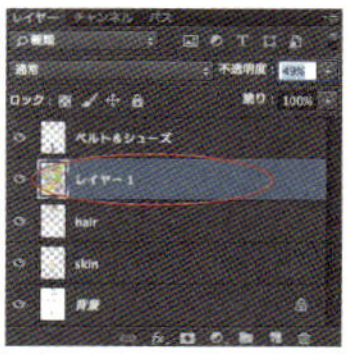

❼「ベクトルマスクを追加」ボタンをクリック

※マスクされて選択範囲だけが表示される

❷リンクを外す

画像上ではブラウスとショートパンツの形に切り取られたように見えますが、テキスタイルは元の形のまま残っているので、移動させたり変形することができます。

❶「リンクアイコン」をクリックして「リンク」を外し、「レイヤーサムネール」をクリックして選択します。

❶「リンクアイコン」を外して「レイヤーサムネール」を選択

※「リンクアイコン」

※「レイヤーサムネール」

❸柄位置を自由に移動する

❶不透明度を100%に戻してイメージを確認しながら「移動ツール」でプリントの「レイヤー1」を移動します。

上に

下に

右に

❷「レイヤーサムネール」で色を変更、縮小、拡大、変形、描画など自由に変更を加えることができます。

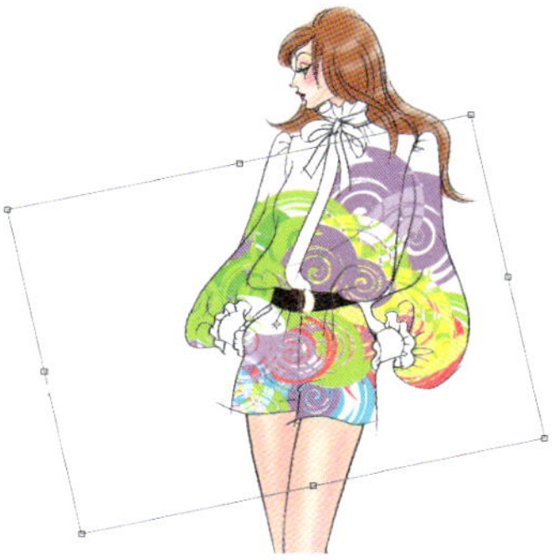

❸「新規レイヤー」を作成しモードを「オーバーレイ」に設定にして、陰影を付けて仕上げます。

❹レイヤーマスクの削除と適用

❶「レイヤーマスクサムネール」を「レイヤーを削除」ボタンにドラッグします。「削除」で元の画像に、「適用」でマスク状態で切り抜かれた状態になります。

❶「レイヤーマスクサムネール」をドラッグして「レイヤーを削除」に

❷「削除」で元画像

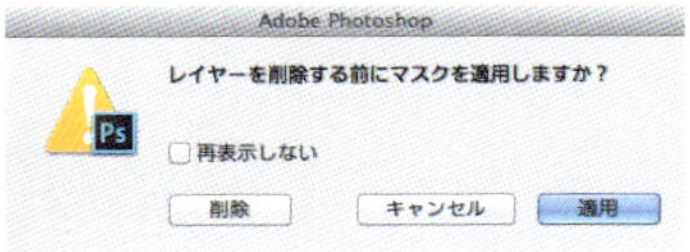

「パターンを定義」で連続柄

❶連続柄の作り方

❶メニューバー「ファイル」から「新規」を選択し新規書類を作成します。
◆書類のサイズ／幅4cm×高さ4cm

❷メニューバー「ビュー→定規を表示」を選択します。

❸定規の部分にポインタを持っていき、下にドラッグするとガイドラインが表れます。

❹定規を確認しながら1㎝ごとにガイドラインを設定します。

❺ガイドラインに沿って「ブラシツール」で水玉を描きます。

❻「長方形選択ツール」で選択範囲を設定します。

❼メニューバー「編集→パターンを定義」を選択し新規登録します。

❽10㎝×10㎝の新規書類を作成します。

❾メニューバー「編集→塗りつぶし」を選択し「カスタムパターン」から新規登録されたパターンを選択します。
※選択の範囲によってパターンの連続柄が決定されるため、送りに注意して選択します。

❿「選択範囲」を中心部分からずらして選択すると寸断された部分からの連続柄になります。

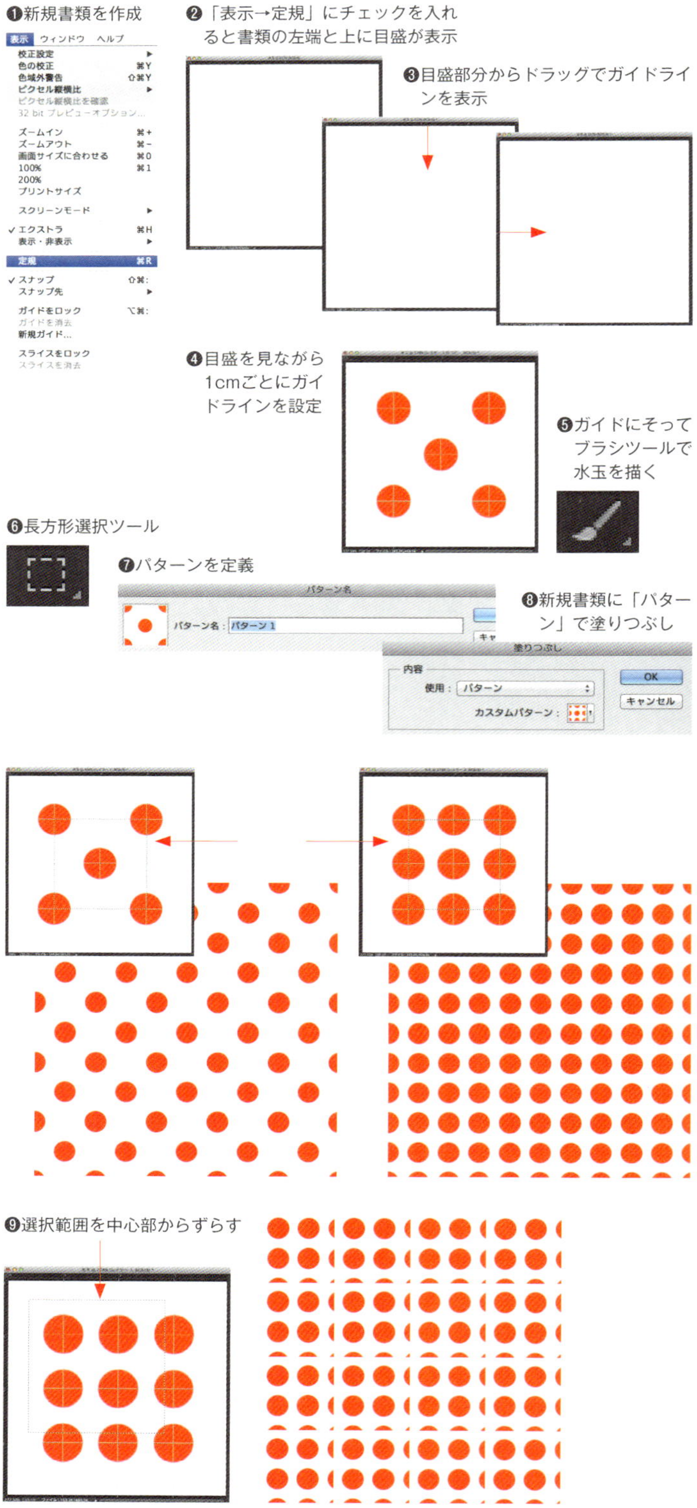
❶新規書類を作成
❷「表示→定規」にチェックを入れると書類の左端と上に目盛が表示
❸目盛部分からドラッグでガイドラインを表示
❹目盛を見ながら1cmごとにガイドラインを設定
❺ガイドにそって ブラシツールで水玉を描く
❻長方形選択ツール
❼パターンを定義
パターン名
パターン名：パターン1
❽新規書類に「パターン」で塗りつぶし
塗りつぶし
内容
使用：パターン
カスタムパターン：
OK
キャンセル
❾選択範囲を中心部からずらす

❶デザイン画にマッピングする

❶「ファイル」から「開く」で「パターンを定義モデル1」を開きます。

❷新規レイヤーを追加し「長方形選択ツール」で選択範囲を設定します。

❸「編集→塗りつぶし」で新規登録されたパターンで塗りつぶします。

❹「背景レイヤー」に戻り「自動選択ツール」で選択範囲をクリックします。

❺「クイックマスクモード」で選択範囲を確認しながらすべて選択します。
※細かい部分はブラシで選択します。

❻メニューバー「選択範囲」から「選択範囲を反転」を選びます。

❼「水玉レイヤー」に戻りキーボードの「delete」キーで削除します。
注）どのレイヤーがアクティブになっているかを確認します。

❶新規レイヤーに選択範囲を設定して塗りつぶす

❷背景レイヤーに戻り「自動選択ツール」で選択部分をクリックする

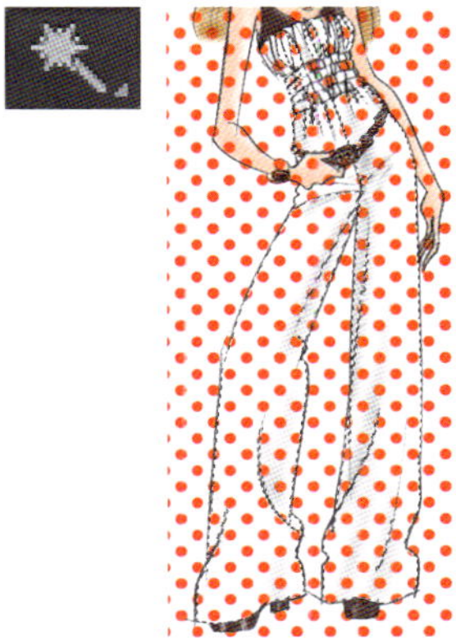

❸クイックマスクモードで選択範囲を確認する

❹選択範囲を反転させる

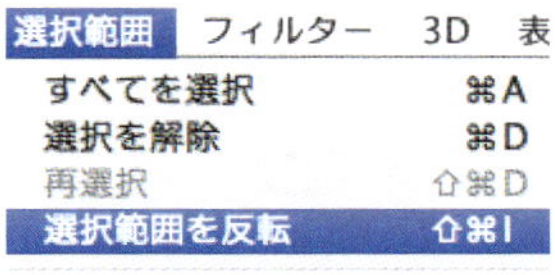
選択範囲
フィルター
3D
表
すべてを選択 ⌘A
選択を解除 ⌘D
再選択 ⇧⌘D
選択範囲を反転 ⇧⌘I

❺反転部分を削除

「レイヤースタイル」で特殊効果を加える

「レイヤースタイル」を適用するとワンクリックで、画像にさまざまな特殊効果を加えることができます。また、それらを組み合わせることによって、型押しや織組織のような画像効果を設定することができます。陰影を付けて浮き上がっているように見せる「ドロップシャドウ」や「テクスチャ効果」など「レイヤースタイル」には10種類のスタイルが用意されています。

❶ワンクリックで自在に変更

❶メニューバー「ファイル」から「開く」を選択「レイヤースタイルモデル」を開きます。

❷レイヤー「レイヤー1」をアクティブにします。

❸レイヤーパネルの「レイヤースタイルを追加」ボタンをクリックすると、レイヤー効果パネルが表示されます。

❹「レイヤースタイル」のダイヤログに表示された「グラデーションオーバーレイ」の「グラデーション」をクリックして「グラデーションエディター」を表示します。

❺「グラデーションエディター」のプリセットでは、選択した時の描画色から背景色で描画されますので、中からイメージのボタンをクリックして決定します。

◆グラデーション名「描画色から背景色へ」
◆グラデーション名「スペクトル」
◆グラデーション名「紫、緑、オレンジ」
◆グラデーション名「イエロー、紫、オレンジ、青」

❻「レイヤースタイルを追加」すると、レイヤーパネルに効果が表示されます。
※「レイヤー」の右端部分の▲ボタンをクリックすると「効果」の表示部分がレイヤーに格納され再度クリックで表示されます。

❶「レイヤースタイルモデル」

❷「レイヤー1」をアクティブにする

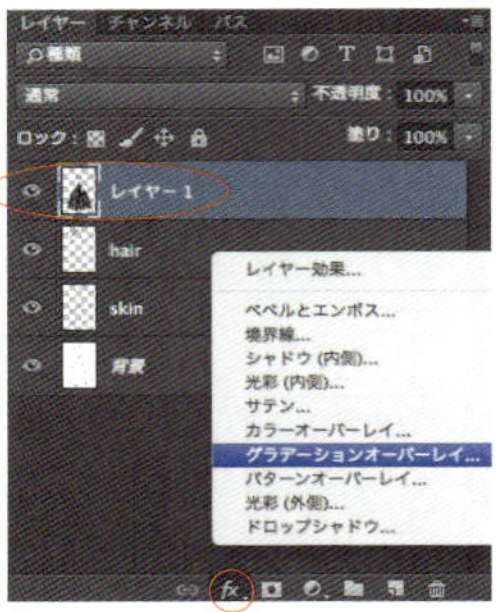

❸「レイヤー効果を追加」ボタンをクリックすると「レイヤー効果」が表示される

❹「グラデーション」をクリック

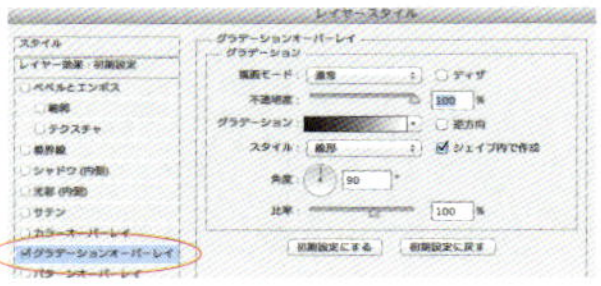

❺「プリセット」から色を選択

※▲部分をクリックで表示を格納

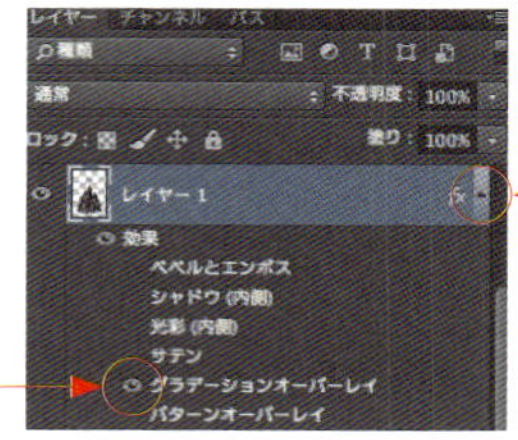

❻レイヤーパレットに「効果」が「目」のアイコンで表示

❷新規グラデーションを加える

❶「プリセット」ではさまざまなグラデーションを置き換えたり加えることができます。
※右上のアイコンをクリックして新規のグラデーションを選択するとダイヤログが表示されます。

❷選択したグラデーションを置き換えるか、現在のグラデーションに加えるかを選びます。

❸加えられたグラデーションから「スペクトル標準」を選択します。

❹任意で作成したグラデーションを新規グラデーションとしてプリセットに加えることができます。
①分岐点をクリック
②カラーをクリック
③新しい色を選択

❺各分岐点のカラーを任意に変更します。

❶アイコンをクリックしてダイヤログを表示

❷「Colorハーモニー1」を加える

❸スペクトル標準をクリック

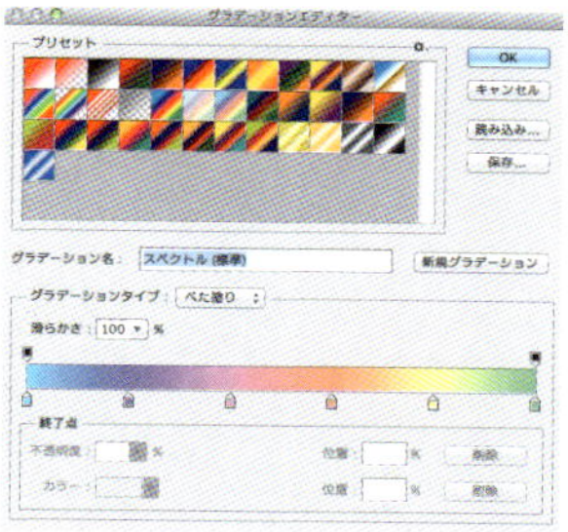

❹「新規グラデーション」をプリセットに追加

※グラデーションをイメージに合わせて自由に変更

「新規グラデーション」をクリック

※プリセットに追加された新規グラデーション

❺各分岐点のカラーを任意に変更します

❸テクスチャを加える

❶「レイヤースタイル」の「ベベルとエンボス」にチェックを入れます。

❷「テクスチャ」をアクティブにし「パターン」からタイプを選択し、比率と深さを調整します。

❶▼ボタンをクリック「パターン」を選択
◆ベベルとエンボス／テクスチャ

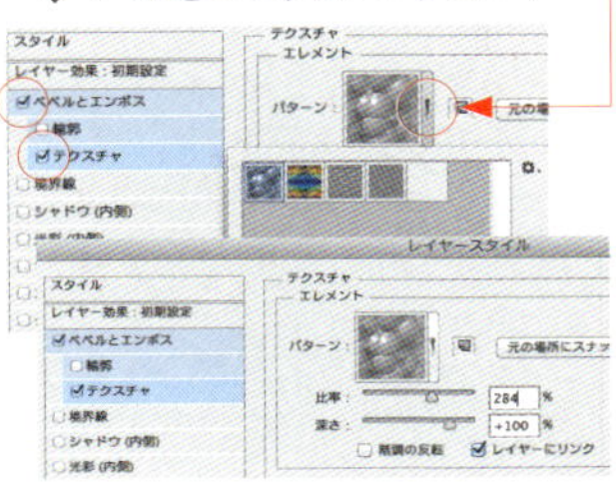

❷比率と深さを調節

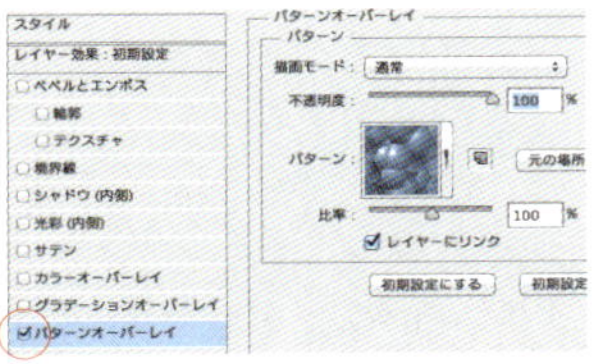

※「ベベルとエンボス」のチェックを外し「パターンオーバーレイ」を適用

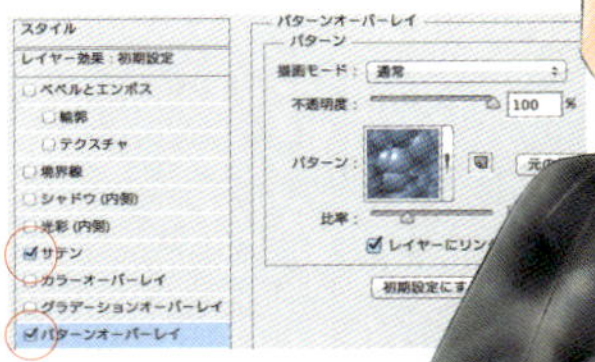

◆サテン
◆パターンオーバーレイ

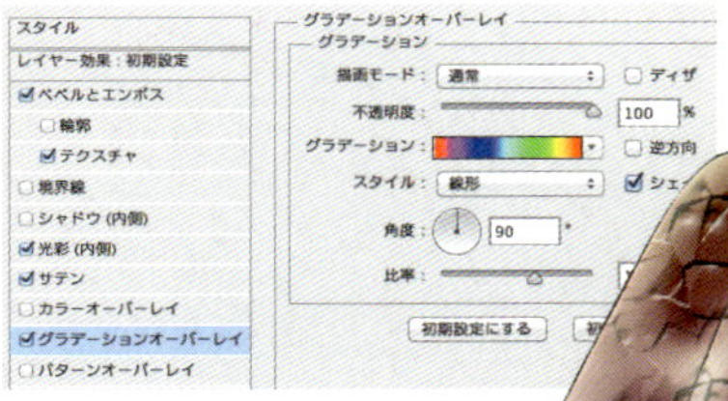

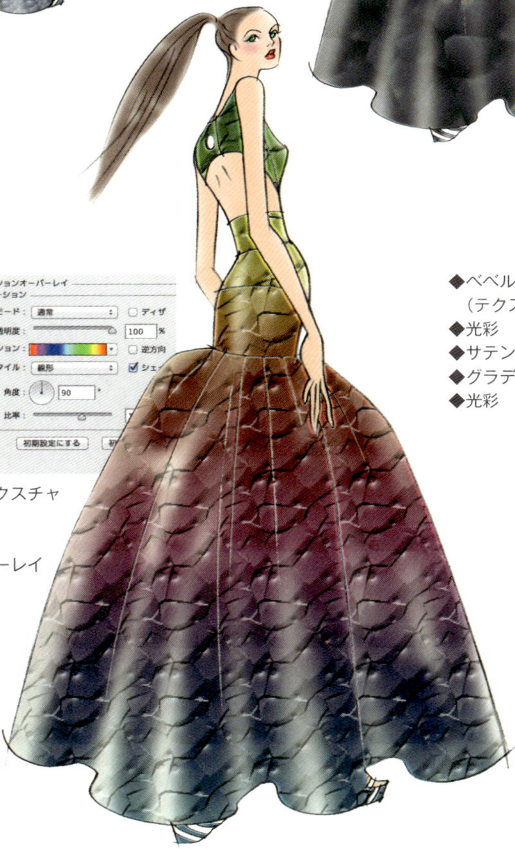

◆ベベルとエンボス／テクスチャ
◆光彩
◆サテン
◆グラデーションオーバーレイ
（スペクトル）

◆ベベルとエンボス／テクスチャ
（テクスチャの比率を調整）
◆光彩
◆サテン
◆グラデーションオーバーレイ
◆光彩

企画マップを作る

「企画モデル」をレイヤーでカラーバリエーション

❶デザイン画を仕上げる

❶メニューバー「ファイル」から「開く」を選択「企画モデル」を開きます。

❷企画モデルの「レイヤー」を確認します。

❸メニューバー「ファイル」から「開く」を選択「ボーダー」を開きます。

❹「移動ツール」で「ボーダー」をドラッグして企画モデルに移動します。

❺「レイヤー１」のモードを「乗算」にし、メニューバー「編集→変形→自由な形に」を選びます。

❻コントロールポイントをドラッグしてTシャツの形に変形します。

❼再度「編集→変形→ワープ」を選び、ラインに合わせて立体的に合わせ、オプションバーのOKボタン「○」をクリックして確定します。

❽「背景」をアクティブにして「自動選択ツール」を選び、Tシャツの部分でクリックして選択します。

❾「レイヤー1」をアクティブにして「選択範囲→選択範囲の反転」を選びます。

❿キーボードの「delete」を押して選択範囲以外を消去します。

⓫再度ボーダーを開き、袖の部分も変形させて仕上げ、レイヤーを「レイヤー1」に統合させ名前を「赤ボーダー」に変更します。

⓬「赤ボーダー」のコピーを作製しメニューバー「イメージ→色調補正→色相彩度」を選択します。

⓭色相のスライダーを動かして色を変更します。

⓮レイヤーのコピーを複製し、色のバリエーションを作製します。

❶企画モデルを開く

❷レイヤーを確認

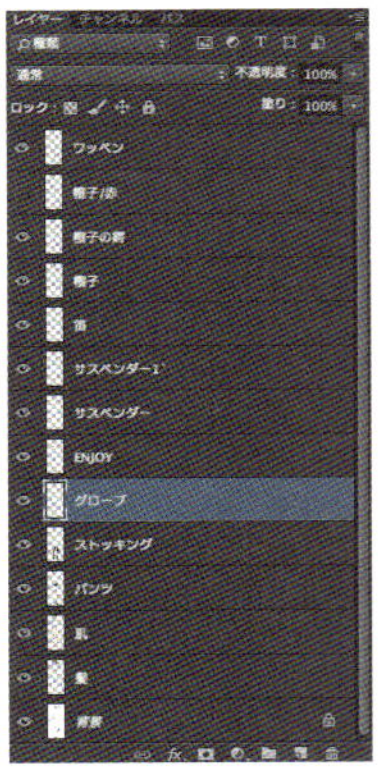

❸ボーダーを開く

❹移動ツールでボーダーをドラッグして企画モデルに移動

❺編集→変形→自由な形に

❻コントロールポイントをドラッグして変形

❼ワープで変形「○」で確定

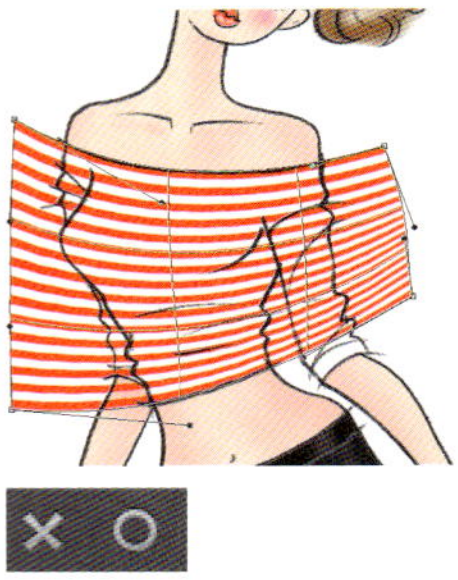

❽「背景」をアクティブにし「自動選択ツール」で選択

❾「レイヤー1」をアクティブにし「選択範囲→選択範囲を反転」

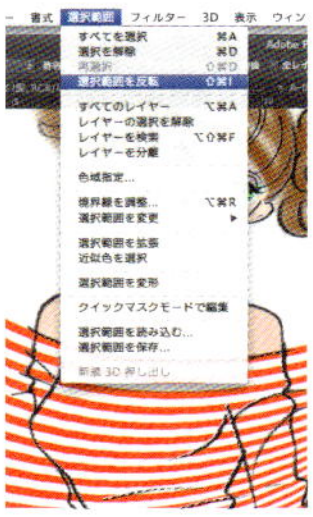

❿「delete」で消去

⓫袖部分も同様に仕上げ「レイヤー1」に統合

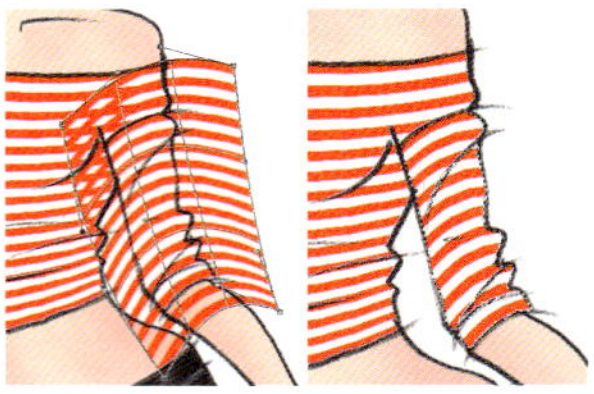

⓬「レイヤー1」の名前を変更しコピーを作製

⓭色相／彩度／明度のスライダーまたは数値を入力して色を変更する

⓮複製コピーを作り色のバリエーションを作製する

❷「スポイトツール」で同色にする

❶「帽子/赤レイヤー」のコピーを作製し「スポイトツール」で「黄ボーダー」の色を吸い取り「描画色」に反映させます。

❷「色相・彩度」ダイヤログボックスの「色彩の統一」にチニックを入れると「描画色」の色相が反映されます。彩度を100にし明度で調整します。

❸コピーを複製し、色のバリエーションを作製します。

❹「ヒストリーパネル」の「現在のヒストリー画像から新規ファイルを作製」ボタンをクリックして複製コピーを作製し、画像を統合してバリエーションごとに名前を付けて保存しておくと便利です。

※元画像はレイヤーを残したまま保存しておきます。

❶「帽子/赤」のコピーを作製し「帽子/赤」は非表示にしておく

※スポイトツールをクリックするとスポイトの先端の色が「描画色」になる

※スポイトで反映された「描画色」

❷「色彩の統一」にチェックを入れた後に彩度と明度を調整する

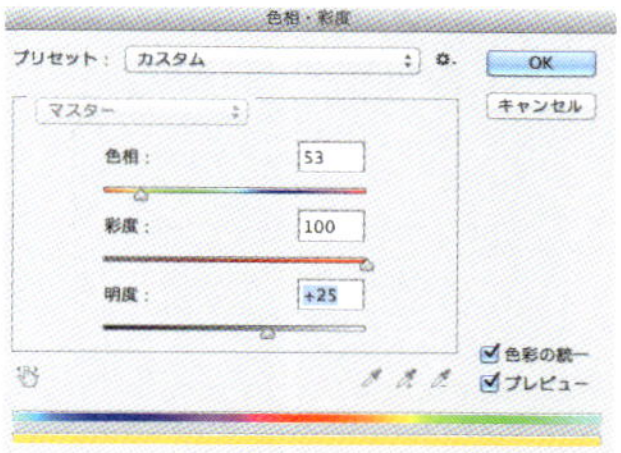

❸複製コピーで他色のバリエーションを作製

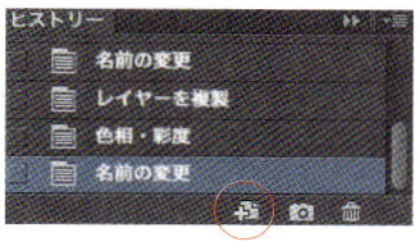

❹「現在のヒストリー画像から新規ファイルを作製」ボタンをクリックして複製コピーを作り別名で保存

「企画マップ」作成の手順

デザイナーのイメージやデザインのコンセプトを伝えるために、魅力的なマップ作りは欠かせません。マップ作成のポイントは、そのコンセプトに沿った方法を見つけることです。ここでは実際に使用されたプレゼンテーションのための企画マップを作ってみます。一見難かしそうですが、今までに使ったことのあるテクニックを効果的に使って仕上げています。

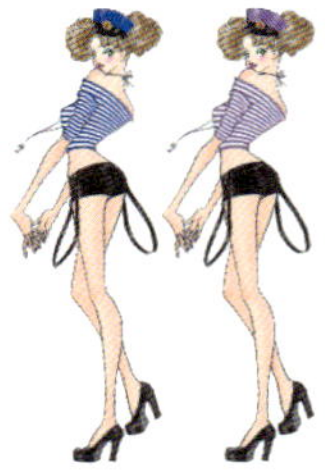

❶切り抜きする

❶メニューバー「ファイル」から「開く」を選択「企画マップモデル」を開きます。

❷レイヤーの表示、非表示でボーダーや帽子の色サスペンダーなどの確認をします。

❸ヒストリーパネル」の「現在のヒストリー画像から新規ファイルを作成」ボタンをクリックして複製コピーを作り、画像を統合します。

❹「背景」をクリックし、表示されたダイヤログボックスでOKして「レイヤー０」にします。

❺「自動選択ツール」で人物以外の背景を選択し「delete」キーで消去します。

※マップに使用する画像の1つ1つを用意します。画像解像度が違う時は合わせます。各々別画像にして色を変えます。切り抜くなどの作業をしておきます。

❶「企画モデルA」

❷レイヤーの表示を確認

❸ヒストリーパネルから画像の複製コピーを作製し画像を統合する

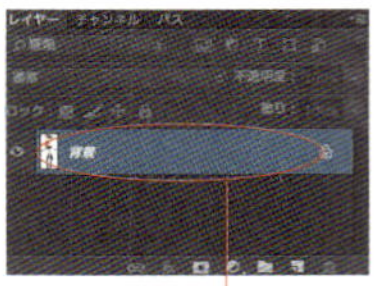

❹背景をクリックしてレイヤーにする

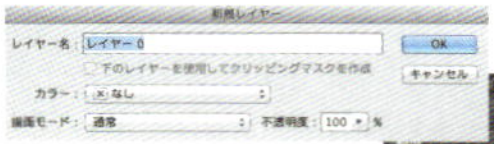

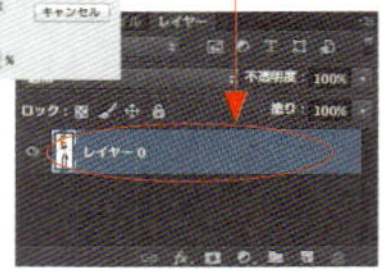

※「背景」のままでは透明セルにできないため「レイヤー」にする

❺「自動選択ツール」で人物以外の背景を消去して透明セルにする

❷マップを作成する

❶メニューバー「ファイル」から「新規」を選択し新規書類を作成します。書類に名前を入力しサイズはA3（420mm×297mm）、解像度は150dpi、描画モードはRGBカラーに、表示は白に設定します。

❷「新規レイヤー」を作成します。

❸「グラデーションツール」を選択し、オプションバーから「カラープリセット」を表示しスペクトルを選択します 。

❹開始点から終了点にドラッグして、線形グラデーションで塗りつぶします。

❺レイヤーパネルで「塗り」の数値を下げます。

※オプションバーにはさまざまな「グラデーションサンプル」があります。いずれも開始点から終了点の位置や長さで距離や角度が変わります。

❶新規書類を作成します。
◆「ファイル名」を記入します。
◆書類のサイズ／B4（364mm×257mm）
◆解像度／150pixel/inch
◆描画モード／RGBカラー
◆初期表示内容／白

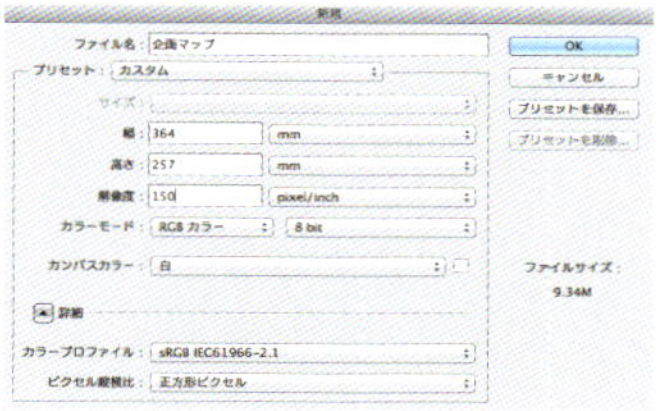

❷新規レイヤーを作製

❸「グラデーションツール」プリセットから「スペクトル」を選択

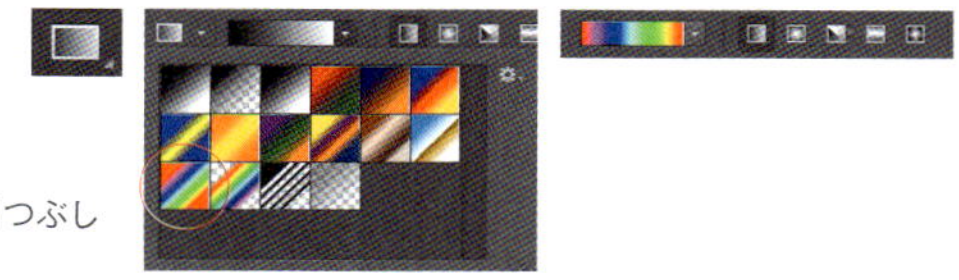

❹上から下にドラッグで塗りつぶし

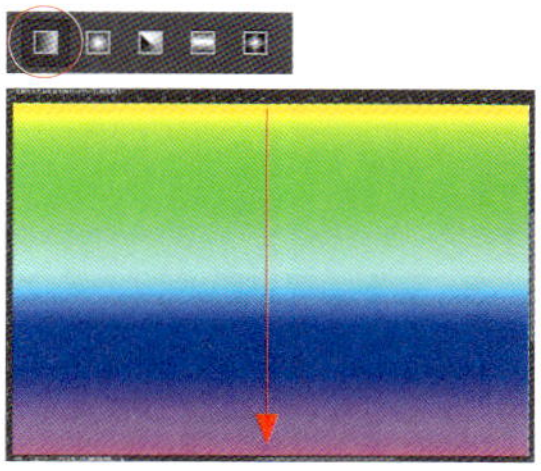

❺レイヤーパネルで「塗り」を下げる

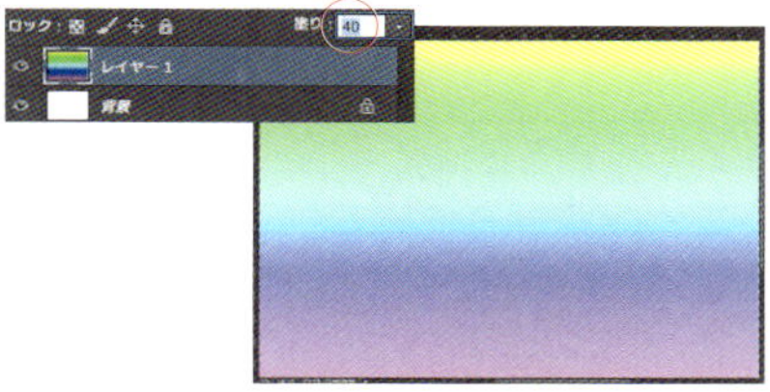

※「グラデーション」のオプション

円形
円錐形
反射形
菱形

❸モデルを配置する

❶「ファイル」から「開く」を選択「赤ボーダー」を開きます。

❶移動ツール」で「ヾラッグ&ドロップ」し企画マップに移動します。

❷メニューバーから「編集→変形→拡大・縮小」で縮小しますが、オプションバーの「縦・横」の比率を同一にするリンクをクリックして、数値入力で縮小率を入力しておくと便利です。

W: 65.00%
H: 65

❸他のモデルも同じように開き移動した後、最初の数値入力と同率で縮小させます。

※各色ボーダーのモデルはあらかじめ、一枚のレイヤーにして切り抜きの処理をしてあります。

❶「赤ボーダー」

❷「移動ツール」でドラッグして移動

❸「拡大縮小」でモデルを縮小する

❹他のモデルもすべて移動し縮小する

❹マップを作成する

❶ボーダーモデルのレイヤーをshiftキーを押しながらすべてアクティブにし「新規レイヤーを作成」ボタンにドラッグして複製コピーを作成します。

❷「レイヤーを結合」で複製されたコピーを統合します。統合されたレイヤーは、一番上のレイヤー名で表示されます。

❸統合された「複製のコピー」は元レイヤーの上に作成されるため、ドラッグして「ボーダーモデル」の下に移動させます。

❹メニューバー「編集→変形→拡大・縮小」を選択しコントロールポイントをドラッグし、イメージに合わせて自由に拡大します。

❺拡大した「複製のコピー」の描画モードを「通常」から「スクリーン」に変更します。

※「描画モード」とは
複数の「レイヤー」がある場合、上にある「レイヤー」の画像を、その下にある「レイヤー」にどのように合成して表示させるかを指定するのが「描画モード」です。

※「描画モード」を使ったときの名称
適用するレイヤーの「描画モード」を「合成色」と呼び、そのすぐ下のレイヤーを［基本色］と呼びます。また、合成後の状態を［結果色］と呼びます。

❶新規レイヤー作成にドラッグ

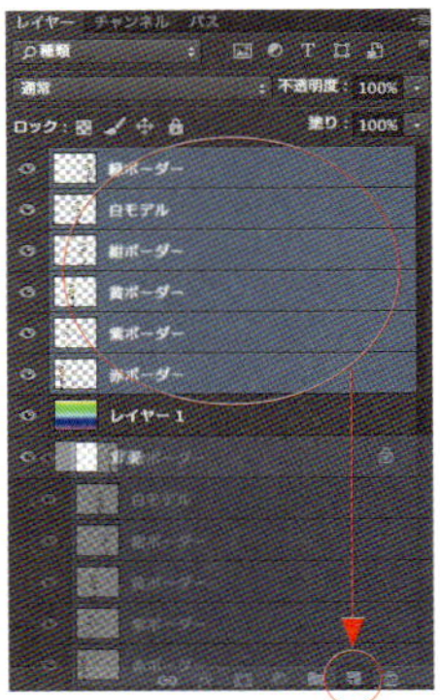

❷「表示レイヤーを統合」で複製コピーを統合する

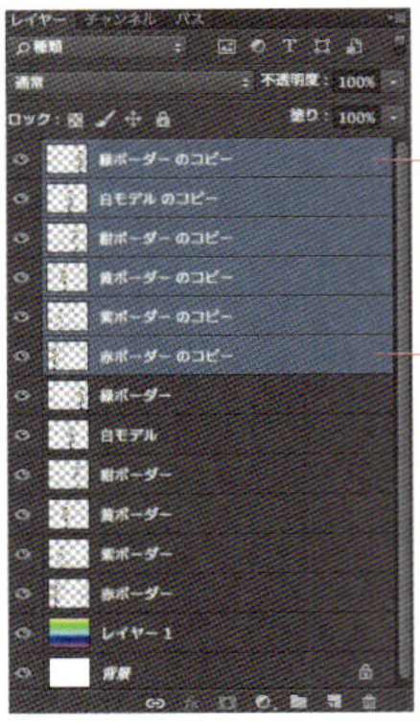

❸統合された複製コピーをドラッグしてボーダーモデルの下に移動する

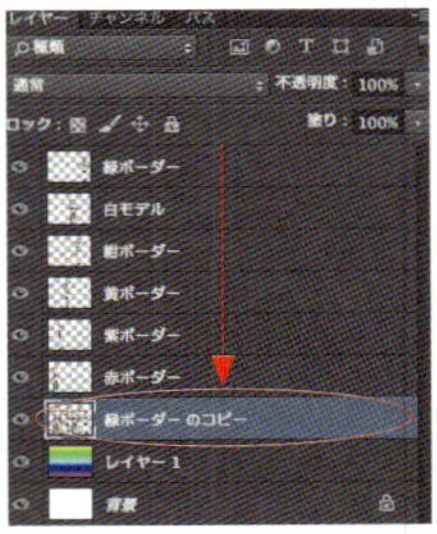

❹「拡大・縮小」で変形

❺「描画モード」を変更

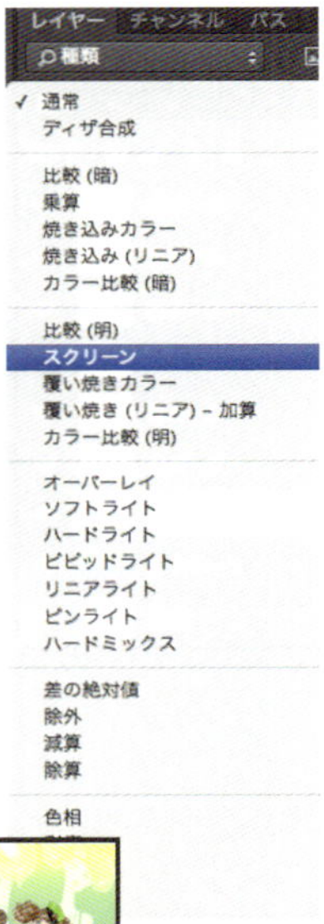

「乗算」

「ビビッドライト」

「差の絶対値」

「スクリーン」

❺写真をレイヤーマスクでぼかす

❶「ファイル」から「開く」で「観覧車」を開きます。

❷「移動ツール」で「企画マップ」にドラッグ＆ドロップして複製コピーした「ボーダーのコピー」の上に持っていきます。

❸メニューバー「編集→変形→自由な形に」を選択しコントロールポイントをドラッグし、イメージに合わせて自由に拡大します。

❹「レイヤー」パネルの「レイヤーマスクを追加」ボタンをクリックします。マスク部分を持たない白地のレイヤーマスクが追加されます。

❺「描画色」を初期設定カラーにします。

❻「グラデーションツール」の「線形グラデーション」を選びます。

❼左から右に向かってドラッグします。

※開始点から終了点までの位置や長さ、ドラッグする角度でマスク範囲が変わります。イメージに合うまで繰り返しチャレンジします。

※レイヤーマスクを消去する場合は、メニューバー「レイヤー→レイヤーマスク→削除」か、レイヤーのサムネールのマスク部分をゴミ箱にドラッグしダイヤログボックスで確定します。

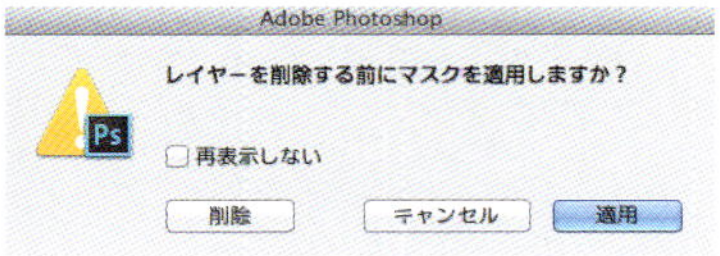

❶「観覧車」

❷企画マップに移動

❸コントロールポイントをドラッグして自由な形に変形

❹「レイヤーマスクボタン」をクリック

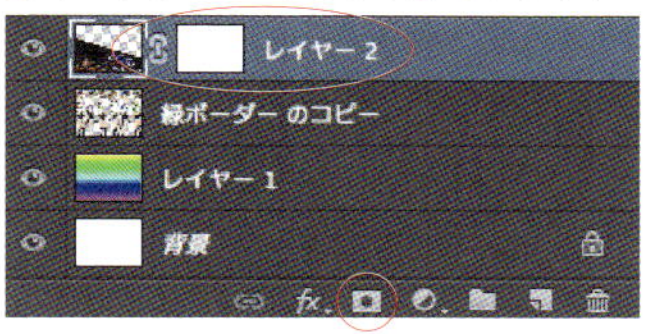

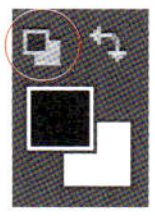

❺「初期設定カラー」ボタンをクリック

❻「グラデーションツール」から「線形グラデーション」を選択

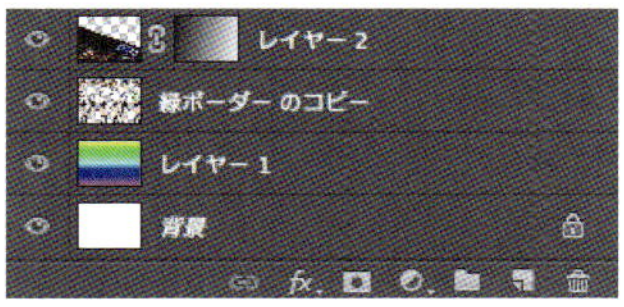

❼開始点から終了点までドラッグ

「文字ツール」でタイトルを作成する

Photoshopではタイトルの文字を簡単にデザインすることができます。たくさんあるフォントの中からイメージに合わせて選び、サイズ、色、テクスチャーを、少しずつ加工していきます。

❶文字ツールを選ぶ

❶ツールボックスからから「文字ツール」を選び、適用したい位置でクリックすると、新規の「テキストレイヤー」が作成されます。

❷オプションバーの「○」をクリックするか、「テキストレイヤー」をクリックで確定します。

❸確定後に、オプションバー「テキストサイズ」の▼印をクリックし、文字のサイズを選びます。サイズがない場合は、数値入力で指定します。

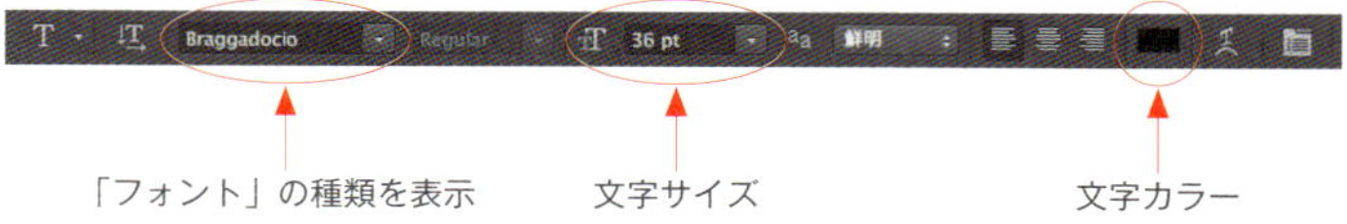

❶「テキストレイヤー」

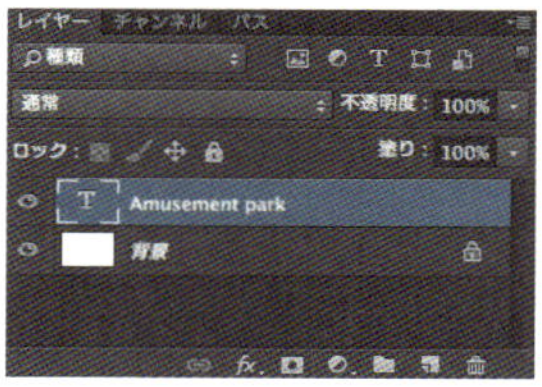

❷「○」で確定「×」で取り消し

❸確定後にサイズを選択

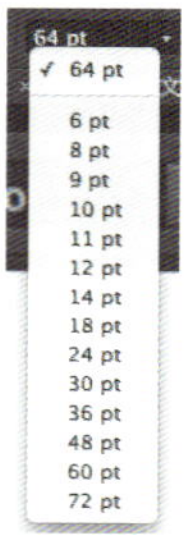

❷フォントの種類を選び効果を加える

❶オプションバー「フォント」の▼印をクリックしイメージするフォントを選びます。

❷フォントの種類によってサイズは変化しますのでオプションバーの「サイズ」で調節し、「カラー」を選び「OK」ボタンをクリックで確定します。

❸部分的にサイズや色を変更する時は、変更したい文字部分をカーソルでドラッグして選び、同じ操作を行います。

❹メニューバー「編集→変形→拡大・縮小」でサイズを変更することができます。

❺レイヤーパネルの「レイヤースタイルを追加」ボタンをクリックします。

❻「ドロップシャドウ」と「ベベルとエンボス」にチェックを入れ「パターンオーバーレイ」をクリック「パターン」の種類を選択します。

※「ドロップシャドウ」の角度や距離、パターンの比率等により効果やサイズが大きく変化します。イメージに合うまで、いろいろな効果を試してみましょう。

❼「フォント」を変更し、レイヤー効果「境界線」を選択し「サイズ」と「位置」を指定します。

❽「グラデーションオーバーレイ」をクリックし、グラデーションの種類を選び角度を指定します。

※「カスタムグラデーション」で保存したグラデーションや、「パターンを定義」で保存した写真や絵などは「パターンオーバーレイ」ですべて活用することができます。

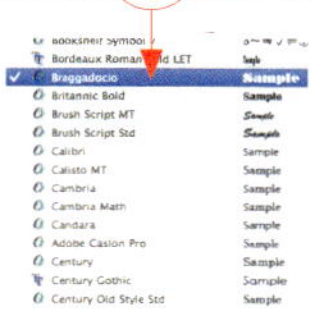

❶「フォント」を選ぶ

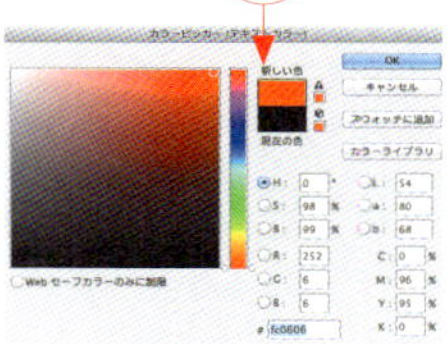

❷「文字サイズ」「カラー」を選ぶ

❸変更する部分のみ選択

❹編集から変形

❺レイヤースタイルを追加

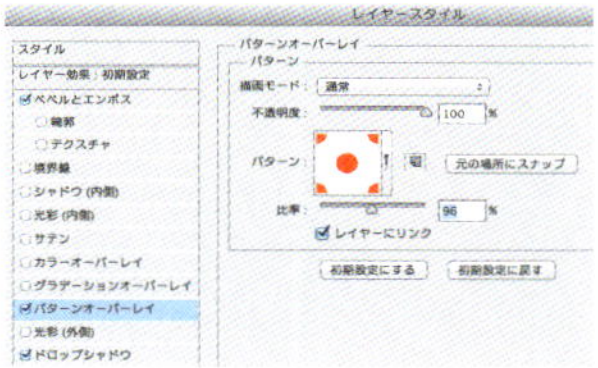

❻「パターンオーバーレイ」でパターンを選択
※比率／96・比率／25

❼「境界線」

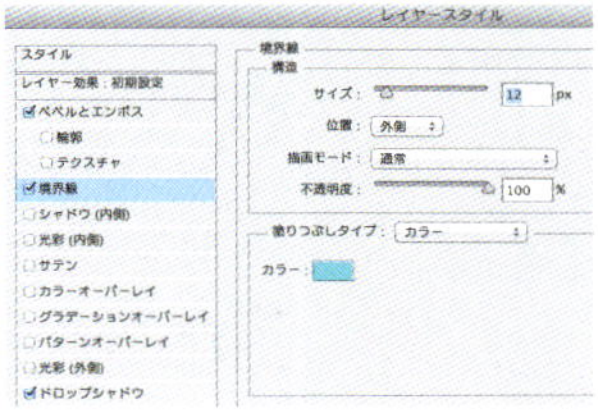

❽「グラデーションオーバーレイ」

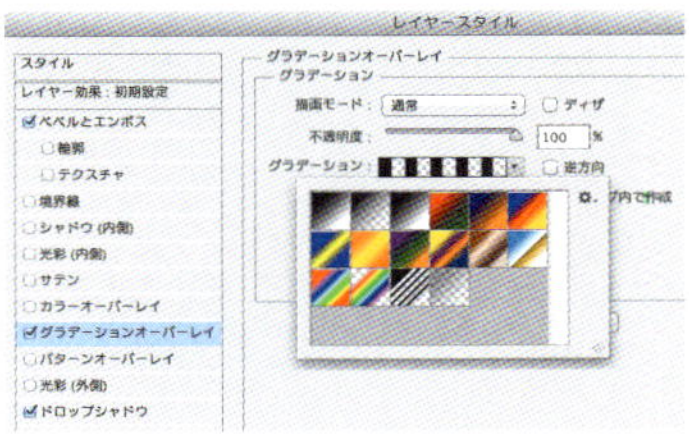

※角度／90

※角度／140

「企画マップ」を仕上げる

❶バランスを見て完成させる

❶全体のバランスや位置を確認しながら「テキストツール」でタイトル「Amusement park」を打ち込みます。

❷「テキストツール」のオプションバーから「ワープ」を選択し、ダイヤログボックス「スタイル」の中から「円弧」を選びます。

❸「円弧」カーブの数値を入力し全体のバランスを見ながら決定します。

❹メニューバー「レイヤー→レイヤースタイル→レイヤー効果」または「レイヤー効果を追加」ボタンをクリックし、「レイヤー効果」を加えます。

❺「ベベルとエンボス」「境界線」「グラデーションオーバーレイ」にチェックを入れます。

❻「グラデーションオーバーレイ→グラデーション」から「プリズマ」を選びます。

❼「境界線」の「サイズ」を調整し「カラー」をクリックしてカラーピッカーで色を選びます。

❽レイヤーの右上▼ボタンをクリックし「レイヤーをリンク」を選び、モデルをリンクさせます。

※「リンク」することでモデルを同時に移動することができます。

❾モデル、背景、タイトルの位置やバランスを見て完成させます。

❶「テキストツール」でタイトル

❷オプションで「ワープ」を選択

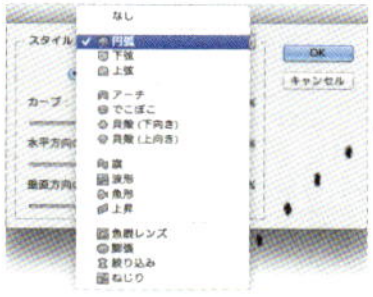

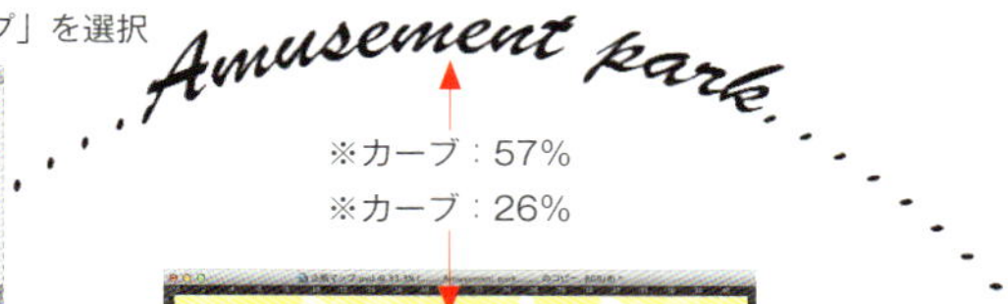

※カーブ：57%

※カーブ：26%

❸「円弧」のカーブ数値入力

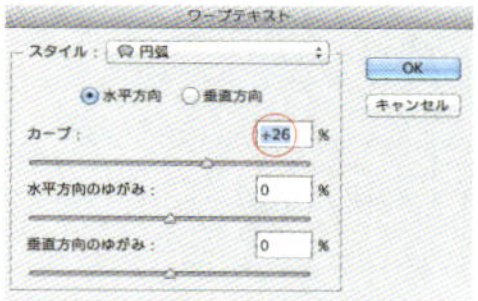

※全体のバランスを見てカーブを決定

❹「レイヤー効果を追加」

❺「レイヤー効果」

❻グラデーションオーバーレイ「プリズマ」

❼「境界線」

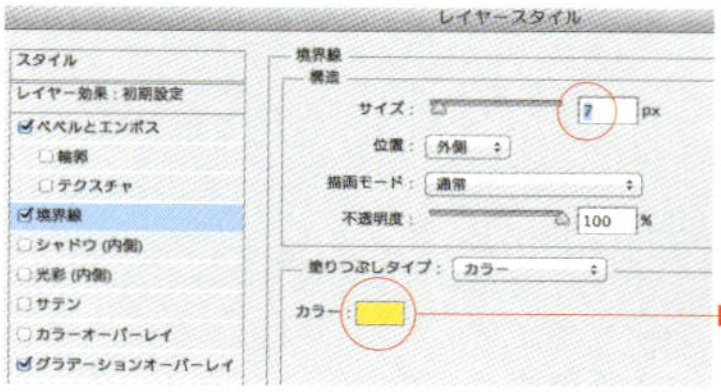

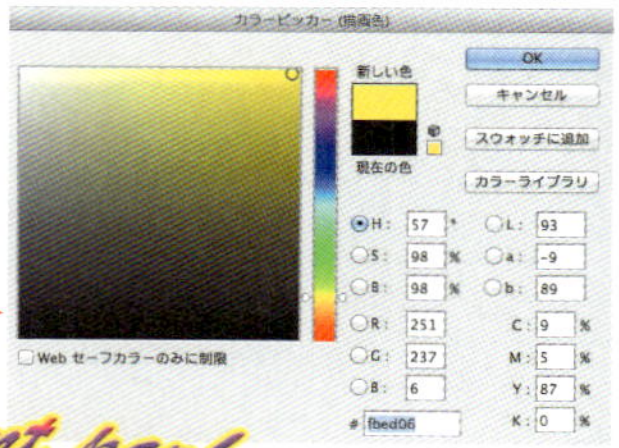

❽「レイヤーをリンク」

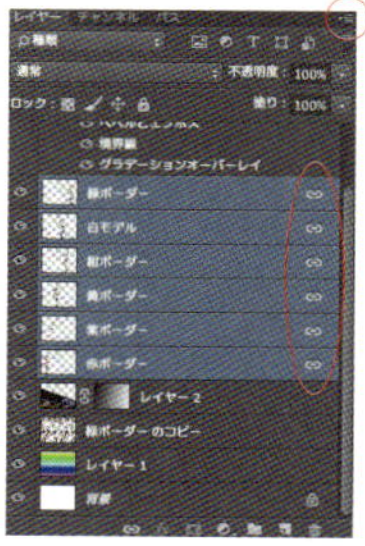

❾全体のバランスを調整

「完成」

❷「トーンカーブ」で背景のバリエーション

❶「トーンカーブ」は画像の明るさやコントラストをカーブの形状で調整します。

「イメージ→色調補正→トーンカーブ」

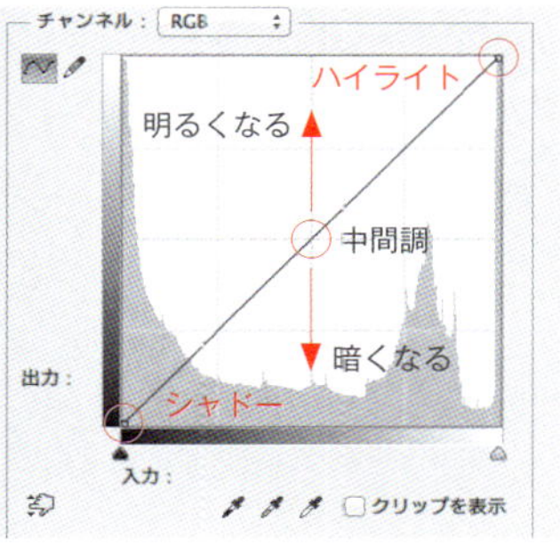

上に

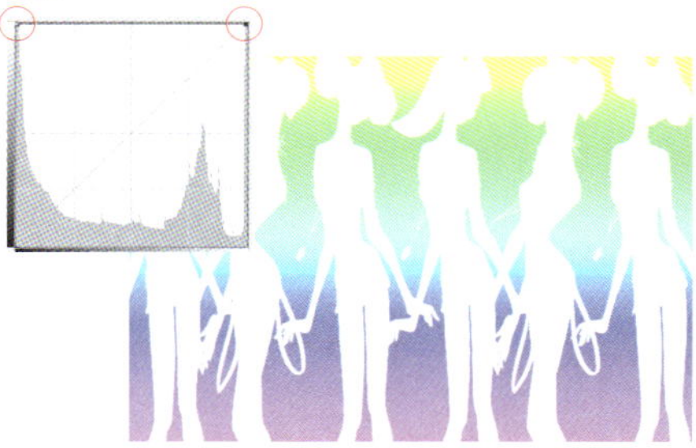

下に

逆に

「鉛筆」のアイコンでカーブを自由に描く

謝辞

本書を刊行するにあたり、多くの方々のご協力をいただいたこと心より感謝申し上げます。オフィスK.Tの土屋清子様、編集担当の佐藤道弘様、アトリエL&Tのスタッフの方々に支えられてこの本が完成しましたことを特筆させていただきます。

また、常にインセンティブを与えてくださるFプロジェクトの藤岡篤子様、E-bisの後夷美千恵様、tk inc.の笠原敏郎様、Crest costumeの廣田洋子様、ニューフェィスの陸文平様、FBプランニングの小野順子様、Textile Treeの成田典子様、神戸レザークロスの齋藤伸介様、神戸芸術工科大学の見寺貞子教授に感謝申し上げます。さらには中村美和様、桑江裕子様、成澤敏彦様、沢森真弓様、藤井篤様、荻迫英典様、荻迫千佳様、相田紀子様、田口一子様、田川信政様、高田いづみ様、渡辺千佳子様、五十嵐玲子様、青山めぐみ様、文静様、また、多くの作品の掲載に快く協力してくださいました神戸芸術工科大学、女子美術大学、エスペランサ靴学院、中国デザイン専門学校、ドレスメーカー学院、文化学園大学、エスモード ジャポン、バンタンデザイン研究所、上田安子専門学校の学生の皆様はじめ学校関係者の方々にお礼を申し上げます。特にテキストの作品を掲載することを快く承諾して下さったモード学園の守屋孝典先生を始めとする関係者に感謝申し上げます。また、三菱レイヨンをはじめ一如社、イスト、伊藤忠、蛇の目、東レ、サンプランニング、日本色研事業、日本皮革産業連合会、ものづくりビジネスセンター大阪、台東区産業振興事業団などの企業や事業団の関係者各位にお礼を申し上げます。

さらに本書の趣旨をご理解いただき、出版を快くお引き受けくださいました繊研新聞社の山里泰様に心より感謝申し上げます。

著者プロフィール　鄭 貞子（tei sadako）
アパレルデザインを学んだのちイラストレーターになる。1990年「アトリエL&T」、2014年「有限会社クレストコスチューム」を設立。主にファッショントレンドの情報誌やセミナーのイラストレーションワーク、各種企業のプロモーションなどのデザイン&イラストレーションを手がけている。現在、イラストレーターとして活躍しながら大学や専門学校でイラストを教えている。著書に「ファッションイラストレーションの基本とコツ」（文化出版局）、「ファッション表現の世界が広がるPhotoshop&Illustrator活用術」（繊研新聞社）他多数。

楽《たの》しく学《まな》ぶ ファッションドローイングテクニック

初版発行　2014年7月28日　初版 第1刷発行

著者　鄭 貞子
装丁デザイン　土屋 清子
発行者　白子 修男
発行所　繊研新聞社
〒103-0015　東京都中央区日本橋箱崎町31-4 箱崎314ビル
tel.03-3661-3681　fax.03-3666-4236
http://www.senken.co.jp
http://www.senken.co.jp/books/
製作　L&T
印刷・製本　加藤文明社

ISBN978-4-88124-305-3 C3063